成渝地区
双城经济圈建设背景下
城商行跨区经营及优化对策研究

徐 辉 周 兵 刘 雯◎著

西南财经大学出版社

中国·成都

图书在版编目(CIP)数据

成渝地区双城经济圈建设背景下城商行跨区经营
及优化对策研究/徐辉,周兵,刘雯著.--成都:西南
财经大学出版社,2024.10.--ISBN 978-7-5504-6426-1

Ⅰ.F832.332

中国国家版本馆 CIP 数据核字第 2024BM854 号

成渝地区双城经济圈建设背景下城商行跨区经营及优化对策研究

CHENGYU DIQU SHUANGCHENG JINGJIQUAN JIANSHE BEIJINGXIA CHENGSHANGHANG KUAQU JINGYING JI YOUHUA DUICE YANJIU

徐辉　周兵　刘雯　著

责任编辑:李特军
责任校对:冯雪
封面设计:墨创文化
责任印制:朱曼丽

出版发行	西南财经大学出版社(四川省成都市光华村街 55 号)
网　　址	http://cbs.swufe.edu.cn
电子邮件	bookcj@swufe.edu.cn
邮政编码	610074
电　　话	028-87353785
照　　排	四川胜翔数码印务设计有限公司
印　　刷	四川煤田地质制图印务有限责任公司
成品尺寸	170 mm×240 mm
印　　张	14.25
字　　数	239 千字
版　　次	2024 年 10 月第 1 版
印　　次	2024 年 10 月第 1 次印刷
书　　号	ISBN 978-7-5504-6426-1
定　　价	78.00 元

前　言

　　数字化、智能化的新时代，我国经济生产方式发生了翻天覆地的转变。先进数字技术的应用突破了时间和空间的限制，实现了资源优化配置，提升了工作效率和工作水平。那么，新时代需要怎样的资本市场？对此，党的二十大报告做出了一系列重要指示，为新时代资本市场改革发展指明了方向。资本市场在金融运行中具有牵一发而动全身的作用，我们需要深化改革，打造一个规范、透明、开放、有活力、有韧性的资本市场。资本市场不断变化，相应的会计准则和财务管理制度也随之变化。我国的财务与会计也要结合新时代之下的运作要求不断实现自身工作内容和工作模式的转型。本书基于宏微观视角，立足于金融供给侧结构性改革，强调金融为实体经济服务，聚焦于融资结构优化、融资难、融资贵等问题，对新时代财务与会计转型的相关问题进行了系统、深入的研究，可为改善我国财务与会计管理工作提供一定的借鉴。

　　本书由徐辉、周兵、刘雯三人合著，由徐辉拟定提纲。著作写作分工：徐辉负责第1章、第5章、第6章、第7章及附录，周兵负责第4章、第8章及附录，刘雯负责第2章、第3章及附录。写作完成后，各章作者之间交叉审稿，最后由徐辉和刘雯审阅定稿。

徐辉

2024 年 6 月 10 日

摘　要

　　在中国区域发展板块上，成渝地区一直举足轻重，无论是经济总量还是区位条件，在西部地区都具有领先优势。成渝地区的发展演进经历了成渝经济走廊、成渝经济区、成渝城市群和成渝地区双城经济圈等重要时期。习近平总书记主持召开中央财经委第六次会议并发表重要讲话，对推动成渝地区双城经济圈建设做出战略部署，成渝地区发展翻开了历史新篇章，迎来新时代高质量发展的重要里程碑。推动成渝地区双城经济圈建设，对于在西部形成高质量发展重要"增长极"和内陆开放高地，推动形成优势互补、高质量发展的区域经济布局具有重要意义。

　　建设西部金融中心作为成渝地区双城经济圈建设的核心任务，离不开城市商业银行（以下简称"城商行"）的高质量发展。城商行作为地方性金融机构，本地化优势极为突出，特殊的历史背景决定了其市场定位为"服务地方经济、服务中小企业、服务城市居民"。而跨区经营作为城市商业银行"走出去"的重要战略选择，经历了"严格限制→分而治之→全面收紧→有限放开"的政策演变过程。从 2006 年跨区经营的兴起，到随后的快速扩张，再到 2011 年中国银行监业监督管理委员会（银监会）放缓了城商行跨区扩张的审批进程，以及 2013 年重启异地设立分行的相关工作，这一转变充分反映了监管当局的审慎态度，也说明了城商行作为中国银行体系的"第三梯队"，对我国经济发展发挥了不可替代的作用。本书正是在此背景下，研究了城商行的跨区经营策略。本书各部分的主要内容如下：

　　第一部分，立足于城商行跨区经营的制度背景和现状，梳理了城商行跨区经营的成长历程，提炼了城商行跨区经营的模式、特征及其潜在问题。具体而言：2006—2020 年全国城商行法人机构数量呈现出"先增后减"的态势，市场基本达到饱和，当然也出现了少量回落；城商行总资产占比稳步上升，市场份额同步增加；东部地区实现省外跨区经营的城商行数明显占优，但大多数城商行跨区经营的区域选择倾向于本省内（直辖市或自治区，后文简称为省内）；西部城商行通常仅在省内建立异地分支机构，而省内外均有分支机构的城商行，其普遍表现为省内异地分支机构数量要显著多于省外分支机构；城商行跨区经营模式主要涉及新设异地分支机构、并购重组、收购城市信用社或农村信用社、参股控股异地金融机构、业务联合合作以及新设村镇银行六种模式，且以异地设立分支机构为主流模式。此外，在此基础上，该部分提炼了城商行跨区经营存在的潜在问题：跨区经营可能引致金融资源失衡；跨区经营可能造成比较优势丧失；跨区经营缺乏配套的细化监管政策。

第二部分，成渝地区双城经济圈建设现状。具体而言，主要包括成渝地区双城经济圈的发展历程、成渝地区双城经济圈建设的重大战略意义、成渝地区双城经济圈建设现状分析、成渝地区双城经济圈建设助力城商行跨区经营的现实基础以及成渝地区双城经济圈城商行跨区经营的制约因素等内容。

第三部分，系统考察了城商行跨区经营对僵尸企业生存风险的影响。选取 2007—2021 年中国沪深 A 股上市公司为研究对象，首先识别出僵尸企业，然后利用 Cloglog 离散时间生存分析模型，实证检验城商行跨区经营对僵尸企业生存风险的影响。实证检验发现：城商行跨区经营会加剧僵尸企业生存风险。经过一系列稳健性检验后，结论依然稳健。在此基础上，进一步检验了产权和规模异质性及其对成渝地区双城经济圈建设的影响，发现城商行跨区经营对僵尸企业生存风险的促进作用在非国有企业和中小型企业中更显著；城商行跨区经营对僵尸企业生存风险的激励效应在成渝地区双城经济圈样本组中更显著。

第四部分，全面考察了城商行跨区经营对僵尸企业"去杠杆"的影响。选取 2007—2020 年中国沪深 A 股上市公司为研究对象，首先识别出僵尸企业，然后利用两阶段部分调整模型检验城商行跨区经营对僵尸企业资本结构调整速度的影响。从实证检验发现：城商行跨区经营有助于加快僵尸企业资本结构调整速度，尤其是降杠杆速度更显著。在此基础上，从货币政策、产权性质以及成渝地区双城经济圈建设角度进行了拓展性分析，进一步研究发现：货币政策宽松期，城商行跨区经营对僵尸企业降杠杆的促进效果更明显；城商行跨区经营对非国有僵尸企业降杠杆的速度更快；城商行跨区经营对僵尸企业生存风险的激励效应在成渝地区双城经济圈样本组中更显著。此外，以上结论在充分考虑内生性问题后，仍然成立。

第五部分，深入探究了城商行跨区经营对其风险承担和盈利能力的影响效应及其作用机制。基于资源依赖和委托代理等理论，以2006—2020年95家城商行为研究对象，并结合手工收集的城商行跨区经营分支机构数据，实证分析了城商行跨区经营对其风险承担和盈利能力的影响效应及其作用机制。研究发现：城商行跨区经营对其风险承担水平具有显著的抑制作用，且这一抑制作用在非国有城商行中更显著；城商行跨区经营对其盈利能力具有显著的促进作用，且这一促进作用在非国有城商行中更显著。在此基础上，从关联贷款渠道进行机制检验，实证检验发现，减少关联贷款是城商行跨区经营降低风险承担和增强盈利能力的作用机制。此外，基于行业竞争和异地网点结构差异以及成渝地区双城经济圈建设视角进行拓展性分析，研究发现，行业竞争较低的地区实施跨区经营对城商行风险承担的抑制作用和盈利能力的促进作用更显著；非省会城市实施跨区经营对城商行风险承担的抑制作用和盈利能力的促进作用更显著；跨区经营对城商行风险承担的抑制效应和盈利能力的激励效应在成渝地区双城经济圈内更显著。上述研究结论经一系列稳健性检验后，仍然成立。

第六部分，立足于成渝地区双城经济圈建设背景下城商行跨区经营的制度背景，从长效机制和优化路径两个层面，提出契合城商行跨区经营的优化对策。其中，契合城商行跨区经营的长效机制包括：建立制度共决、共信和共守机制，实现一体化协同发展；构建信息共享机制，打造共赢新格局；优化人力资源晋升机制，激发人力资本最大潜能；坚决贯彻城商行退出机制，优化事后监管。在此基础上，提出城商行跨区经营的优化路径：强化制度与技术平台建设，赋能跨区经营有序开展；持续推进产品与服务创新，增强城商行承载能力；优化公司治理结构，加强风险管理能力；依托经济圈建设优化空间布局，扎根基层拓展发展空间。

显然，研究结论有助于深化城商行跨区经营的理论体系，为城商行跨区扩张布局、建立配套的制度化管理体系提供了可靠的经验借鉴，也为城商行服务地区经济发展提供了理论指导和技术支撑。

目　录

1 绪论

1.1 研究背景

1998 年 3 月，国务院批准将"城市合作银行"变更为"城市商业银行"，这一变更也促使城市商业银行的性质由合作制向股份制转变。城商行资产规模增速十余年来均超过了银行业平均水平，发展势头极为强劲。其中，不乏北京银行、上海银行以及江苏银行等资产破万亿元的佼佼者。据笔者统计，2006—2020 年全国城商行总资产增速整体上是稳步上升，尤其全国城商行总资产增速在 2010 年达到了峰值 37%，这反映了城商行在银行业中的市场份额也越来越高，其影响力也随之不断增大。

然而，全国性国有银行和股份制银行的持续扩张，数字金融的突飞猛进，一定程度挤压了城商行的发展空间。可见，"走出去"是城商行实现平稳、健康发展的现实需求。为此，一批城商行相继视跨区经营为快速实现扩张、拓展成长空间的战略选择。尤其是 2006 年，银监会颁布法规《城市商业银行异地分支机构管理办法》，明确了新设异地分行的具体审核条件及其准入门槛，自此一大批城商行纷纷"圈地设点"。据笔者统计，截至 2020 年 12 月 31 日，全国范围内共计 107 家城商行相继实现了省（直辖市或自治区）外跨区经营。

跨区经营作为城商行"走出去"的重要战略选择，经历了"严格限制→分而治之→全面收紧→有限放开"的政策演变过程。自从 2006 年城商行拉开跨区经营的序幕，到随后的快速扩张，再到 2011 年银监会放缓了城商行跨区扩张的审批进程，以及 2013 年重启异地设立分行的相关工作，这一转变充分反映了监管当局的审慎态度，也说明了城商行作为中国银行体系的"第三梯队"，对我国经济发展发挥了不可替代的作用。

城商行跨区经营后，亟需依托中小型企业的贷款业务来增强市场竞争力，而中小型企业贷款受制于"所有权歧视"和"规模歧视"，难以获取来自国有大型银行的信贷资源，导致其融资渠道高度依赖城商行。特别地，城商行提供的优惠信贷与潜在客户实际偿债能力严重失衡时，极易催生一批僵尸企业（Xu，2016；李平 等，2021；邵帅 等，2021）。以方明月等（2018）为代表的学者发现，僵尸企业中的中小型企业占比不断上升，甚至超过70%。可见，大量僵尸企业的长期存在一定程度上可能是源于城商行与中小型企业之间的金融共生关系。

事实上，城商行与中小型企业之间的金融共生关系可能会促使城商行持续向中小型僵尸企业"输血"；而城商行跨区经营所引发的区域金融扩张会加剧银行业竞争而倒逼僵尸企业退出市场（陈雄兵和邓伟，2022；徐璐和叶光亮，2022）。因此，城商行跨区经营是否能够打破其与中小型企业之间的金融共生关系，进而影响僵尸企业生存风险和"去杠杆"，需要做进一步的探讨。与此同时，盈利能力和风险承担是城商行跨区经营不可忽视的两大关键因素（王奕婷和罗双成，2022；张瑶 等，2022；张正平和刘云华，2022）。跨区经营究竟对二者产生何种影响？显然，这是值得探究的实证问题。

特别地，2020年1月中央财经委员会第六次会议提出，要推动成渝地区双城经济圈建设，在西部形成高质量发展的重要增长极。从成渝经济区到成渝城市群，再到成渝地区双城经济圈，这不仅仅是提法的变化，而且内涵更加丰富，站位更高，范围更大，特色更鲜明，定位更精准。其中"成渝地区"标定了战略方位，"双城"指明了战略特点，"经济圈建设"确定了战略性质。推动成渝地区双城经济圈建设作为国家战略，不是只做大成都、重庆两个中心城市，也不是成都、重庆两个中心城市的简单相加，而是要通过"双核"支撑带动整个区域协同发展，其战略承载力、政策含金量前所未有。显然，成渝地区双城经济圈建设为城商行跨区经营创造了宽松的政策环境。

基于对上述背景的认识，本研究遵循制度背景差异→城商行跨区经营模式、特征及动因差异→由此产生的经济后果的逻辑主线，系统考察了成渝地区双城经济圈建设背景下城商行跨区经营的微观效应。这为大力推动城商行进入高质量发展阶段，积极引导金融资本服务实体经济发展提供了理论指导与技术支撑，也为积极推进金融供给侧结构性改革提供了可行的发展方向与经验启示。

1.2 研究意义

跨区经营作为城商行"走出去"的重要战略选择，经历了"严格限制→分而治之→全面收紧→有限放开"的政策演变过程。这一转变充分反映了监管当局的审慎态度，也说明了城商行作为中国银行体系的"第三梯队"，对我国经济发展发挥了不可替代的作用。党的十九届四中全会特别强调，"充分发挥市场在资源配置中的决定性作用，更好发挥政府作用"。而城商行作为具有"服务地方经济、服务中小企业和服务城市居民"职能的地方性商业银行，将会带动新一轮的经济发展。具体来说，本书的研究意义主要体现在理论意义与现实意义两个方面。

1.2.1 理论意义

（1）丰富了城商行跨区经营微观效应领域的理论文献。不同于现有文献聚焦于考察城商行经营效率、风险关联以及代理问题的影响，本研究基于盈利能力和风险承担双重视角，揭示了城商行跨区经营的微观效应。研究发现，城商行跨区经营对其风险承担水平具有显著的抑制作用，对盈利能力具有显著的促进作用，且这一现象在非国有城商行中更显著。这一发现为合理评估城商行跨区经营战略的实施效果提供了新的思路。

（2）拓展有效处置僵尸企业的研究视角。现有文献主要聚焦于考察僵尸企业的诱因及其危害，而本书从生存风险和资本结构动态调整角度，系统考察城商行跨区经营对僵尸企业市场出清的影响。研究发现，城商行跨区经营加剧了僵尸企业的生存风险，加快了僵尸企业资本结构的调整速度，尤其是降杠杆速度更显著。这一发现为清理和化解产能过剩问题提供了新的思路，也为依托市场机制加速僵尸企业降杠杆行为提供了新的视角。

（3）基于关联贷款渠道构建经济解释机制，从关联贷款渠道厘清了城商行跨区经营作用于风险承担和盈利能力的传导机制，拓展了宏观经济政策影响微观企业财务决策的文献。研究发现，城商行跨区经营降低风险承担和增强盈利能力是通过减少关联贷款实现的。这加深了对城商行跨区经营微观效应的理论认知，也为引导城商行跨区经营指明了发展方向。

1.2.2 现实意义

（1）基于银行业市场结构视角，为"坚持用市场化、法制化手段淘汰落后产能，加大僵尸企业破产清算和重整力度"提供了科学的经验支撑。研究发现，城商行跨区经营这非国有僵尸企业降杠杆的速度更快；货币政策宽松期，城商行跨区经营对僵尸企业降杠杆的促进效果更显著。这一发现为抑制僵尸企业"搭便车"的加杠杆行为提供了新的方法，也为推进金融供给侧结构性改革提供了可行的方向与启示。

（2）基于长效机制和优化路径两个层面，提出了契合城商行跨区经营的优化对策，有助于引导城商行跨区经营实现高质量发展。立足于研究结论，明确提出对策，"依托经济圈建设优化空间布局，扎根基层拓展发展空间；西部城商行坚持'先省内后省外'的跨区战略，充分利用成渝地区双城经济圈建设的政策红利"。尤其是对于西部城商行，成渝地区双城经济圈建设有助于实现"拆除壁垒、畅通联系、区域认同、协同深化"的区域一体化发展模式，助力资源统筹与互补。这既有利于规避异地分支机构遭受排挤与打压的被动局面，又为异地分支机构的平稳发展提供了必要的人才、金融资源以及技术支撑。

1.3 研究思路与研究方法

1.3.1 研究思路

城商行发轫于城市信用社，特殊的历史背景决定了其"服务地方经济、服务中小企业和服务城市居民"的市场定位，反映了城商行同本地企业高度的关联性。自 2006 年以来，城商行开始实施跨区经营战略，城商行与中小型企业之间搭建了金融共生关系（Liu 等，2019；郭晔 等，2020）。换言之，城商行需要依托中小型企业的贷款业务来增强市场竞争力，而中小型企业贷款受制于"所有权歧视"和"规模歧视"，难以获取来自国有大型银行的信贷资源，导致其融资渠道高度依赖城商行。特别地，城商行提供的优惠信贷与潜在客户实际偿债能力严重失衡时，极易催生一批僵尸企业（Xu，2016；李平 等，2021；邵帅 等，2021）。与此同时，特殊的历史背景导致当地政府通常会持有城商行较高的股份，这为当地政府干预城

4 │ 成渝地区双城经济圈建设背景下城商行跨区经营及优化对策研究

商行信贷配置而向僵尸企业持续"输血"提供了契机，造成大量僵尸企业长期存在而难以及时出清（马思超 等，2022；申嫦娥 等，2021）。可见，大量中小型僵尸企业的长期存在一定程度上可能是源于城商行与中小型企业之间的金融共生关系。然而，鲜有文献从僵尸企业角度，考察城商行跨区经营的经济后果。

通过梳理城商行跨区经营的制度背景与现状，不难发现，城商行跨区经营政策经历了"严格限制→分而治之→全面收紧→有限放开"的演变过程，这无疑为城商行跨区经营营造了宽松的政策环境。特别地，2020 年 1 月中央财经委员会第六次会议提出，要推动成渝地区双城经济圈建设，在西部形成高质量发展的重要增长极。基于上述背景的认识，本书将系统考察成渝地区双城经济圈建设背景下城商行跨区经营的微观效应。为此，我们确立文章的研究主题为：成渝地区双城经济圈建设背景下城商行跨区经营及优化对策研究。

纵观本书研究内容，本书遵循制度背景差异→成渝地区双城经济圈建设背景下城商行跨区经营的动因差异→由此产生的经济后果的逻辑主线展开研究。具体而言，本书立足于城商行跨区经营的制度背景，首先归纳和分析城商行跨区经营的现状。然后，进一步分析讨论城商行跨区经营的模式、特征、潜在问题以及动因差异，并从理论上阐述城商行跨区经营影响僵尸企业的内在机制，据此构建理论框架。最后，采用定性分析与定量分析相结合、理论联系实际的研究方法，系统考察了城商行跨区经营的微观效应，主要包括城商行跨区经营对僵尸企业生存风险、僵尸企业去杠杆以及自身风险承担、盈利能力的影响。在此基础上，本研究利用工具变量法、Heckman 两阶段法等计量方法进行内生性问题处理和稳健性检验，并得到可靠结论，据此提出切实可行的政策建议。

1.3.2　研究方法

本研究通过对规模经济理论、范围经济理论、增长极理论、交易成本理论以及委托代理理论的系统分析，明确了城商行跨区经营微观效应的作用机理，为后文实证研究夯实了理论基础。具体而言，本研究主要涉及以下研究方法。

（1）定性分析与文献回顾法。广泛搜集有关城商行跨区经营的国内外文献，系统归纳前期高质量研究成果，总结相应的研究方法，全面了解城商行跨区经营领域的研究现状。在此基础上，结合城商行跨区经营的制度背景，定性分析城商行跨区经营的发展历程、模式、特征以及潜在问题，据此构建城市商业银行跨区经营的分析框架。

（2）规范研究与实证研究相结合。规范研究方法能够解决"应该是什么"的问题，而实证研究方法侧重解决"是什么"的问题。为此，本书将二者结合，综合运用这两种方法，旨在得到可靠结论。具体而言，本书借助规范研究法来明确具体的研究问题，理论分析城商行跨区经营微观效应的作用机理，并提出政策建议。而实证研究部分重点是利用上市公司的微观数据以及城商行跨区经营的相关数据展开定量分析。本书进行实证分析时，借助主流文献的研究思路（左晓慧和杨成志，2022；刘孟儒和沈若萌，2022；张琳 等，2022），利用工具变量法、Heckman 两阶段法等计量方法进行内生性问题处理和稳健性检验，旨在增强研究结论的稳健性。

（3）比较分析法。特殊的历史原因造成城商行的股权集中于当地政府与国有企业手中，这就为当地政府干预城商行的信贷配置决策提供了契机（王博和康琦，2022；陆艺升 等，2022）。可见，我们有必要进一步考察产权性质对城商行跨区经营微观效应的异质性影响。因此，本书立足于城商行的制度背景，将产权性质纳入分析框架，比较分析了这两类城商行跨区经营经济后果的差异。

（4）跨学科交叉研究法。除上述方法外，本书还综合运用新制度经济学、行为金融学、心里学、计量经济学以及公司财务学等领域的相关理论与已有研究成果，并将其纳入到统一的分析框架，用来解释城商行跨区经营微观效应的作用机理。

1.4 研究内容与结构框架

1.4.1 研究内容

结合研究主题与研究思路，遵循行文逻辑，本书分为 8 章，各章节的内容安排，详述如下：

第 1 章为绪论。立足于城商行的制度背景和发展历程，介绍研究背景及其意义，在此基础上，明确具体的研究问题；阐述研究思路以及涉及的研究方法，并明确具体的研究内容，进而构建出结构框架；提炼研究特色与创新之处。

第2章为理论基础与文献综述。结合研究问题，通过对规模经济理论、范围经济理论、"增长极"理论、交易成本理论以及委托代理理论的系统分析，明确了城商行跨区经营微观效应的理论基础；在此基础上，进一步从城商行跨区经营、僵尸企业生存风险、僵尸企业资本结构调整速度、城商行的风险承担以及盈利能力等方面对现有文献进行归类与梳理，进而明确了城商行跨区经营微观效应的作用机理，为本书后续实证研究奠定了理论基础。

第3章为城商行跨区经营的制度背景与现状分析。针对城商行跨区经营的制度背景，系统分析城商行跨区经营的现状，主要包括跨区经营的整体概况、模式、特征以及可能存在的问题；然后从理论上阐述城商行跨区经营微观效应的内在机制，据此构建理论框架。

第4章为成渝地区双城经济圈建设现状。具体而言，主要包括成渝地区双城经济圈的发展历程、成渝地区双城经济圈建设的重大战略意义、成渝地区双城经济圈建设现状分析、成渝地区双城经济圈建设助力城商行跨区经营的现实基础以及成渝地区双城经济圈建设背景下城商行跨区经营的制约因素等内容。

第5章为成渝地区双城经济圈城商行跨区经营对僵尸企业生存风险的实证分析。第一，基于资源基础理论和资源依赖等理论，系统分析城商行跨区经营对僵尸企业生存风险的影响机理。第二，结合僵尸企业生存风险的数据特征，构建 Cloglog 模型，并利用 2007—2021 年中国沪深 A 股上市公司的微观数据进行实证检验。第三，基于产权和规模异质性以及成渝地区双城经济圈建设，对城商行跨区经营与僵尸企业生存风险的影响关系进行拓展性分析。第四，为增强研究结果的稳健性，采用工具变量等方法进行内生性问题处理。

第6章为成渝地区双城经济圈城商行跨区经营对僵尸企业去杠杆的实证分析。第一，基于资源基础理论和资源依赖等理论，系统分析城商行跨区经营对僵尸企业"去杠杆"的影响机理。第二，鉴于僵尸企业资本结构调整速度的数据特征，构建两阶段部分调整模型，利用 2007—2020 年中国沪深 A 股上市公司的微观数据，并结合手工收集的城商行跨区经营分支机构数据，实证分析了城商行跨区经营对僵尸企业资本结构调整速度的影响。第三，基于货币政策、产权性质以及成渝地区双城经济圈建设，对城商行跨区经营与僵尸企业"去杠杆"的影响关系进行拓展性分析。第四，为增强研究结果的稳健性，采用工具变量等方法进行内生性问题处理。

第 7 章为成渝地区双城经济圈城商行跨区经营对其风险承担和盈利能力的实证分析。第一，基于资源依赖和委托代理等理论，系统分析城商行跨区经营对其风险承担与盈利能力的影响机理。第二，构建动态面板模型，利用 2006—2020 年 95 家城商行的面板数据，并结合手工收集的城商行跨区经营分支机构数据，实证分析了城商行跨区经营对其风险承担和盈利能力的影响。第三，基于关联贷款渠道，考察跨区经营对城商行风险承担和盈利能力的传导机制。第四，基于行业竞争、异地网点结构差异以及成渝地区双城经济圈建设，对城商行跨区经营与其风险承担、盈利能力的影响关系进行拓展性分析。第五，为增强研究结果的稳健性，采用工具变量等方法进行内生性问题处理。

第 8 章为结论、优化对策与后续研究展望。根据上述各章节的研究内容，本章首先总结全文的研究发现，并归纳相关研究结论。然后在此基础上，结合本书研究结论以及成渝地区双城经济圈建设背景，客观地提出切实可行的政策建议。最后，总结了本书的研究不足，并提出后续研究展望。

1.4.2 研究框架

结合本书研究内容与理论框架，得到结构框架图，如图 1.1 所示。

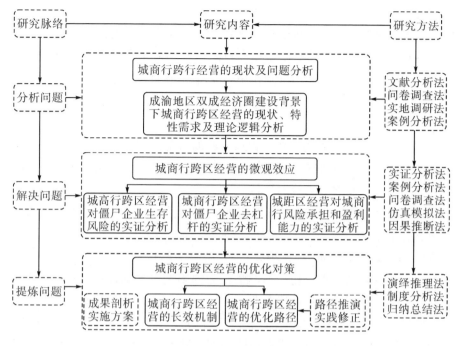

图 1.1　结构框架

1.5　可能的创新点

本书遵循制度背景差异→成渝地区双城经济圈建设背景下城商行跨区经营的动因差异→由此产生的经济后果的逻辑主线展开研究。相较于已有研究，本书特色与创新之处主要体现在以下三个方面：

（1）揭示了城商行跨区经营决策如何内生于制度环境这一重要的理论问题，提出了"积极实施城商行跨区经营战略对当地企业的冲击→当地企业采取的应对措施→应对措施所产生的经济后果"逐层推进的逻辑架构，并从关联贷款渠道阐述了城商行跨区经营微观效应的内在逻辑，据此构建理论框架。

不同于 Chen 和 Beladi（2021）、李青原和刘习顺（2021）、郁芸君等（2022）、佟孟华等（2022）以及顾海峰和高水文（2022）等的已有文献，本书立足于城商行的股权集中当地政府与国有企业、当地政府干预城商行的信贷配置决策以及城商行与僵尸企业之间的金融共生关系等特殊制度背景，将产权性质纳入分析框架，比较分析这两类城商行跨区经营经济后果的差异，发现减少关联贷款是城商行跨区经营降低风险承担和增强盈利能力的作用机制，这一作用机制在民营企业中更明显。这不仅丰富了城商行跨区经营微观效应的研究文献，而且完善了城商行跨区经营的理论体系。

（2）基于银行业市场结构，聚焦于城商行与僵尸企业之间的金融共生关系，证实了城商行跨区经营有助于加速僵尸企业出清，拓展了宏观经济政策影响微观企业财务决策的文献。

现有文献更多的是关注货币政策影响银行信贷行为的传导效果以及企业静态资本结构（Shen 等，2016；Zou 和 Cai，2017；王永钦 等，2022；王道平 等，2022；蒋海 等，2022），但鲜有文献以僵尸企业为考察对象，探讨货币政策对其资本结构动态调整行为的影响。本书发现，货币政策宽松期，城商行跨区经营对僵尸企业"去杠杆"的促进效果更显著。这一发现为抑制僵尸企业"搭便车"的加杠杆行为提供了新的思路。与此同时，城商行跨区经营对僵尸企业生存风险的促进作用在非国有企业和中小型企业中更显著。这一发现为"坚持用市场化、法制化手段淘汰落后产能，加大僵尸企业破产清算和重整力度"提供了科学的经验支撑，为推进金融供给侧结构性改革指明了可行的方向。

（3）基于关联贷款渠道构建经济解释机制，厘清了跨区经营对城商行风险承担和盈利能力的影响机理，提出了成渝地区双城经济圈建设背景下西部城商行坚持"先省内后省外"的跨区战略，为积极推进金融供给侧结构性改革提供了可行的发展方向。

现有文献聚焦于考察城商行经营效率、风险关联以及代理问题的影响（Mitu 和 Georgeta，2015；Zhe，2016；宋美霖 等，2022；张甜和曹廷求，2022；马勇和王莹曼，2022），而本书从盈利能力和风险承担的双重视角，揭示了城商行跨区经营降低风险承担水平和增强盈利能力是通过减少关联贷款实现的。这加深了对城商行跨区经营微观效应的理论认知，也为引导城商行跨区经营指明了发展方向。

2 理论基础与文献综述

本章立足于研究主题，通过对规模经济理论、范围经济理论、"增长极"理论、交易成本理论以及委托代理理论的系统分析，阐述城商行跨区经营微观效应的作用机理，并对城商行跨区经营、僵尸企业以及风险承担等核心变量的科学内涵进行界定，然后从城商行跨区经营、僵尸企业诱因以及成渝地区双城经济圈建设等方面对国内外文献进行归类与综述，进而为本书后续实证研究奠定理论基础。

2.1 理论基础

研究城商行跨区域经营的基础理论，本质上是考察跨区经营决策如何驱动城商行获取经济效益、降低经营成本，最终实现经济高质量发展。本章结合研究主题，重点阐述规模经济理论、范围经济理论、"增长极"理论、交易成本理论以及委托代理理论，旨在夯实后文实证分析的理论基础。

2.1.1 规模经济理论

规模经济理论主要应用于刻画规模与成本变动之间的关系。具体而言，企业处于生产扩张初始阶段，扩大生产规模有助于提升经济效益，即规模经济；但当生产规模扩张到一定程度时，继续扩张规模反而会造成经济效益下降，即规模不经济。马歇尔在《经济学原理》中强调，大规模生产的优势在工业企业中表现得最为突出。进一步，马歇尔揭示了规模经济报酬的变化规律，即随着生产规模的日益扩大，规模报酬将会经历规模经济、规模报酬不变以及规模不经济三个阶段。

具体到商业银行层面，其规模经济是指在经营范围不变的前提下，业务增长、分支机构增多以及员工增加所引起的单位融资成本降低、收益增加的现象。从本质上看，商业银行规模经济反映了经营规模与成本收益之间的变动关系。从内容上看，商业银行规模经济涉及外在经济和内在经济两个方面（Viswanatha，2016；He 和 Liu，2019；陈一洪，2021；顾海峰和卞雨晨，2022）。其中，外在经济是指银行业规模扩大后，单个银行由此享受的优质服务，进而出现规模递增的现象；而内在经济是指单个银行因自身规模扩张而引发收益增加的现象。与之类似，规模不经济包括外在不经济和内在不经济两个部分。所谓外在不经济是指银行业规模扩大后，引起单个银行成本增加且收益减少的现象，而内在不经济是指单个银行因自身规模扩大而引起收益减少的现象。

城商行作为地域特色鲜明的商业银行，规模经济理论有助于引导城商行依托自身规模扩张，实现经营效率提升，进而服务地方经济发展（Singh 和 Soni，2016；朱丹和潘攀，2022；明雷 等，2022；丁鑫 等，2022）。城商行规模扩张产生的规模经济源于两个部分：一部分源自城商行的产品与服务具有较高同质性，较高的同质性意味着城商行每增加一单位产品或服务均可有效降低单位产品或服务的成本，实现收入增加；另一部分与城商行的业务经营模式密切相关，城商行的业务是以存贷为主，其收入高度依赖存贷款利差，即存贷款规模越大，收益越高。

综上，由规模经济理论可知，跨区经营是城商行追求规模扩张的现实需求和必由之路。城商行作为银行业的"第三梯队"，其资产规模相对偏小，处于规模经济的递增阶段。因此，城商行依托跨区经营决策来实现规模扩张是必然的。

2.1.2 范围经济理论

Panzar 和 Willing 于 1977 年率先提出"范围经济"的概念，范围经济是指经营范围扩张所引起的成本节约，但不是源于经营规模扩张。范围经济理论是基于产品生产链、产品多元性视角解释多元化战略的效应，其主要是用于研究经济组织生产、经营范围与经济效益关系。范围经济也称联合生产经销经济，是指依托单一经营单位内的生产或经销过程来生产或销售多种产品而产生的经济。本质上，范围经济产生的原因在于共同的设备或类似的处理流程削减了成本（Khanna 和 Ramesha，2016；Danlu 等，2017；陈锐和李金叶，2022）。可见，范围经济源自两个方面：一方面，充分利用自身的剩余或闲置资源，将其视为其他产品的要素投入，旨在降低生产成本；另一方面，高效、循环使用管理技术，包括构建营销、分配以及服务系统，充分挖掘管理能力，使外部性内在化等。

基于上述理论梳理，本书将城商行范围经济界定为业务扩张或者经营产品多样化所引起的城商行交易成本降低、效益增加的现象（Ram，2016；Wu 等，2017；陈敏和高传君，2022；周晔和王亚梅，2022；明雷 等，2022）。通常而言，业务扩张或经营品种增加后，城商行交易成本下降助推边际效益增加，则表明实现了范围经济。换言之，范围经济本质上是有效利用剩余资源，削减成本，增加收益（Jia，2016；李守伟 等，2022）。

综上，结合范围经济理论可知，城商行跨区经营后，总行能够依托异地分支机构，将其产品或服务及时推广到新开辟的市场中，这有助于快速扩展经营范围，旨在最大化提升管理效应与协同效应。从这个层面上看，跨区经营对城商行而言，是一种理性的战略性选择。

2.1.3 "增长极"理论

"增长极"理论认为，平衡发展仅是一种理想状态，现实中是不存在的。普遍性经济增长的实现通常是由某个或某些率先发展的经济示范中心产生溢出效应，并将高集聚度的资源、技术有序扩散到周边地区，旨在赋能周边地区的经济发展，实现区域一体化发展（Kong 和 Chen，2016；李力和黄新飞，2022）。随后，"增长极"理论也被引入区域经济理论中。

通过梳理"增长极"理论可以得出，经济发展在时间、空间上并不是均衡分布的。特别地，"增长极"理论强调，有限的竞争性稀缺资源需要合理配置到特定的"增长极"区域。值得注意的是，"增长极"区域的选择并没有统一的硬性标准，可以是经济发展相对落后的地区，也可以是经济发达的国际化中心地区。

城商行特殊的历史背景决定了其市场定位为"服务地方经济、服务中小企业、服务城市居民"，这充分反映了城商行金融服务具有鲜明的地域性，也反映了城商行同本地企业高度的关联性。因此，城商行作为当地经济增长的"增长极"，需要合理布局地方，积极贯彻执行职能使命（Shah 等，2022）。

尽管城商行在规模、管理服务水平等方面落后于大型国有银行，但是城商行也可以依托"增长极"，发挥经济辐射效应，实现由地区经济中心的个体集聚到区域经济整体的共同发展（Kobayashi 和 Bremer，2022；袁晓晖和王博，2022）。这不仅有助于驱动资金有序、高效地流动于本地经济圈层，也可以加速先进经营理念与技术及时地共享到不同地区，扩大区域内自身影响力的同时，也为进一步拓展金融服务夯实基础。

由此可见，城商行需要坚守市场定位，更需要向本地提供高质量的金融服务，充分发挥自身在本地经济圈层内的"极化"和"扩散"功能，有序、稳步推进城商行跨区发展。

2.1.4　交易成本理论

基于资源配置效率视角，科斯界定了交易的科学内涵。科斯认为，交易是指各种要素、服务以及商品等的市场交换。正如科斯所言，交易的各个环节均会产生成本，即市场交易或市场交换是有成本的。由此可见，所谓交易成本是指市场参与主体因获取信息而必须偿付的费用、谈判以及其他同契约相关的成本。具体而言，交易成本主要包括信息搜集过程中形成的费用、谈判与缔约环节所产生的相关成本、执行环节中契约履行监督所产生的成本以及违约行为所诱发的成本。

城商行作为地方性中小型商业银行，其资金规模相对较小、业务范围相对较小，这在一定程度上决定了城商行在管理、技术以及品牌影响力等方面实力偏弱。尤其是，各个城商行的单一交易行为极易造成交易成本不经济问题（Chen 和 Bo，2016；Issahaku 等，2017）。与此相反，如果各个城商行通过整合的方式开展各项交易活动，将有助于优化市场参与主体和市场的划定范畴，而且资本、劳动、技术以及管理理念等资源的整合会促使外部交易内化为内部交易，从而形成资源共享、优势互补的新格局，最终达到"降本增效"的目标（Mariyappan 等，2021；Zhang 和 Chen，2022）。

城商行跨区经营后，其交易成本层面上的比较优势突出体现在并购重组的跨区经营模式，其原因在于削减了中间环节可能产生的各种交易成本（Xiang 等，2017；Li 等，2017）。然而，实践中异地设立分支机构依然是城商行最受欢迎的跨区经营模式。究其原因：异地设立分支机构有利于延续本行文化，员工分配简单可行，异地分行同总行之间的差异小，便于管理；跨区经营的区位选择灵活，可以抢占发达城市，也可以布局周边地区稳步推进（Wang 等，2021；Fersi 和 Boujelbène，2021）。值得注意的是，异地设立分支机构对城商行资产规模、风险防控等方面提出了更高的要求，且承受的监管力度更大。尤其是，设立异地分支机构会削弱集团化、一体化所产生的交易成本优势，甚至造成总行对异地分支机构的管理外部化，诱使交易成本飙升。

综上，根据交易成本理论可知，城商行实施跨区经营战略是基于成本和收益综合考虑的结果。

2.1.5 委托代理理论

委托代理理论是由伯利和米恩斯二人共同提出的。该理论倡导分离企业所有权与经营权。具体来说，委托代理理论认为，所有者保留对利润的剩余索取权，而将经营管理权让渡。沿袭这一逻辑，1976年麦克林进一步界定了委托代理关系，并明确指出委托代理关系本质上是一种契约关系。换言之，委托代理关系是指，单一或多个行为主体委托或雇用其他行为主体来提供相应的服务，并赋予代理人适当的决策权，而委托人依据服务的数量和质量向代理人支付相应的薪酬。

信息不对称理论认为，现实中委托人和代理人各自所掌握的信息是不对称的，甚至可能存在巨大差异。委托人与代理人的目标是实现效用最大化，但二者的效用函数有所偏差（Cuong 等，2021；Ondiba 等，2021）。尤其是代理人在日常公司治理过程中拥有信息优势，导致委托人难以有效监督其全部行为。因此，私人利益驱使下代理人有动机利用信息优势进行机会主义行为，如掩盖或者延迟披露对自身不利的信息等行为（邵帅 等，2021；孙文浩 等，2021）。

现代企业的所有权与经营权相分离，由此衍生了股东与经理人之间的委托代理关系，这也奠定了委托代理理论在现代公司治理中的重要地位（Shi 等，2021；李平 等，2021；邵帅 等，2021）。具体在城商行层面上，其委托代理关系涉及三个方面：一是城商行的股东与经理人之间的代理关系；二是城商行的大股东与中小股东之间的代理关系；三是总行管理层与分支机构直接管理层之间代理关系。

显然，信息不对称问题的存在会刺激经理人利用信息优势而实施非理性投资行为（李旭超 等，2021；Thomas 和 Gupta，2021）。特别地，总行管理层可能会借助其掌握的经营信息而不顾股东利益，盲目从事激进的规模扩张。城商行跨区扩张后，异地分支机构的管理层能够控制更多的可支配资源，而且经营风险通常具有较长的潜伏期。因此，为扩大自身势力，管理层倾向于从事机会主义行为，这样就会加剧股东与管理层之间的代理冲突。

2.2 文献回顾

2.2.1 城商行跨区经营的相关研究

（1）城商行跨区经营的标准划定

我国城商行跨区经营得益于美国银行跨州经营的成功经验，但二者也存在明显的差异。美国是由单一制银行向"州际"银行快速转变，而我国城商行跨区经营的区位选择更多的是布局于省内（Shiers 等，2002；David 等，2015；孙博文，2021；陈赤平 等，2022）。现阶段，城商行跨区经营主要涉及两类：一类是跨地级市，即总行所处的地级市外，新设分支机构；二类是跨省，即总行所处省份外，新设分支机构。

无论是跨省还是跨地级市经营，都是城商行实现资本扩张的战略选择，而且其需要高度重视区域经济的差异，理性选择区域定位。卢独景（2010）选取省外分支机构的实际数量作为城商行跨区经营的代理变量，实证研究发现，大规模城商行跨区经营有助于降低其不良贷款率，但小规模城商行跨区经营反而会提高不良贷款率。进一步地，李广子（2013）采用跨本地区、跨地级市以及跨省三种标准衡量跨区经营指标，发现城商行跨区经营模式取决于存续时间、资产规模以及产权性质等综合因素。类似地，严太华等（2013）将跨区经营分为省内与省外扩张两类，构建动态面板模型，刻画了城商行异地分支机构的决策行为，资产流动性以及资产规模会对城商行省外扩张产生了积极的影响，但政府股权并不利于城商行省外扩张，而境外投资者仅仅显著影响省内扩张。

事实上，在现阶段，国内外学者更多的是以跨地级市作为跨区经营的划分标准。究其原因，正如 Brickley 等（2003）、Xuan 等（2019）、Yuan 和 Chang（2021）所言，异地设立分支机构会增加管理层级，加大了分支机构同总行之间的地理距离，在一定程度上会降低总行对分支机构的治理效果，极易诱发严重的代理冲突。

当然，也有学者持反对观点，如 Aubuchon 等（2010）、Tomiura

（2020）认为，城商行的分支机构主要集聚于总行周边区域，距离总行相对较近，分布集中且密集，这样难以获得区域多元化布局所产生的红利，而且不利于分散风险。

此外，在实践层面上，在"先省内，后省外，先本经济区，后跨经济区"的跨区发展政策指引下，城商行跨区经营是有序推进的，其目标地区选择上更青睐于本省内的地市。为此，本书将借鉴张敏等（2018）、Li 等（2020）、徐辉和铁心蕊（2022）的研究思路，采用城商行省内异地分支机构数量加 1 的自然对数来衡量城商行跨区经营程度。

（2）城商行跨区经营模式分类

当前，城商行跨区经营模式呈现出明显的多样化特征。鉴于城商行发展状况具有鲜明的地域特色，各地城商行跨区经营模式也存在一定的差异。

张吉光（2010）系统梳理了城商行跨区经营的六种典型模式，即设立异地分支机构、合并重组、收购城市信用社或农村信用社、参股控股异地银行、业务联合合作以及设立村镇银行，并指出异地设立分支机构和村镇银行是城商行跨区经营的首选（Li，2017）。与此同时，周好文等（2010）、Chen 等（2020）、Chen 和 Lu（2020）也特别指出，仅有少量城商行采取并购了重组的跨区经营模式，但异地设立分支机构最受欢迎，超过半数城商行会布局本省内，而且跨省设立分支机构时，城商行通常会优先考虑存贷比以及目标城市人均贷款额。李广子（2013）采用跨本地区、跨地市以及跨省三种标准衡量跨区经营，并结合跨区设立分行、参股村镇银行以及参股其他银行等模式，组合成不同的跨区经营模式，发现存续时间、资产规模以及产权性质等因素会显著影响城商行跨区经营模式。特别地，徽商银行作为比较成功的跨区经营典型案例，其采取并购重组模式实现跨区经营。刘峰等（2014）深入剖析了这一跨区经营模式的成功经验，他们强调，正确的战略定位是前提，兼顾各方利益是基础，采取可操作性的方案是保障。

综上可知，自 2006 年拉开城商行跨区经营的序幕以来，城商行青睐的跨区经营模式便是异地设立分支机构。与此同时，在"先省内，后省外，先本经济区，后跨经济区"的跨区发展政策指引下，城商行跨区经营是有序推进的，其在目标地区选择上更青睐于本省内的地市。

（3）城商行跨区经营的效率评估

在效率评价过程中，人们常常会用到随机前沿分析法（SFA）和数据包络法（DEA）。随着研究的深入，上述两种方法也被广泛应用到评估城商行跨区经营效率。

Bos 等（2005）选取资产规模突破 1 亿美元的欧美区域银行作为研究对象，构建了随机前沿模型（SFA），测算了这些规模以上银行的跨区经营效率，揭示了跨区经营程度与其经营效率之间是一种负向关系。这一现象也得到了 Goetz 等（2013）、Zhao 等（2019）、Chen 等（2020）的认可。与之相反，Illueca 等（2009）利用 1992—2004 年西班牙储蓄银行的相关数据，证实了跨区经营有助于提升西班牙储蓄银行效率。

针对上述争议，Ioannis 等（2012）同时使用 GP 和 DEA 两种估算方法，测算了希腊一家大银行各城乡分支机构的效率，证实了银行交易效率与生产效率密切关联，但希腊银行分支机构的地理位置并未显著影响其效率。范香梅等（2011）采用 SFA 方法测算了 1997—2008 年商业银行跨区经营效率，发现仅有大型商业银行能够从跨区经营中获取红利，既能提升效率，又能降低风险；但中小型银行需要审慎推进跨区经营战略，尤其要重视地方关系业务的持续性。在此基础上，刘惠好等（2014）进一步重点考察了 15 家城商行 2007—2011 年的跨区经营效率，随机前沿模型的实证结果显示，跨区经营对城商行经营效率的提振效应并不明显。

回顾国内外相关文献，可以清晰地看出，随机前沿分析法（SFA）和数据包络法（DEA）在城商行跨区经营效率评估中已经得到普遍认可与广泛应用。但城市行跨区经营效率依然存在一定的分歧，这可能是因为学者们选取的样本量、样本期间以及制度背景等方面存在差异。为此，本书在后文实证研究中，将适当拉长样本区间以及重点关注内生性问题的处理，以增强结论稳健性。

（4）城商行跨区经营的绩效评价

城商行跨区经营的绩效评价一直是国内外学者比较关注的核心问题，但结论不一。以 Emmons（2004）、Deng 和 Elyasiani（2008）、Wei 和 Liu（2017）、Bennett 等（2020）为代表的学者认为，跨区经营后，城商行资产规模实现快速扩张，有助于拓展存款业务，降低资金成本，进而增强盈利能力，实现规模经济，分散城商行经营风险。国内学者王擎（2012）率先从信贷扩张角度分析了城商行跨区经营的微观效应，并揭示了城商行跨区经营对其经营绩效具有显著的提振效应。在此基础上，罗孟波和范颖彦（2013）进一步从发展速度、发展范围以及发展程度三个维度细化了中小型银行跨区经营绩效评估，并发现跨区经营后，城商行经营绩效显著优于股份制银行，且资产规模是改善跨区经营绩效的主导因素。

不同于上述文献，陈晓雅（2013）首次采用存款分散度、总行与分支机构距离作为城商行跨区经营指数，城商行跨区经营有助于其业绩好转，降低信用风险，但总行与分支机构之间的地理距离会加剧贷款违约风险。此外，李梦雨等（2016）、Feng（2017）基于业务多元化视角，发现城商行跨区经营后，积极开展多元化业务，更有利于城商行获益，并且同业业务占比越高，越不易受到跨区经营所引致的经营环境变化的负面冲击。

然而，部分学者却持反对观点，认为跨区经营后，城商行会丧失原有的地方品牌效应等比较优势，加上城商行自身的业务实力和资金实力相对偏弱，因此其短时间内难以在异地争夺潜在的客户资源，盈利能力会被削弱，使经营绩效降低。比如，Matutes 和 Vives（2000）强调，城商行跨区经营极易引起银行业过度竞争，这会大大挤压城商行利润空间，使破产概率飙升（Berger 和 Mester，2003）。

Bongini 等（2000）从业务经营层面开展对比分析，发现中小型商业银行比大型商业银行更适合经营关系型业务，但跨区经营拉大了总行与分支机构以及与当地关系客户之间的地理距离，这不仅削弱了总行对异地分支机构的管控力度，而且会弱化中小型商业银行开展关系型业务的比较优势（刘飞，2011；王修华，2015；Portela 等，2020）。进一步地，李广子（2014）基于地域多元化视角，对比分析了城商行跨区经营的区位选择差异对其绩效的影响，发现异地分支机构与总部之间的地理距离越远，跨区经营绩效越差，但布局于经济发展水平较高地区的城商行，其跨区经营绩效整体较好。

梳理上述相关文献，不难发现，盈利能力是城商行跨区经营绩效评估必须重视的关键因素。但跨区经营究竟对城商行盈利能力产生何种影响？目前，学术界还存在较大的分歧。显然，这是一个值得探究的实证问题，为本书合理评估城商行跨区经营的实际效果提供了理论基础和进一步探究的空间。

（5）城商行跨区经营的风险承担

城商行跨区经营的风险承担是国内外学者高度重视的又一关键问题。

多数学者认为，跨区经营有助于扩大城商行资产规模，拓宽资金来源，进而达到分散风险的目的。Boot 和 Schmeits（2000）构建理论模型，证实了城商行跨区经营具有"共同保险"效应，有助于降低其收益的波动性和风险承担水平。Akhigbe 和 Whyte（2003）、Anning（2019）以及 Kang 和 Nam（2020）进一步指出，对于经营业务聚焦于单一地区的商业银行，其业务布局集中，一旦地区经济环境或政策环境出现较大变动，将会引发较大的系统风险；而分散经营地区有助于缓解城商行对地方经济和潜在客户的依赖，增强抗风险能力，进而能够规避单一地区经济波动而引发的系统性风险。

与此同时，顾海兵（2009）立足于中国制度背景，对比分析了单一城市制经营和跨区经营两种经营方式下城商行的风险承担水平，发现银行跨区经营可以规避单一城市制因客户集中度过高所诱发的风险。祝继高等（2012）利用 2004—2009 年城商行跨区经营的相关数据，实证检验了不同股权结构下城商行跨区经营与风险承担之间的关系，发现城商行跨区扩张可以分散风险。这一现象与易志强（2012）的研究结论是一致的。他们利用 69 家城商行 2006—2010 年的相关数据，发现跨区经营在一定程度上可以实现城商行与本地政府的行政区域相脱离，有助于削弱政府干预的负面效应，如抑制不良贷款率等。此外，徐辉和铁心蕊（2022）以 2007—2021 年中国沪深 A 股上市公司为研究对象，构建 Cloglog 离散时间生存分析模型，实证检验城商行跨区经营对僵尸企业生存风险的影响，发现城商行跨区经营会加剧僵尸企业生存风险；在此基础上，进一步检验了产权和规模异质性的影响，发现城商行跨区经营对僵尸企业生存风险的促进作用在非国有企业和中小型企业中更显著。

然而，部分学者从代理冲突角度出发，对其持反对观点，他们认为，城商行跨区经营后，可以实现市场多元化，但地理分散未必能够降低城商行的风险承担水平（曹廷求 等，2014；Saunders，2015）。Fuentelesaz 和 Gomez（2001）、De Juan（2002）、Jiang 等（2019）以及 Seho 等（2020）一致认为，城商行跨区经营会拉大总-分-支之间的地理距离，削弱了总行对异地分支机构的监督（Brickley 等，2003），更复杂的组织架构、产品架构会加剧代理冲突（Markus，2012）。Allen 等（2004）基于风险投资层面，发现设立分支机构会刺激城商行投资高风险项目，突出表现是在发放贷款时，总行和分支机构管理层会更激进，诱使风险集聚（Baele 等，

2007；Yong，2011）。曹廷求等（2014）立足于城商行治理结构，发现跨区经营的城商行主要在治理环境及其监督方面具有明显的比较优势，但风险控制和信息披露层面仍然表现欠佳，尤其是频繁跨区经营会加剧城商行的操作性风险及信用风险（姚建军，2010）。

综上可知，基于规模经济和范围经济理论，城商行跨区经营有助于分散风险，降低其风险承担水平。但也有部分学者从代理冲突角度出发，认为城商行跨区经营会产生管理结构复杂化问题，加剧总行与异地分支机构之间的代理冲突，导致代理风险在城商行内部累积，进而提高城商行风险承担水平。可见，对于跨区经营对城商行风险承担究竟产生何种影响，这一问题，现阶段学者们依然存在较大分歧。鉴于此，本书将选取95家城商行2006—2020年的相关数据作为研究样本，实证检验二者之间影响关系，以厘清城商行跨区经营对其风险承担的影响效应。

2.2.2 僵尸企业的相关研究

（1）僵尸企业的界定与识别

僵尸企业是指自身经营不善，且高度依赖政府补助和银行信贷持续"输血"而维持生存的企业。这一概念最早要追溯到20世纪80年代后期。当时，美国储贷危机中出现了各类经济异象。到日本泡沫经济时期，其被广泛应用于一般企业。深入理解僵尸企业的内涵后，国内外学者逐渐将研究视角拓展到僵尸企业的识别，目前已形成具有代表性的成熟方法。

对于僵尸企业的识别，学者们根据以业绩差、负债高为特征的亏损性，以过度依赖政府补贴和银行贷款为特征的吸血性和以干扰就业、社会稳定为特征的绑架性，构造了多种识别僵尸企业的测量方法（Wei，2017；Osennyaya 等，2018；Mao 和 Xiang，2019）。Caballero 等（2008）率先提出，人们可以依据信贷优惠来直接识别僵尸企业，这一识别方法通常简称"CHK方法"。该方法的优点在于易操作且数据获取简捷，但也存在较大的估计误差等弊端。随后，针对 CHK 方法的诸多弊端，学者们进行了积极的论证与修正。其中，最具代表性的是 Fukuda 和 Nakamura（2011）、Shan（2017）提出的 FN-CHK 标准。所谓的 FN-CHK 标准，是基于 CHK 方法，引入盈利能力和常青借贷标准，以此得到实际利润法和持续借贷法，使得人们对僵尸企业的识别更合理、更严谨。

然而，一些国内学者认为，考虑到中国特殊的制度背景，简单地将

CHK 方法和 FN-CHK 标准直接用于识别中国僵尸企业，可能会造成较大的样本选择偏差。鉴于此，以申广军（2016）、黄少卿和陈彦（2017）、卢树立和何振（2019）为代表的国内学者，相继优化了 FN-CHK 标准，提出了修正的 FN-CHK 标准，将盈利差、杠杆率高且持续借贷的企业认定为僵尸企业。这一识别方法是对 FN-CHK 标准的拓展与修订，也得到李晓燕（2019）、张峰和丁思琪（2019）以及姜磊等（2022）等国内学者的认可。

然而，我国长期推行的差异化产业政策在一定程度上会驱使企业集聚于国家重点扶持领域，甚至会诱发产能过剩等严重问题（张璇和李金洋，2019；金祥荣 等，2019）。为此，我国政府明确提出"去产能、去库存、去杠杆、降成本、补短板"五大经济任务。尤其是，有效处置僵尸企业是"去产能"的重要抓手。与此同时，2015 年国务院针对性地明确了识别僵尸企业的标准，即不符合国家能耗、环保、质量、安全等标准和长期亏损的产能过剩行业企业，持续亏损三年以上且不符合结构调整方向的企业，就认定为僵尸企业。

综合考虑上述识别方法以及中国特殊的制度背景，本书对僵尸企业的识别，主要是在参照 FN-CHK 标准的基础上，进一步借鉴王万珺和刘小玄（2018）、张龙鹏等（2019）、杨志才和王海杰（2022）的研究思路，认为僵尸企业还须同时满足以下标准：获得信贷补贴，实际利润小于或者等于零，现金流小于短期负债，企业年龄大于三年。

（2）僵尸企业形成的诱因

僵尸企业是造成资源配置效率低下、供给低效以及产能过剩的关键诱因，甚至妨碍了地区经济高质量增长（Berger 等，2010；Xue，2018；何振 等，2021；谢申祥 等，2021）。可见，及时清理僵尸企业已刻不容缓。近年来，僵尸企业形成的诱因也引起了理论界和实务界的高度关注，越来越多的学者将研究焦点集中于僵尸企业形成的诱因（Xie 和 Wang，2019；卢洪友 等，2020；刘鹏和何冬梅，2021）。显然，厘清僵尸企业形成的诱因是有效处置僵尸企业的前提和基础。在中国特殊的制度背景下，僵尸企业在一定程度上是维系地区经济发展和地方工作人员晋升的重要因素。换言之，地方政府可能向僵尸企业以补贴等形式进行"输血"，导致僵尸企业不断形成与复发。

现有文献主要从地方政府干预和银行信贷供给两个角度探究了僵尸企业形成的诱因（聂辉华 等，2016；Meunier，2019；余典范 等，2021）。一些学者认为，地方政府可能会为了地区经济增长或者政治晋升，借助财政补贴以及税收优惠等方式过度干预企业经营决策等活动，无形之中导致大量业绩差、无"造血"功能的企业难以及时退出市场而成为僵尸企业（Fukuda 和 Nakamura，2011；聂辉华 等，2016；黄少卿和陈彦，2017）。以 Liu 等（2019）、Kanagaretnam 等（2019）为代表的学者特别强调，一些僵尸企业因受到地方政府的补贴而扭曲了投资行为，导致业绩受损，加剧了其对政府扶持的依赖，进而造成这些丧失盈利能力的僵尸企业长期存在。

另一些学者认为，大量僵尸企业的清出极易诱发银行不良贷款率飙升，甚至会引发系统性风险，为此银行便向僵尸企业主动"输血"，以掩盖其坏账（Beck 等，2010；Kanagaretnam 等，2018；刘冲 等，2020）。Albertazzi 和 Marchetti（2010）详细剖析了雷曼兄弟破产案例，发现小型银行为了能够收回贷款及其利息收入而持续向高风险企业续贷，在一定程度上扭曲了信贷资源配置，削弱了高风险企业的盈利能力，进而加大了企业"僵尸化"的概率（Watanabe，2011；申广军，2016）。王万珺和刘小玄（2018）认为，破产制度是影响僵尸企业市场出清的重要因素。

此外，徐辉和铁心蕊（2022）认为，银行作为信贷供给者，可以依托借贷关系生成私有信息，据此遴选信贷投放对象。从这个层面上看，银行可能会充当信贷资源由低效率企业流向高效率企业的引导者和实施者。而城市商业银行发轫于城市信用社，特殊的历史背景将其定位于服务中小企业、振兴当地经济（宋建波 等，2019；周忠民 等，2020）。本质上，城商行与中小企业建立了一种金融共生关系。一旦城商行提供的优惠信贷与客户实际偿债能力严重失衡，就极易引致僵尸企业的形成（Zhang 等，2019；王海 等，2021）。由上可知，过度的银行信贷优惠和无效的企业破产司法制度也是诱使僵尸企业形成的关键因素，但其深层次原因在于地方政府的过度干预。

回顾上述文献不难发现，国内外学者主要从政府补贴、税收优惠以及银行信贷优惠等视角对僵尸企业形成的诱因展开深入研究，这为本书的研究工作开展奠定了理论基础。然而，上述研究忽略了城商行跨区经营对僵尸企业生存风险的影响。为此，本书将利用 2007—2021 年中国沪深 A 股上市公司的微观数据，从城商行跨区经营角度实证分析银行业市场结构对僵尸企业生存风险的影响，旨在有效处置僵尸企业，为厘清"僵尸企业僵而不死"的诱因提供新的思路。

（3）僵尸企业的危害

僵尸企业因自身盈利能力差、外部"输血"依赖程度高等特征会挤占其他正常企业的信贷等资源（He 等，2019；乔小乐 等，2020），不利于信贷资源的优化配置，甚至会阻碍经济高质量发展（王一欢和詹新宇，2021；徐斯旸 等，2021）。20 世纪 90 年代，泡沫经济危机后，日本催生了一大批僵尸企业，这一异象引起了国内外学者的高度关注，并一致认为，僵尸企业是造成日本经济下行的关键因素。与此同时，值得注意的是，2008 年金融危机后，美国金融业、汽车行业以及房地产行业等多个核心领域不断涌现出僵尸企业，并在一定程度上遏制了美国经济的复苏（Chakraborty 和 Peek，2012；张鹏杨，2021；吴清扬，2021）。

当然，僵尸企业的不良影响也引起了国内学者的高度重视。僵尸企业的长期存在妨碍了市场优胜劣汰机制的有效运行，甚至严重约束了企业成长机制的高效发挥（肖兴志和黄振国，2019；裴丹和陈林，2021）。特别地，僵尸企业会加剧产能过剩，挤占有限的竞争性资源，削减非僵尸企业的利润空间（Kwon 等，2015；谭语嫣 等，2017），降低资源配置效率，甚至会诱发系统性风险（张璇和李金洋，2019）。

回顾上述文献，可以发现，僵尸企业的长期存在会危及行业、地区乃至国家经济的高质量发展。因此，全面认识僵尸企业的危害，深入剖析僵尸企业形成的诱因，是有效处置僵尸企业的现实选择（陈瑞华 等，2020；李香菊和刘硕，2021）。显然，上述文献为本书的研究工作的开展奠定了理论基础。而本书将从城商行跨区经营角度考察银行业市场结构对僵尸企业生存风险和去杠杆的影响，旨在厘清僵尸企业长期存在的诱因，评估僵尸企业的危害，为有效、及时清理僵尸企业提供新思路。

（4）僵尸企业的治理措施

承前所述，大量僵尸企业未能及时退出市场，不仅会挤占其他正常企业的信贷等资源，甚至可能会危及行业、地区乃至国家的可持续发展（张天华和汪昱彤，2020；张栋和赵文卓，2021）。因此，高度重视僵尸企业的危害，并且科学、合理处置僵尸企业显得尤为关键。

日本和美国是处置僵尸企业的典型代表。经济下行初期，日本政府相继出台一系列支持性政策，持续向僵尸企业输血，但这些支持性政策并未有效改善僵尸企业的经营状况，反而加剧了僵尸企业的长期化问题（孙丽，2017；Jiang 和 Cheng，2019；张爱萍和胡奕明，2021）。面对积极性政策收效甚微的窘境，日本政府逐渐意识到，有效解决僵尸企业问题的根本方法是供给侧结构性改革。为此，日本政府先后颁布了一系列供给侧结构性改革措施，僵尸企业治理成效也日益凸显。其中，最具代表性的有效治理方法就是 Fukuda 和 Koibuchi（2005）提出的"休克疗法"，该方法有效改善了大型企业经营业绩，极大地减轻了日本银行业危机所带来的负面冲击。Fukuda 和 Nakamura（2011）指出，在僵尸企业的资产重组过程中，削减员工规模、出售固定资产等方法有助于僵尸企业快速恢复正常。

2008 年美国次贷危机后，美国涌现了大批僵尸企业。为了及时、分类处理僵尸企业，美国制订了不良资产救助计划，包括：积极救助那些重整有望的僵尸企业，助力其及时恢复正常；但对于不能持续经营的僵尸企业，则加速其市场出清进程（Hoshi 和 Kashyap，2015；熊兵，2016；Zhao 和 Guo，2019）。有学者通过分析日、美等国的治理情况，发现处置僵尸企业因涉及多方利益，不能全部予以破产清算，"一刀切"的做法是不足取的，应当予以分类处理（黄少卿和陈彦，2017）。

具体到我国的僵尸企业处置方式，其最大的特色就是政府在治理僵尸企业的过程中发挥了主导性作用。国有企业因其产权的特殊性，承担着社会就业等重大社会性问题，在一定程度上削弱了自身盈利能力，使其成为僵尸企业的"重灾区"。因此，清理国有僵尸企业一直是国有企业混合所有制改革的重点工作。方明月和孙鲲鹏（2019）利用工业企业数据库的相关数据，发现混合所有制改革对国有僵尸企业具有显著的治理效应，治理效果呈现出从转制民企、国有持股企业、国有控股企业逐渐减弱的态势。这一发现契合国企改革方向，也从侧面证实了混合所有制改革政策的有效性。此外，以杨松令等（2018）、韩飞和田昆儒（2017）为代表的学者认为，大股东持股和内部控制制度是治理僵尸企业的有效举措。

综上可知，供给侧结构性改革是治理僵尸企业的有效方式。弱化政府干预，兼顾市场化治理手段，是有效治理僵尸企业的主要改革方向。

2.2.3 成渝地区双城经济圈建设的相关研究

区域经济发展研究兴起于德国，德国学者杜能（1986）于 19 世纪初首次提出农业区位论，并基于空间视角系统分析了位置、地租以及土地利用之间的关系。20 世纪初，另一位德国学者韦伯（1997）构建了工业区位理论体系，立足于区位差异所引发的成本问题，系统探究了生产场所的地理位置选择问题。工业发展与经济联系日益密切，学者们纷纷聚焦于区域经济理论，持续予以拓展与深化。其中，最具代表性的理论主要包括Perroux（1987）构建的"增长极"理论、俄林（2008）建立的一般区位理论以及Christaller（2010）提出的中心地理论等。

2020年10月，中共中央政治局审议《成渝地区双城经济圈建设规划纲要》，明确提出成渝地区双城经济圈建设的关键在于助力成渝地区协同发展，优化区域经济布局，形成高质量增长极。成渝地区双城经济圈作为经济高质量发展的第四"增长极"，对西部经济发展具有重大意义。这引起了广大学者的密切关注。从研究对象上看，其既有宏观研究，又有微观研究；从研究方法上看，其主要包括理论研究、比较研究以及实证研究。

宏观层面上，现有文献主要聚焦于成渝地区双城经济圈的发展历程、总体战略规划以及空间结构布局等方面，该类研究具有综合性强的特色，而且通常不涉及特定领域。康钰和何丹（2015）基于历史视角，系统梳理了成渝地区2 000多年以来的发展脉络。姚作林等（2017）利用成渝地区147个区县级行政单位的相关数据，从3个层级系统刻画了成渝地区双城经济圈的空间结构。秦鹏和刘焕（2021）基于功能主义系列理论，详细阐释了成渝经济圈协同发展的理论逻辑、优化路径以及实施策略，并构建了结构化、系统化的区域协同发展组织架构。

微观层面上，现有文献主要聚焦于成渝地区双城经济圈特定的产业和领域。该类研究较为具体、细化，具有较强的针对性，通常是立足于特定领域，针对其特定问题，阐述问题存在的原因，据此提出对策。王佳宁等（2016）立足于行政审批制度改革这一事件，评估了成渝城市群政府转型的实际效能。与此同时，李凯等（2016）对比分析了成渝城市群、武汉城市群以及长三角城市群空间集聚与扩散的特征。张学良等（2018）借助第五次、第六次人口普查数据，刻画了成渝城市群收缩的空间格局，并揭示了其形成机制。此外，蒋华林（2020）基于高等教育层面，构建了成渝地区双城经济圈一体化发展体系。

梳理上述文献，可以清晰地发现，现有文献主要从战略规划、发展模式、协同创新、跨区域要素对接以及多主体联动等方面展开成渝地区双城经济圈的一系列理论与实证研究，但基于成渝地区双城经济圈建设背景，考察城商行跨区经营的微观效应，鲜有文献涉及，这也将是本书探究的核心问题。

2.3 文献评述

回顾已有的相关文献,不难发现,国内有关城商行跨区经营的研究要明显滞后于国外,而且国内研究更多的是聚焦于理论研究层面。与此同时,城商行特殊的制度背景和历史背景决定了其"服务地方经济、服务城市居民和服务中小企业"的职能定位。因此,无论是在理论层面还是实践层面上,我们均不能简单地套用国外的先进经验。在成渝地区双城经济圈建设背景下,国内文献较少涉及系统考察城商行跨区经营的微观效应。梳理前述文献可知,有关城商行跨区经营微观效应的研究仍存在亟需拓展与改进之处:

(1)城商行跨区经营决策如何内生于制度环境这一重要的理论问题,鲜有文献涉及。现有文献主要聚焦于考察城商行跨区经营的内涵界定、效率评价、绩效评估、风险承担以及治理策略等层面(Pu 和 Yang,2022;Liu 和 Li,2021;孙博文 等,2021;乔小乐和宋林,2022),鲜有文献立足于城商行的股权集中于当地政府与国有企业、当地政府干预城商行的信贷配置决策以及城商行与僵尸企业之间的金融共生关系等,比较分析不同产权性质城商行跨区经营经济后果的差异。换言之,城商行跨区经营决策如何内生于制度环境这一重要的理论问题,现有文献未能正面予以有效回应。因此,本书将遵循"积极实施城商行跨区经营战略对当地企业的冲击→当地企业采取的应对措施→应对措施所产生的经济后果"逐层推进的逻辑架构,从关联贷款渠道阐述城商行跨区经营微观效应的内在逻辑,据此构建理论框架。

(2)城商行与僵尸企业之间的金融共生关系,未能引起国内外学者重视,尤其是城商行跨区经营究竟对僵尸企业产生何种影响,依然是"黑箱"。现有文献更多的是关注货币政策影响银行信贷行为的传导效果以及企业静态资本结构,而本书以僵尸企业为考察对象,基于银行业市场结构视角,聚焦于城商行与僵尸企业之间的金融共生关系,探讨城商行跨区经营对僵尸企业市场出清的影响。据此,为"坚持用市场化、法制化手段淘汰落后产能,加大僵尸企业破产清算和重整力度"提供了科学的经验支撑,也为推进金融供给侧结构性改革指明了可行的方向。

（3）成渝地区双城经济圈建设背景下跨区经营对城商行风险承担和盈利能力的经济解释机制，尚待进一步完善。现有文献聚焦于城商行经营效率、风险关联以及代理问题的影响，但从其盈利能力和风险承担的双重视角，并立足于成渝地区双城经济圈建设背景，考察城商行跨区经营微观效应的系统研究，依然缺乏。鉴于此，本书将立足于成渝地区双城经济圈建设背景，基于关联贷款渠道构建经济解释机制，旨在厘清跨区经营对城商行风险承担和盈利能力的影响机理，也为引导城商行跨区经营指明了发展方向。

本章依据前述文献梳理，对城商行跨区经营、僵尸企业以及风险承担等核心概念进行了全面梳理，对概念之间的联系及其理论基础有了明确的认知，凝练出了整体研究思路。与此同时，本章系统分析了规模经济理论、范围经济理论、"增长极"理论、交易成本理论以及委托代理理论，明确了城商行跨区经营微观效应的作用机理，并进一步阐明了城商行跨区经营微观效应在不同情境下存在的差异，为本书后续实证研究奠定了理论基础。

3 城商行跨区经营的制度背景与现状分析

本章主要分析城商行跨区域经营的制度背景及其现状。首先，梳理城商行跨区经营的制度背景；然后，进一步分析城商行跨区域经营的现状，主要包括跨区经营的整体概况、模式、特征以及可能存在的问题。显然，对城商行跨区经营的制度背景及其现状的深入分析，有助于正确理解城商行跨区经营对区域金融资源流动，乃至经济发展的影响，为本书实证分析指明研究方向。

3.1 城商行跨区经营的制度背景

20 世纪 90 年代，国务院出台了《国务院关于组建城市合作银行的通知》，明确指出要撤并城市信用社，并分期分批次组建城市合作银行，其由城市企业、居民以及地方财政共同投资入股，这决定了其具有鲜明的地方股份制性质（邢斐 等，2022；熊家财和杨来峰，2022）。1998 年 3 月，国务院批准将"城市合作银行"变更为"城市商业银行"，这一变更也促使城商行的性质由合作制向股份制转变。与此同时，城商行的数量和规模得到了空前发展，加速了中国金融改革的进程。

21 世纪初期，我国持续推进城市信用社重组，城商行数量大幅上升，其资产规模快速扩大。特别地，2005 年中国银行业监督管理委员会颁布《城市信用社监管与发展规划》，这在一定程度上加大了城市信用社的改革力度。2012 年 4 月，浙江省象山县绿叶城市信用社成功改组为宁波东海银行，这标志着城市信用社的重组工作顺利完成。

现阶段，城商行在中国金融业体系中扮演着重要角色，鲜明的地方股份制性质决定了城商行在发展进程中具有明显的地缘性优势和地方政府控制特征。具体而言，一方面，城商行作为地方性金融机构，本地化优势极为突出。尤其是，城商行的战略定位由"为中小企业提供金融支持，为地方经济搭桥铺路"转向"服务地方经济、服务中小企业、服务城市居民"。这一转变凸显了城商行金融服务的鲜明地域性，更反映了城商行同本地企业高度的关联性。因此，城商行在获取本地企业"软"信息方面具有明显的地缘性、时效性等比较优势，更加熟悉本地潜在客户的资信状况。另一方面，城商行的特殊历史背景导致当地政府通常会持有其较高的股份，这就为当地政府干预城商行的信贷配置决策提供了契机。比如，一些地方政府可能直接实施人事任免、信贷干预，甚至造成城商行出现金融错配问题。

特别地，2006 年 4 月，上海银行宁波分行正式开业，这是国内第一家跨省经营的城商行分行。至此，中国城商行拉开了跨区经营的序幕。紧接着，2008 年国内便有 20 多家城商行实施了跨区经营战略。其中，以北京银行、浙江商业银行为代表的品质高、业绩好的城市商业银行依托跨区新设分支机构以及合并重组等方式相继向区域性商业银行转型。显然，城商行作为中国银行体系的重要构成部分，其对地方经济发展乃至全国经济高质量发展的积极影响日益重要。不可否认，实施跨区经营战略后，城商行与中小型企业之间搭建起了金融共生关系。然而，一旦城商行提供的优惠信贷与客户实际偿债能力严重失衡，这种金融共生关系极易引致僵尸企业形成。

3.2　城商行跨区经营的整体概况分析

3.2.1　全国城商行跨区经营的概况分析

（1）全国城市商业银行法人机构年度分布

图 3.1 描绘了 2006—2020 年全国城商行法人机构数量时序分布情况。由图 3.1 可知，随着城市信用社的全面整合以及城市合作银行的相继组建，全国城商行的数量由 2006 年的 113 家，迅速扩张到 2009 年的 148 家，随后慢慢回落到 2020 年的 109 家。整体而言，2006—2020 年全国城商行法人数量呈现出"先增后减"的态势，市场基本达到饱和，当然也出现了少量回落。

特别地，全国城商行法人数量出现回落的主要原因在于城商行的发展基本趋于平稳，且以新设方式成立的城商行相对较少；与此同时，已成立的城商行之间时常会有合并重组发生，故在很大程度上造成城商行法人数量的增速缓慢，甚至还出现下滑现象。比如，2010 年年底，湖北银行是由湖北省 5 家城商行合并新设挂牌组建的；同年，华融湘江银行也由湖南省 4 家城商银行与 1 家城市信用社采用"4+1"合并重组而成的；2014 年 8 月，河南省 13 家城商行合并组建成中原银行。这一做法直接造成城商行数量由 2013 年年末的 145 家滑落到 2014 年年末的 133 家。

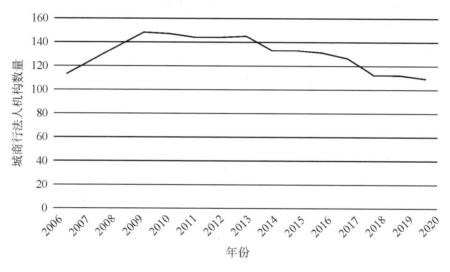

图 3.1 2006—2020 年全国城商行法人机构数量时序图

资料来源：结合各城商行官方网站及其年报披露的信息整理获得。

（2）全国城市商业银行总资产增速年度分布

图 3.2 绘制了 2006—2020 年全国城商行总资产增速的年度分布情况。由图 3.2 可知，全国城商行总资产增速在 2010 年达到了峰值 37%，随后呈现出"一路下滑"趋势。与此同时，银行业金融机构同期增长率也呈现出"先增后减再增"的态势。此外，不难发现，城商行总资产占银行业金融机构比例整体上表现出稳步上升的趋势，说明城商行在银行业中的市场份额也越来越高，其影响力也随之不断增大。

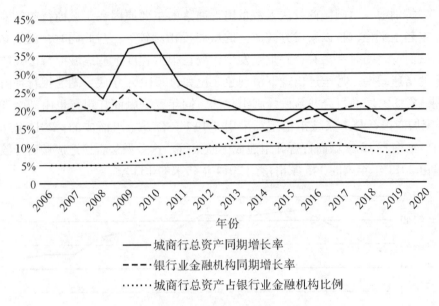

图 3.2　2006—2020 年全国城商行总资产增速时序图

资料来源：结合各城商行官方网站及其年报披露的信息整理获得。

（3）全国城市商业银行跨区经营概况

表 3.1 报告了全国城商行跨区经营的基本情况。截至 2020 年 12 月 31 日，全国范围内共计 107 家城商行相继实现了省外跨区经营。具体而言，东部、西部以及中部地区实现省外跨区经营的城商行数分别达到了 57 家、31 家、19 家。显然，东部地区实现省外跨区经营的城商行数明显占优。

与此同时，从城商行的地区分布情况看，截至 2020 年 12 月 31 日，全国范围内共有 132 家城商行。具体来说，东部地区有 69 家城商行，占全国城商行总数的 52.27%；西部地区有 40 家城商行，占全国城商行总数的 30.30%，且分布偏向发达城市；中部地区仅有 23 家城商行，占比仅有 17.42%，处于相对弱势地位。

表 3.1 截至 2020 年 12 月 31 日全国城商行跨区经营概况

地区	省区市	城商行数量	跨区经营城商行数量	跨区经营城商行名称
东部	北京	1	1	北京银行
	天津	1	1	天津银行
	河北	11	8	邢台银行、河北银行、沧州银行、邯郸银行、承德银行、保定银行、廊坊银行、张家口市银行
	上海	1	1	上海银行
	江苏	4	4	江苏银行、苏州银行、南京银行、苏州长江银行
	浙江	13	12	杭州银行、宁波银行、通商银行、台州银行、民泰商行银行、泰隆商行银行、金华银行、稠州商业银行、绍兴银行、湖州银行、嘉兴银行、温州银行
	福建	4	4	泉州银行、福建海峡银行、厦门银行、厦门国际银行
	山东	14	12	青岛银行、齐鲁银行、威海银行、日照银行、潍坊银行、莱商银行、齐商银行、东营银行、济宁银行、临商银行、德州银行、枣庄银行
	广东	5	5	广州银行、珠海华润银行、东莞银行、广东南粤银行、广东华兴银行
	辽宁	15	9	阜新银行、锦州银行、辽阳银行、大连银行、营口银行、盛京银行、葫芦岛银行、丹东银行、朝阳银行
中部	山西	6	3	晋商银行、晋城银行、大同银行
	安徽	1	1	徽商银行
	江西	4	4	南昌银行、九江银行、赣州银行、上饶
	河南	5	4	郑州银行、洛阳银行、中原银行、平顶山
	湖南	2	2	长沙银行、华融湘江银行
	湖北	2	2	汉口银行、湖北银行
	吉林	1	1	吉林银行
	黑龙江	2	2	哈尔滨银行、龙江银行

表3.1(续)

地区	省区市	城商行数量	跨区经营城商行数量	跨区经营城商行名称
西部	四川	13	8	成都银行、德阳银行、乐山银行、绵阳银行、攀枝花银行、南充银行、宜宾银行、遂宁市银行
	重庆	2	1	重庆银行
	贵州	2	2	贵阳银行、贵州银行
	云南	3	3	富滇银行、曲靖银行、玉溪市银行
	陕西	2	2	西安银行、长安银行
	甘肃	2	2	兰州银行、甘肃银行
	广西	3	3	广西北部湾银行、柳州银行、桂林
	青海	1	1	青海银行
	宁夏	2	2	宁夏银行、石嘴山银行
	新疆	5	3	乌鲁木齐银行、昆仑银行、哈密市银行
	西藏	1	0	——
	内蒙古	4	4	包商银行、内蒙古银行、乌海银行、鄂尔多斯银行

资料来源：结合各城商行官方网站及其年报披露的信息整理获得。

3.2.2 西部地区城商行跨区经营的概况分析

（1）西部地区城市商业银行数量的年度分布

图3.3绘制了2006—2020年西部地区城商行数量的年度分布情况。自2006年以来，西部地区城商行数量基本保持稳步上升的趋势，到2012年之后，市场基本达到饱和状态，维持在40家这个水平。

值得说明的是，贵州银行是2012年10月通过"三合"重组新设而成的。同年5月，西藏银行在拉萨隆重开业。西藏银行是西藏仅有的1家股份制商业银行，其资产规模在短短三年的时间内便突破了300亿元。此外，重庆银行、成都银行、西安银行、兰州银行、贵阳银行等城商行属于较早成立的一批西部城商行，其发展速度相对较快，这可能与早期国家政策支持密切相关。

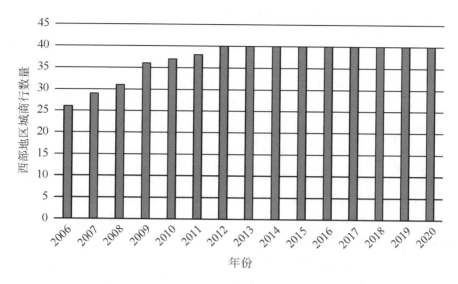

图 3.3　2006—2020 年西部地区城商行数量分布

资料来源：结合各城商行官方网站及其年报披露的信息整理获得。

（2）西部地区城市商业银行异地分支机构的概况

现阶段，西部地区的 40 家城商行中，有 31 家城商行顺利实现了省内外跨区经营。鉴于数据的可得性，表 3.2 列示了截至 2020 年 12 月 31 日西部地区 24 家已开展异地经营活动的城商行跨区域经营的基本情况。

表 3.2 的统计结果表明，西部地区 24 家已开展异地经营活动的城商行地域选择具有明显的差异。我们可以依据扩张深度的差异，将其划分为五个层次。

第一，大多数城商行跨区经营的区域选择倾向于本省内。这一区位选择主要与城商行的历史使命及其自身发展定位密切相关。对于保守稳健的城商行，其在初创期倾向于采取这一扩张策略。表 3.2 的统计结果显示，只在本省内实施异地经营的城商行多达 15 家，占比高达 62.5%，而实施省外经营的城商行共有 9 家，占比仅有 37.5%。

第二，一些城商行跨区经营会选择布局临近省份、城市集群或经济密集片区。选择以上区位主要是因为临近省份、同一城市集群或经济密集片区内经济业务往来频繁，城区之间的人才交流、金融资源流动以及信息共享及时且高效。因此，从这个层面上看，频繁的跨区经营活动有助于城商行产生相匹配的业务需求。如此一来，城商行的发展既受益于地理和经济区域内的企业经营活动的紧密联系，又能反作用于当地的经济发展。例如，四川省内的城商行倾向于在重庆以及贵阳等异地建立各自的分支机构；与此同时，贵阳银行以及重庆银行也青睐在成都建立异地分支机构。特别地，重庆银行早在2008年便在成都设立第一家异地分支机构。

第三，少数城商行也会选择北上广深等发达城市建立异地分支机构。跨区经营布局发达城市，这就要求城商行自身应该具备良好的经营状况、较强的市场竞争力。唯有如此，跨区经营的城商行才能依托发达城市的经济引领自身发展，否则便会被市场淘汰。24家实现跨区经营的西部城商行中，仅有内蒙古包商银行布局一线城市。内蒙古包商银行作为资产规模最大的西部城商行，截至2020年12月31日，已经在北京和深圳分别建立7家和9家分支机构。此外，宁夏银行作为第一家在省外建立分支机构的西部城商行，其经营范围已涉入天津。

第四，利用自身地理位置优势，布局海外市场。云南省地处边境，毗邻东南亚。富滇银行作为仅有的1家在境外设立分支机构的西部城商行，其在2010年便已布局老挝。尤其是中国跟周边国家关系友好发展、经济往来频繁的国际形势，在很大程度上促使驻外分支机构成为一种可能。早在2014年年初，富滇银行就积极与老挝外贸大众银行商讨合作事宜，并最终成功发起了老中银行。这一事件标志着中国金融机构正式开始布局东南亚。

第五，大多数城商行省内异地分支机构数量要明显多于省外分支机构。具体而言，一些西部城商行通常仅在省内建立异地分支机构，而省内外均有分支机构的城商行，其普遍表现为省内异地分支机构数量要显著多于省外分支机构。尤其是多数城商行青睐于在总行所在的地市设立分支机构，其占比达到70%以上。

表 3.2 截至 2020 年 12 月 31 日西部地区主要城商行跨区域经营情况

省份	跨区经营银行	异地分支机构选址
四川	成都银行	重庆、西安、广安、资阳、简阳、眉山、都江堰、彭州、新津、崇州、内江、南充、宜宾、乐山
	德阳银行	成都、广汉、什邡、绵竹、眉山、泸州、巴中
	乐山市商业银行	成都、眉山、资阳、自贡、南充、泸州
	绵阳市商业银行	广元
	攀枝花市商业银行	成都、凉山州、自贡、内江
	南充市商业银行	贵阳、成都、凉山州、达州、巴中
	宜宾市商业银行	内江
重庆	重庆银行	成都、崇州、贵阳、遵义、六盘水、西安、广安
云南	富滇银行	老挝、重庆、保山、红河、大理、版纳、楚雄、普洱、邵通、香格里拉、德宏州、文山
	玉溪市商业银行	昆明
广西	北部湾银行	崇左、钦州、北海、防城港、贵港、玉林、百色、梧州
	柳州银行	来宾、河池、南宁、宜州、桂林、梧州、贵港
	桂林银行	柳州、梧州、南宁、贺州、防城港
青海	青海银行	格尔木、玉树、海南州、海东市、海北州、德令哈
宁夏	宁夏银行	天津、西安、中卫、吴忠、石嘴山
	石嘴山银行	银川、中卫、吴忠
陕西	西安银行	榆林、宝鸡、咸阳、渭南
	长安银行	榆林、宝鸡、咸阳、渭南、汉中、安康、延安、商洛、铜川
甘肃	兰州银行	天水、酒泉、敦煌、定西、陇西、武威、张掖、庆阳、嘉峪关、金昌、白银、临夏、陇南
贵州	贵阳银行	成都、毕节、遵义、黔南、安顺、铜仁、兴义、六盘水
	贵州银行	毕节、遵义、黔南、安顺、铜仁、兴义、六盘水
新疆	昆仑银行	北京、西安、大庆、乌鲁木齐、库尔勒、吐哈

表3.2(续)

省份	跨区经营银行	异地分支机构选址
内蒙古	内蒙古银行	哈尔滨、包头、呼伦贝尔、通辽、锡林郭勒、兴安盟、乌兰察布
	包商银行	深圳、北京、宁波、成都、赤峰、巴彦淖尔、通辽、锡林郭勒、呼和浩特、兴安盟、乌兰察布、呼伦贝尔、乌海、阿拉善

资料来源：结合各城商行官方网站及其年报披露的信息整理获得。

（3）西部地区城市商业银行异地网点数量的概况

表3.3列示了截至2020年12月31日西部地区城市商业银行省内外异地网点数量分布情况。不难发现，大部分城商行在总行所在地市的分支机构比例一度超过了70%。其中，占比最高的城商行是西安银行，高达91.89%，连续五年对省外扩张乏力。其余城商行占比稍低，但也达到了60%以上。如桂林银行、石嘴山银行以及德阳银行也基本维持在45%左右。

包商银行、长安银行以及贵州银行是仅有的3家总行所在地市分支机构数量占比低于30%的西部城商行。内蒙古包商银行当时竞争力位居行业前列，异地扩张激情高涨。与之不同的是，贵州银行是2012年由3家贵州省内城商行合并重组而新设的城商行。同样地，长安银行是2009年由陕西省的2家城商行和3家信用社通过"2+3"的方式新设而成的。由此可见，部分城商行是通过多家本省非省会城市的地方性商业银行合并新设而成的，其总部偏好选址省会城市，这在一定程度上决定了其在省内建立异地分支机构具有得天独厚的优势，必然造成省内异地分支机构数量先天庞大。

事实上，追溯至2013年，国家政策逐渐放松了对城商行跨区经营的管理，城商行异地经营重启，但也明确指出不跨省区扩张，仅局限于建立省外分行。尤其是跨省的城商行，青睐于异地建立支行；与此同时，省内扩张的热情也是极为高涨。当然，客户需求日益个性化、多样化，也在一定程度上催生了城商行积极探索分支机构的创新建设。最具代表性的是，2014年7月，攀枝花市商业银行创造性地建立了西部第一家24小时人工服务网点——中心广场支行，旨在缓解因银行营业时间与潜在客户工作时间彼此重合而带来的业务办理不便等问题。

表 3.3　截至 2020 年 12 月 31 日西部地区城市商业银行
省内外异地网点数量分布情况

省份	跨区经营城商行	省内异地网点数	省外网点数	分支机构总数	总行所在地网点占比
四川	成都银行	25	15	163	75.45%
	德阳银行	24	0	46	47.82%
	乐山市商业银行	13	0	56	76.78%
	绵阳市商业银行	6	0	62	90.31%
	攀枝花市商业银行	12	0	42	71.42%
	南充市商业银行	18	4	61	63.92%
重庆	重庆银行	24	17	123	86.16%
云南	富滇银行	36	5	116	64.67%
	玉溪市商业银行	4	0	23	82.62%
广西	北部湾银行	14	0	67	79.12%
	柳州银行	17	0	74	77.02%
	桂林银行	45	0	100	45.02%
青海	青海银行	14	0	73	80.81%
宁夏	宁夏银行	13	9	57	61.39%
	石嘴山银行	20	0	37	45.94%
陕西	西安银行	9	0	124	91.89%
	长安银行	97	0	110	11.82%
甘肃	兰州银行	34	0	124	72.58%
贵州	贵阳银行	31	5	174	79.32%
	贵州银行	106	0	133	20.31%
内蒙古	内蒙古银行	36	7	105	59.06%
	包商银行	90	28	172	31.41%
新疆	昆仑银行	24	20	62	70.96%

资料来源：结合各城商行官方网站及其年报披露的信息整理获得。

3.3 城商行跨区经营的模式分析

城商行跨区经营是指城商行在其注册地以外的区域开展各种业务活动。现阶段，城商行跨区经营模式越来越多样化。全国城商行的发展状况呈现出鲜明的地区特色。权衡内外部因素，各城商行选择的跨区经营模式也不尽相同。整体而言，城商行跨区经营模式主要涉及以下六种。

3.3.1 新设异地分支机构

2006年4月，上海银行首次在宁波设立分行，拉开了新设异地分支机构这一跨区经营模式的序幕。事实上，直接新设异地分支机构是城商行最主要的跨区经营模式。然而，自2011年以后，银监会综合权衡风险防控以及城商行转型定位等因素，出台了一系列约束城商行跨区经营的相关政策。这直接导致城商行跨省设立分支机构的审批基本上处于停滞状态，但省内新设异地分支机构的进程依然持续纵向推进。

通常而言，直接新设异地分支机构的程序相对简单。具体而言，符合监管机构的相关要求后，城商行便可以向归属地的银监局或银监会提出申请，到归属地之外的省市建立分支机构；建立分支机构后，严格按"总行–异地分行–异地支行"的架构进行日常管理。城商行总行统筹分支机构筹备时的选址、人员安排、制度制定及其经营方向和目标，中间环节所涉及的外部机构相对较少。据统计，截至2014年年底，便有106家城商行在省内建立了584家分行，也有46家在省外新设了124家分行。

3.3.2 并购重组

城商行的并购重组模式主要有吸收合并和新设合并两种模式。其中，吸收合并模式是指某家城商行对其他行的资产、负债、工作人员及其设备等进行整合吸收，被吸收的银行将被注销。现实中，这种模式通常是由一家实力较为雄厚城商行负责牵头，吸收整合多家规模小且实力偏弱的小型城商行。其中，较为典型的就是徽商银行牵头的"6+7"模式、吉林银行的"2+5"模式以及龙江银行的"3+1"模式。

新设合并模式是指先设立一家新的城商行，然后由其接管参与并购重组银行的全部业务，被合并的银行将全部被注销。比如，江苏银行是 2006 年由"10 合 1"合并重组而成；长安银行是 2009 年由"2+3"合并新设的；2010 年年底，湖北银行"5 合 1"新设挂牌；2010 年年底，华融湘江银行在"4+1"基础上新设而成；2012 年，贵州银行"3 合 1"新设挂牌；2014 年 8 月，河南省的 13 家城商行实现"13 合 1"，新设成立了中原银行，是最近的一次大规模合并。

值得注意的是，合并重组后，城商行的资产规模迅速扩大，可能会背离"服务中小企业、服务当地居民"的历史定位，甚至会违背特定的市场定位，同各大型商业银行以及区域股份制银行抢夺客户资源，加剧银行业竞争。

3.3.3　收购城市信用社或农村信用社

收购城市信用社或农村信用社模式是指单独由一家城市商业银行整体收购省内或省外的某一家或多家城市信用社或农村信用社，被收购的信用社将被取消法人资格，转变为城市商业银行在本地的分支机构，以此实现跨区发展。该类收购较为典型的案例就是哈尔滨市商业银行收购双鸭山城市信用社事件。

异地收购城市信用社或农村信用社与合并重组一样，能够为短时间内难以满足监管部门异地设立分支机构要求的城市商业银行提供跨区经营的可行路径。与此同时，新设的城市商业银行能够依托原信用社在当地的市场地位及其员工丰富的人脉关系迅速拓展业务。当然，新设的城市商业银行也需要承担原信用社因经营不善而留下的历史债务，并需要安置被收购的信用社的相关员工。

3.3.4　参股控股异地金融机构

城市商业银行参股控股异地城市商业银行或农村商业银行，甚至发起设立异地村镇银行，参与被投资机构的实际经营决策，是目前城市商业银行实现跨区经营的可行路径。尤其是 2011 年以后，跨区经营政策收紧，城市商业银行设立异地分支机构会受到一定程度的制约，多数城市商业银行纷纷建立村镇银行来间接实现跨区经营。

现实中，多数城市商业银行采用直接参股的方式而实现跨区经营。比如，北京银行、南京银行以及莱商银行等。2006 年，南京银行持股 18% 入股山东日照市商业银行，顺利成为日照市商业银行的第一大股东；2008年，银监会准许北京银行入股廊坊市商业银行，持股比例达到了 19.99%，促使北京银行顺利参与廊坊市商业银行的日常经营决策，从而间接实现跨区经营。

3.3.5 业务联合合作

业务联合合作是指多家城市商业银行彼此结成联盟，共同开展合作某项或者多项业务，以实现跨区经营。河北省城市商业银行率先在该领域进行了积极探索。2006 年 5 月，河北省城市商业银行合作组织正式宣布成立，其是由六家成员银行组建而成的，具体包括石家庄市商业银行、秦皇岛市商业银行、沧州市商业银行、廊坊市商业银行、唐山市商业银行以及张家口市商业银行，其日常运作模式主要是每年举办一次"河北省城市商业银行合作组织圆桌会议"。

与此不同，2008 年 9 月，济南挂牌新设的山东城市商业银行联盟是另一种形式的合作。该联盟由山东省 14 家城市商业银行共同出资新设，各成员银行均出资 1 000 万元，建立提供后台服务的金融服务公司。出资银行通过联盟来共享后台服务。该联盟能切实解决各城商行因自身规模限制而出现后台支持不完备等问题，削减各成员的研发成本，促进各成员之间的业务合作，实现优势互补。

值得注意的是，业务联合模式可以维持城商行决策链条短且信贷环节少的比较优势，还能够有效缓解外汇以及金融理财等中间业务所受到的网络、地域限制等问题。然而，相较于合并重组模式，业务联合模式难免也有一些自身的缺陷。多家城市商业银行以合作的方式形成联盟，各自经营，难以迅速实现规模扩张、整合优势资源。此外，业务联合模式的会议流程更复杂，极大地增加了联盟成员之间的沟通协调成本，难以有效解决成员行彼此之间的竞争问题，这也会对后续合作的稳定性和持久性产生不利的冲击。

3.3.6 新设村镇银行

2006 年 12 月，银监会出台相关政策，准许设立异地村镇银行。大多数城市商业银行便纷纷发起设立村镇银行，深入布局地方银行网点。2007年，四川仪陇惠民村镇银行、吉林磐石融丰村镇银行以及吉林东丰诚信村镇银行率先设立，是我国首批新设的村镇银行。其中，四川仪陇惠民村镇银行是南充市商业银行发起设立的，而吉林磐石融丰村镇银行和吉林东丰诚信村镇银行是由吉林市商业银行发起设立的。与此同时，内蒙古包商银行注资 300 万发起设立鄂温克旗包商村镇银行，这是第一家少数民族地区的村镇银行。

村镇银行建设正如火如荼，大多数城商行积极探索，并扮演发起人。2014 年的数据显示，村镇银行中由城商行主发起设立的数量多达 380 余家。

综上所述，以上六种跨区经营模式各有利弊。但是直接设立异地分支机构依然是最主要的跨区经营模式。无论是合并重组、收购城市信用社或农村信用社、参股控股异地银行、业务联合合作还是设立村镇银行，均未被广泛运用。

3.4　城商行跨区经营的特征分析

城商行跨区经营政策经历了"严格限制→分而治之→全面收紧→有限放开"的演变过程，因而城商行跨区经营具有不同于其他商业银行的特征。具体而言，其主要体现在以下三个方面：

3.4.1　跨区经营偏好省内扩张

城市商业银行是城市信用社改革的产物，秉承"服务地方经济、服务城市居民、服务中小企业"的市场定位，肩负全心全意服务好地方经济发展的政策使命。为了遵循"先省内，后省外，先本经济区，后跨经济区"的跨区发展政策，城商行跨区经营是有序推进的，其在目标地区选择上更青睐于本省内的地级市。

图 3.4 描述了 2006—2020 年全国城商行跨区经营的分布情况。由图3.4 可知，城商行选择省内跨区经营的数量明显多于省外跨区经营，而且自 2008 年以后，省内跨区经营的城商行数量基本上是省外跨区经营城商行数量的 2 倍。这充分说明了，城商行跨区域经营在区位选择上更偏好省内地级市。

究其原因：一方面，城商行跨区经营势必会受到股权结构、地方政府以及地方经济规模等因素的影响，而城商行致力于服务本土经济发展，自然同本土政府部门建立了密切的联系，这就意味着在省内实现跨区经营会受到较小的阻力，尤其是来自于本土政府的制约。另一方面，本省内的文化传统以及习俗相近，更易建立新的经济联系，很好地保留了区位优势。当然，在跨区经营的初期探索阶段，因资产规模、经营管理体制以及抗风险能力等方面还存在诸多不足，城商行还不具备大规模扩张的"硬"实力，而且缺乏可借鉴、可复制的经验。因此，从这个层面上看，相较于跨省经营，省内跨区经营的风险相对较小，既符合经济发展规律，又适应自身扩张需求。

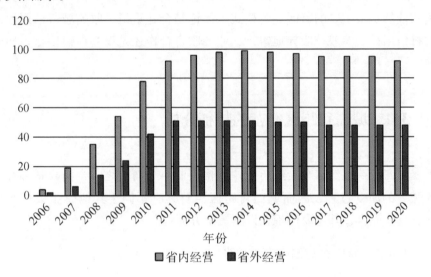

图 3.4 2006—2020 年全国城商行跨区经营分布

资料来源：结合各城商行官方网站及其年报披露的信息整理获得。

3.4.2 跨区经营以异地设立分支机构为主流模式

表 3.4 列示了城商行跨区域经营模式的年度分布情况。由表 3.4 可知，自 2006 年以来，异地设立分支机构是最受城市商业银行青睐的跨区域经营模式。然而，合并重组和兼并重组模式可能是因为涉及管理层的任命以及股权结构安排等环节，在现实操作过程中并不是十分受欢迎。中原银行、华融湘江银行等少数城商行就是采用合并重组模式来实现跨区经营的。

异地设立分支机构模式的优势在于：一是有利于延续本行文化，员工分配简单可行，异地分行同总行之间的差异小，便于管理；二是跨区的区位选择灵活,可以抢占发达城市,也可以布局周边地区稳步推进。但异地设立分支机构模式对资产规模、风险防控等方面均提出了更高的要求,且承受的监管压力更大。

需要注意的是,地方保护主义、管理模式以及文化习俗等因素会在一定程度上制约城商行异地设立分支机构的扩张行为。城商行异地设立分支机构通常会遭受代理成本上升、监管力度不足以及难以融入当地等的困扰。

表 3.4　城商行跨区域经营模式的年度分布情况

年份	2006	2007	2008	2009	2010	2011	2012	2013
合并重组	1	2	2	3	6	9	9	9
兼并重组	0	1	2	1	2	2	1	1
异地新设	4	20	26	42	55	76	85	89
合计	5	23	30	46	63	87	95	99
年份	2014	2015	2016	2017	2018	2019	2020	
合并重组	9	11	6	5	2	3	2	
兼并重组	2	0	1	0	0	1	0	
异地新设	87	68	62	56	32	28	22	
合计	98	79	69	61	34	31	24	

资料来源:结合各城商行官方网站及其年报披露的信息整理获得。

3.4.3　跨区经营呈现出鲜明的区位特征

表 3.5 列示了城商行异地分支机构的区位分布情况。由表 3.5 可知,城商行跨区经营更偏好东部沿海等地的一线发达城市,主要涉及北京、上海、深圳、南京、杭州以及天津等地区。比如,北京银行和宁波银行等城商行实现跨省扩张后,纷纷在跨区经营的第一年,便在上海新设分行。与此同时,北京作为政治中心,更是吸引了多家城商行入驻,新设分行。

对于资产实力雄厚、跨区程度较高的城商行而言,其布局东部一线发达城市后,便纷纷向中西部地区扩张。比如,北京银行于 2008 年、2009 年先后建立了西安分行、长沙分行;上海银行在成都新设了异地分行。而对于规模小且位于中西部的城商行,其更青睐于在省内设立异地分支机构,省外分支机构也是更多地建立在中西部地区。比如,兰州银行的 12 家分行全部设在甘肃省内。

　　总体而言，城商行省内扩张主要集中于省会城市以及经济发达地区；而省外扩张，大多数城商行的首选是一线城市。此外，西安、重庆以及成都三个相对发达的西部城市，也是比较受欢迎的扩张城市，其余西部城市处于相对弱势地位。

表 3.5　城商行异地分支机构区位分布情况

分支机构的区位分布	城商行数量	占跨区经营城市商业银行的比重
北上广深	26	26.52%
省会城市	78	78.82%
东部地区	63	65.26%
中部地区	18	18.35%
西部地区	35	35.72%

资料来源：结合各城商行官方网站及其年报披露的信息整理获得。

3.5　城商行跨区经营可能存在的问题

　　自 2006 年银监会首次批准上海银行跨区设立异地分支机构后，陆续颁布了《城市商业银行异地分支机构管理办法》《关于中小商业银行分支机构市场准入政策的调整意见》《村镇银行管理暂行规定》等一系列相关政策，适当放松了城商行跨区经营的政策性约束，加速了城商行跨区扩张进程，对驱动城商行转型升级、拉动地方经济发展发挥着不可替代的作用。然而，如火如荼的跨区经营浪潮中，不可避免地存在一些亟待解决的问题。

3.5.1　跨区经营可能引致金融资源失衡

　　金融作为经济的血液，金融发展格局与经济发展基本协同。通常而言，金融服务量、金融机构数量以及金融人力资本是衡量金融资源的三类核心指标。众所周知，这三类金融资源均集中分布于东部地区，而中部地区相对稀缺，西部地区最为匮乏。

　　然而，现实中城商行倾向于在发达地区实施跨区扩张，这种战略选择进一步加剧了金融资源配置的不均衡问题。表 3.5 的统计结果表明，城商行跨区经营偏好于东部沿海等地的一线城市，主要涉及北京、上海、深圳、南京、杭州以及天津等发达城市。由此可见，城商行选择跨区的目标城市遵循向经济发达城市聚集的规律。这在一定程度上会让金融资源分布更加不均衡，"马太效应"明显，加大了金融发展"东强西弱"的差距。

3.5.2 跨区经营可能造成比较优势丧失

"服务中小企业，服务地方经济"是城商行的市场定位。为了拓展成长空间，城商行依托跨区经营，实现快速扩张，将其发展目标定位于服务大型企业。与此同时，跨区经营在一定程度上有悖于城商行本土化的角色定位，甚至可能使其丧失原有的区位优势。

现实中，已有部分城商行在跨区经营后出现"水土不服"等问题，甚至丧失了地方政府的财政补贴、税收优惠、隐形担保等支持。尤其是同目标区域内大型商业银行竞争时，其常常处于被动地位。此外，跨区经营扩大了总行的管理半径，增加了风险防控难度，由此引发的风险案件也时有爆发。

3.5.3 跨区经营缺乏配套的细化监管政策

城商行跨区经营监管政策陷入"管就死，放就乱"的怪圈。各地区城商行涉及面广，个体差异大。大型城商行的资产规模高达万亿元，而小型城商行的资产规模甚至不足百亿元。这在一定程度上说明，城商行的监管政策亟须细化，不能"一刀切"。

然而，现行的城商行监管政策可以说是粗线条的，没有设置出细致的分类监管标准、差异化准入门槛。并且，监管政策缺乏一定的稳定性和连续性，部分城商行因担心政策有变而采取"既成事实"的策略，先行"跑马圈地"，从而导致一些城商行跨区经营具有一定的盲目性。

由此可见，城商行跨区经营涉及自身的经营管理，更涉及宏观层面的金融资源流动与配置、区域经济发展的协调等环节，是理论界与实务界都高度重视的经济现象。因此，基于上述现实背景的认识，建立健全优化跨区经营配套的监管政策就显得尤为重要和迫切。

3.6　本章小结

　　显然，城商行跨区经营无法摆脱制度环境的影响。通过梳理我国城商行跨区经营的制度背景与现状，不难发现，城商行跨区经营政策经历了"严格限制→分而治之→全面收紧→有限放开"的演变过程。我国资本市场的跨越式发展以及市场准入管制的不断放松，无疑为城商行跨区经营营造了宽松的政策环境。在有利的外部环境下，城商行跨区经营迅速得以恢复，并展示出强劲的发展势头。

　　2020 年 1 月，中央财经委员会第六次会议提出，要推动成渝地区双城经济圈建设，在西部形成高质量发展的重要"增长极"。因此，基于上述背景，本书将系统考察成渝地区双城经济圈建设背景下城商行跨区经营的微观效应。为此，我们确立本书的研究主题为：成渝地区双城经济圈建设背景卜城市商业银行跨区经营及优化对策研究。

　　纵观本书研究内容，本书遵循"制度背景差异→成渝地区双城经济圈建设背景下城商行跨区经营的动因差异→由此产生的经济后果"的逻辑主线展开研究。为了便于理解行文逻辑，接下来，我们将详细阐述全文各章节之间的逻辑关系。具体而言，本书将立足于我国独特的制度背景，整理城商行跨区经营的制度背景、模式、特征以及潜在问题。

4 成渝地区双城经济圈建设历程和发展情况

本章主要分析成渝地区双城经济圈建设历程和发展情况。首先，梳理成渝地区双城经济圈的发展历程；然后，分析成渝地区双城经济圈建设的重大意义，并进一步梳理了成渝地区双城经济圈助力城商行跨区经营的现实基础；与此同时，明确了成渝地区双城经济圈城商行跨区经营的制约因素；在此基础上，提出了成渝地区双城经济圈建设对城商行跨区经营的特性需求。充分了解成渝地区双城经济圈建设背景及其现状，有助于构建理论框架，为本书的优化对策分析指明研究方向。

4.1 成渝地区双城经济圈的发展历程

纵观中国区域发展演进历程，在中国区域发展板块上，成渝地区始终处于举足轻重的地位。无论是从经济总量来看，还是从区位条件来看，川渝两省市在整个西部地区都具有明显的比较优势。整体而言，成渝地区的发展演进先后经历了成渝经济走廊、成渝经济区、成渝城市群和成渝地区双城经济圈等重要历史时期。

4.1.1 成渝经济走廊时期

1997年，重庆成为直辖市。自重庆直辖以来，川渝两省市始终保持密切联系与合作。特别值得一提的是，2002年，成渝两地顺利签订《重庆—成都经济合作会谈纪要》，这标志着成渝两地就共同打造"成渝经济走廊"首次达成共识。紧接着，2003年，国家发展改革委正式出台一系列政策进一步明确要加快整合成渝地区资源，充分发挥重庆和成都两个"增长极"

的中心功能。随后，2004 年，四川、重庆两省市正式签署《关于加强川渝经济社会领域合作共谋长江上游经济区发展的框架协议》，正式启动成渝经济走廊的联动联建，标志着成渝地区正式进入成渝经济走廊时期。

4.1.2　成渝经济区时期

2006 年，国家西部大开发"十一五规划"明确提出，要建设成渝经济区。2007 年 4 月，川渝两省市签署《关于推进川渝合作、共建成渝经济区的协议》，正式拉开了川渝两地携手共建成渝经济区的帷幕。2009 年，国家发展改革委正式启动《成渝经济区区域规划》的编制工作。历时两年，2011 年，国务院通过并正式批复《成渝经济区区域规划》，这一纲领性文件的正式批复，标志着成渝经济区从地方合作协议上升到国家层面的发展规划，川渝两省市的协同发展正式进入成渝经济区时期。

4.1.3　成渝城市群时期

按照国家编制的城市群规划最新方案，2015 年 1 月，成渝城市群顺利跻身五大国家级城市群之列。2016 年 4 月，《国务院关于成渝城市群发展规划的批复》明确规定，要将成渝城市群打造成引领西部开发开放的国家级城市群、全国重要的现代产业基地、西部创新驱动先导区、内陆开放型经济战略高地、统筹城乡发展示范区、美丽中国的先行区。到 2020 年，基本建成经济充满活力、生活品质优良、生态环境优美的国家级城市群。到2030 年，成渝城市群一体化发展全面实现，完成由国家级城市群向世界级城市群的历史性跨越。与此同时，横向对比来看，《2019 年新型城镇化建设重点任务》明确要求，将成渝城市群与京津冀城市群、长三角城市群、粤港澳城市群并列。

4.1.4　成渝地区双城经济圈时期

2018 年 4 月，四川省发展改革委提交的《四川省实施〈成渝城市群发展规划〉的情况》，获国务院办公厅采用。2019 年 9 月，中央财办赴川渝进行专题调研活动，为推动成渝城市群一体化发展上升为国家战略夯实了基础。2020 年 1 月，中央财经委第六次会议提出，要推动成渝地区双城经济圈建设，成渝地区协同发展战略上升为国家战略，这标志着成渝两地正式进入成渝地区双城经济圈建设新时期。

从成渝经济区到成渝城市群，再到成渝地区双城经济圈，不仅仅提法有变化，而且内涵更丰富，政治站位更高，辐射带动范围更大，区域特色更鲜明，发展定位更精准。其中"成渝地区"明确了战略方位，"双城"指明了战略特点，"经济圈建设"确定了战略性质。推动成渝地区双城经济圈建设作为国家战略，不是只做大成都、重庆两个中心城市，也不是成都、重庆两个中心城市的简单相加，而是要通过"双核"支撑带动整个区域协同发展，其战略承载力、政策含金量前所未有。

成渝两地是西部地区人口与城镇较为密集的区域，也是西部经济最为发达的地区。党中央历来高度重视成渝两地的协同发展，2011 年 5 月，国家发展改革委正式印发《成渝经济区区域规划》；2016 年 4 月，国务院批复并印发《成渝城市群发展规划》；2020 年 1 月，习近平总书记在中央财经委员会第六次会议上明确提出，要推动成渝地区双城经济圈建设。紧接着，2020 年 10 月，中共中央、国务院正式印发《成渝地区双城经济圈建设规划纲要》（以下简称《规划纲要》），成渝地区由此迎来了关键的历史性发展机遇。

按照《规划纲要》，成渝地区双城经济圈的规划范围包括：重庆市的中心城区及万州、涪陵、綦江、大足、黔江、长寿、江津、合川、永川、南川、璧山、铜梁、潼南、荣昌、梁平、丰都、垫江、忠县等 27 个区（县）以及开州、云阳的部分地区，四川省的成都、自贡、泸州、德阳、绵阳（除平武县、北川县）、遂宁、内江、乐山、南充、眉山、宜宾、广安、达州（除万源市）、雅安（除天全县、宝兴县）、资阳等 15 个市，总面积 18.5 万平方千米，2020 年常住人口 9 804 万人，地区生产总值近 6.6 万亿元，分别占全国的 1.9%、6.9%、6.5%。

4.2 成渝地区双城经济圈建设的重大意义

党的十八大以来，以习近平同志为核心的党中央深刻把握我国经济发展空间结构变化大势，始终坚持全国发展"一盘棋"原则，聚焦重点区域，因地制宜、精准施策，科学谋划实施了京津冀协同发展、粤港澳大湾区建设、长三角一体化发展等区域发展战略，助力全国区域协调发展；基于优化全国高质量发展的区域空间动力系统、打造国内国际市场大循环新格局的战略全局角度，做出成渝地区双城经济圈建设的战略部署，加快形成以京津冀、粤港澳、长三角、成渝地区为核心区域的东西南北四维驱动、长江上下游首尾呼应之势，持续优化全国区域协调发展战略布局，对维护国家战略安全、经济安全以及生态安全具有重大意义。

"双循环"新格局下，扩大国内市场是基于全球疫情蔓延、外贸受阻以及中美经济"脱钩"等现实问题的基础上审慎考虑的结果。因此，如何进一步深化和拓展国内市场，优化投融资体制机制，有效发挥市场配置资源的基础性作用，切实提高成渝地区双城经济圈协同发展能力，对于推动中国经济高质量发展具有重要的理论和现实意义。

（1）成渝地区双城经济圈协同发展是构建国内国际双循环相互促进新发展格局的重要举措。构建国内国际双循环要以扩内需为主，进一步加大开放合作力度，充分利用好"国际国内"两个市场、两种资源，以国内大循环带动国际大循环。成渝地区是西部地区人口最密集、产业基础最雄厚、创新能力最强的区域，生产要素资源丰富，产业体系门类齐全，拥有广阔的发展空间和市场腹地。推动成渝地区双城经济圈协同发展，有利于补齐西部地区发展"短板"，释放巨大投资消费潜力，畅通国内大循环，助力培育形成强大的国内市场。打造成渝地区共建改革开放新高地，要把西部"大开放"置于突出位置，以共建"一带一路"倡议为引领，坚持对内对外开放并举，加强内陆与沿海沿边沿江协同开放，主动参与全球产业链、供应链、价值链分工，深度融入国际供需大循环，加快构建国内国际"双循环"双向促进的新发展格局。

（2）成渝地区双城经济圈协同发展是形成优势互补高质量发展区域经济布局的客观要求。世界级城市群经济圈是生产全球资源配置能力的经济圈，也是国际先进制造和厂商服务高度聚集地，更是国际科技创新、文化创意、人才发展和消费中心。现阶段，发展成熟的国际化城市群包括美国东北部大西洋沿岸城市群、北美五大湖城市群、日本太平洋沿岸城市群、英国中南部城市群以及欧洲西北部城市群。改革开放以来，我国初步形成以京津冀、长三角和粤港澳大湾区为代表的三大世界级城市群。相较于发展成熟的国际化城市群，京津冀、长三角和粤港澳城市群仍然存在较大的发展空间，亟须择优培育发展新的世界级城市群，奋力打造更多世界级的区域中心协调发展新格局。

成渝城市群是西南地区汇合西北地区和华中地区的区域，也是中国西部地理位置最适中、规模最大、与全国乃至世界经济联系最密切的人口和经济集聚区，还是长江经济带三大人口和经济核心区之一，更是衔接中国——中南半岛国际经济走廊的中枢、沟通新亚欧大陆桥国际经济走廊的便捷枢纽，具有建设成世界级城市群的坚实基础。推动成渝地区双城经济圈协同发展，对于在西部形成高质量发展重要"增长极"和内陆开放战略高地，推动形成优势互补、高质量发展的区域经济布局具有重要意义。

（3）成渝地区双城经济圈协同发展是构筑国家生态安全屏障、形成"大保护"新格局的现实需要。成渝地区位于长江上游，是重要的生态安全屏障，对保护国家生态安全至关重要。成渝地区双城经济圈的协同发展，有助于成渝地区经济高质量发展、全方位开放、深层次改革以及高品质生活。成渝地区充分利用这些重大机遇，有利于搭上国家战略"快车"，提升战略位势，提高区域能级，优化发展格局，更好融入全国乃至全球经济大循环；有利于拓展发展空间，增强对西部乃至更大区域资源要素的吸引力，推动加快形成"四向拓展、全域开放"立体全面开放新态势；有利于推进产业基础高端化、产业链现代化，进一步做好产业支撑；有利于吸收生态功能区人口向城市群集中，增强空间治理和保护能力，助力成渝地区加快形成优势区域重点发展、生态功能区重点保护的新格局，实现生态红利向经济社会发展红利的重大跨越。

4.3 成渝地区双城经济圈助力城商行跨区经营的现实基础

4.3.1 经济社会发展稳定有序

（1）经济规模持续扩张。2020 年，成渝地区双城经济圈经济总量约 6.6 万亿元，占全国比重 6.5%，比 2016 年提高了 0.3 个百分点；2021 年前三季度，双城经济圈经济总量约 5.3 万亿元，占全国比重稳定在 6.5% 左右，双城经济圈的"增长极"和"动力源"特征初显。其中，重庆、四川两地的经济总量占双城经济圈的比重分别约为 34.8%、65.2%。

（2）经济强度显著增强。2020 年，成渝地区双城经济圈地均 GDP 已达 3 568 万元/平方千米，约为全国平均水平的 3.4 倍，是西部地区经济密度最高的区域。值得一提的是，自"十三五"以来，成渝地区双城经济圈人均 GDP 水平也在同步上升。2020 年，成渝地区双城经济圈人均 GDP 约为 6.73 万元，剔除价格因素，比 2016 年实际增长 26.0%。

（3）"三驾马车"动能同步提升。近年来，成渝地区双城经济圈的投资规模持续扩大，消费需求也得到了有效释放。2020 年，重庆市、成都市社会消费品零售总额分别位列全国城市排名的第 3、第 6。与此同时，川渝两省市外贸进出口总值也创下历史新高。2020 年，重庆市进出口总额 6 513.4 亿元；四川省成功突破了 8 000 亿元大关，占全国比重超过 4.5%，比 2016 年提高了约 1.5 个百分点。截至 2021 年年底，重庆市、四川省社会消费品零售总额分别达到 1.03 万亿元、1.74 万亿元，进出口总额分别达到 8 000.59 亿元、9 513.6 亿元，表明需求动能逐渐回升。

（4）人口吸引力明显增大。成渝地区拥有重庆、成都两个千万人口的超大城市以及 6 个百万人口的大城市和 20 余个中小城市。2020 年，成渝地区双城经济圈常住人口 9 860 万人，占全国比重约为 7.0%。其中，重庆范围超过 2 791 万人，四川范围约 7 068 万人。相较于 2014 年，2020 年成渝地区双城经济圈常住人口净增长超过 700 万人。

4.3.2 产业结构持续优化

围绕建设世界级产业集群，成渝地区双城经济圈积极超前谋划建立优势互补、良性互动的产业竞合新机制，加快构建高质量发展的现代化产业体系。

（1）"三二一"产业结构同步完善。成渝地区双城经济圈服务业占经济总量比重持续上升，农业占比逐年下滑，三次产业比重由 2016 年的 9.5：48.4：38.5 转变为 2020 年的 9.1：37.7：53.2，产业结构逐步由"二三一"向"三二一"升级，工业和现代服务业对成渝地区经济增长的支撑带动作用持续增强。

（2）产业发展质量稳步提高。2020 年，重庆市、四川省全员劳动生产率分别达到 13.4 万元/人、9.0 万元/人，比 2016 年分别增长约 26.6%、27.9%，增幅显著高于全国平均水平（23.8%）。从微观市场主体层面上看，企业盈利能力稳步增强。2020 年，重庆市、四川省工业企业营业收入利润率分别达到 6.7% 和 7.3%，比 2019 年分别增加约 0.9 个百分点、0.4 个百分点；2021 年，重庆市下降了 0.3 个百分点，但四川省上升了 0.6 个百分点。

（3）产业支撑能力明显增强。成渝地区产业体系完备、门类齐全，顺利建成电子信息、汽车以及食品饮料等万亿级产业集群，且新型显示、5G示范应用以及信息安全等高新技术领域成功跻身全国前列。成渝地区高技术制造业发展迅速，尤其是第三产业占比均成功跨越50%大关。成渝地区产业协作持续深化，川渝合作示范园、营山重庆配套产业园、渝广共建电子信息产业园等产业聚集区高速发展，成渝两地互为彼此成为西部地区的最大投资来源地。

4.3.3 世界级先进制造业集群建设序时推进

成渝地区紧紧围绕打造国家重要先进制造业基地，强机制、搭平台、抓项目、促联动，使成渝两地的制造业的竞争力、产业支撑力得到了极大的提升和强化。

（1）成渝地区制造业规模扩大。2020年，川渝两省市工业增加值突破2万亿元，同比增长4.8个百分点，比全国平均水平高出了2.6个百分点，占全国比重由2010年的0.98%攀升至2020年的2.01%；2021年，重庆市、四川省的工业产值增速分别达到14.2%、10.7%，展现出持续稳定的增长态势，对全国制造业高质量发展的辐射带动作用逐步增强。值得注意的是，2020年，川渝两地规模以上工业企业主营业务收入提升到6.91万亿元，是2010年的2.2倍；实现利润4 892.9亿元，较2010年翻了一番，发展效率、效益实现"双提升"。

（2）主导产业集群效应稳步增强。随着汽车、电子信息、装备制造以及消费品等主导产业的协同发展实施方案陆续出台，成渝地区产业协同发展水平实现了稳步提升，尤其是汽车和电子产业全域配套率突破八成。2020年，成渝地区电子计算机产量占全国的比重接近一半（44.1%），移动手机产量占全国的18.2%，汽车产量占全国的9.1%，啤酒产量占全国的8.3%，跻身于全球最大的笔记本电脑制造基地、全国第二大手机制造基地和全国六大汽车产业基地之列。

（3）产业发展平台建设实现新突破。截至2020年年底，成渝地区双城经济圈内的国家级经济开发区增至13家，占西部地区总量的26.0%，初步形成"2+12+13"的国家级开发区体系。成渝地区的园区共建项目稳步开展，工业互联网一体化发展示范区建设序时推进，认定授牌成渝地区双城经济圈首批产业合作示范园区20个，签署产业园区合作协议40余份。成立成渝产业园区发展联盟，成功引进两地重点园区90余家、优势企业

179 家、银行省级分行 12 家、商业协会 10 余家以及服务机构 20 余家，初步形成多主体融合的产业发展共同体。

4.3.4 数字经济发展日新月异

抢抓大数据、人工智能、移动互联网、云计算等新一代数字技术变革、产业改革机遇，加速推进共建数字产业新高地，助力数字经济高质量发展。

（1）数字经济规模有序增长。重庆和四川两地积极推进产业数据化、数据产业化进程，齐力共建国家数字经济创新发展试验区、国家新一代人工智能创新发展试验区，积极培育发展人工智能、"数智"制造以及区块链等数字产业集群，赋能数字经济稳定高速增长。2020 年，川渝两地数字经济规模突破 2.2 万亿元，占 GDP 比重提高到 33.3%；截至 2021 年年底，数字经济率先复苏，保持良好的发展势头。

（2）数字经济和数字治理持续协同深化。聚焦大数据共建共享、数字产业协同发展等新兴产业领域，川渝两地大数据应用管理部门以及大数据企业等主体，成功签订了《深化成渝地区双城经济圈大数据协同发展合作备忘录》《成渝地区软件产业发展战略合作框架协议》等合作协议，成立成渝地区区块链应用创新联盟以及西南数据治理联盟等，并携手共同申报国家网络安全产业园区。此外，川渝两地实现了省市级数据共享平台互联互通，顺利推动超过 5 000 类政务数据实现了"互挂"共享。

（3）数字经济国际合作取得新进展。川渝两地主动联动湖南、贵州、广西、云南等周边省（自治区），成功签署了《关于中新（重庆）国际互联网数据专用通道共建共享共用合作倡议书》等协议，辐射带动了中国西部与东盟之间的数字经济国际合作。中新（重庆）国际互联网数据专用通道成功吸引了包括新加坡电信、腾讯、华为、万国数据等在内的 50 余家"中新"企业成为用户，顺利推动合作签约 50 余项。

4.3.5 现代服务业发展实现提质增效

随着川渝两地"稳增长、促消费"政策效应的不断释放，成渝地区双城经济圈服务业实现"稳步复苏"，实现规模和效益双提升。

（1）服务业实现规模扩张、结构优化。2020 年，川渝两地服务业增加值达到 38 678.32 亿元，同比增长 3.2%，比全国平均水平高出 1.1 个百分点。商贸、物流、金融三大支柱型服务业产值成功突破了 1.46 万亿元, 占川渝两地服务业的比重高达 37.8%; 文化旅游、数字服务、健康服务等新兴服务业一直维持稳定高速增长的态势, 服务业结构实现了优化与升级。2021 年, 重庆市、四川省的服务业产值同比增长分别为 10.3%、9.8%, 比全国平均水平高出了 0.8 个和 0.3 个百分点; 与此同时, 川渝两地累计实现服务业增加值高达 31 269.18 亿元, 服务业持续"回暖"。

（2）"文旅"协同发展初显成效。加快推进建设巴蜀文化旅游走廊, 携手开发长征国家文化公园（重庆段、四川段）、巴蜀非遗文化产业园、川渝石窟保护展示以及川陕片区红军文化公园等一批具有鲜明的带动性和引领性的"文旅"项目, 积极共建生态康养、乡村旅游以及"红色研学"等精品线路 70 余条, 初步形成了"资源共享、线路共建、信息互通、游客互送、利益共赢"的"文旅"联动新发展格局。

（3）西部金融中心协同共建有序推进。川渝两地积极引进和培育银行、保险以及证券等多家金融市场主体, 同时集聚外资金融机构约 230 家。近十年来, 重庆成功落地全国首家互联网消费金融、全国首家专业信用保证保险以及西部首家民营银行等 15 个新型金融机构, 金融机构数量及其门类领先中西部地区。依托中新（重庆）互联互通平台, 重庆市持续推进跨境结算、跨境投融资等金融国际合作, 累计完成跨境人民币实际收付结算逾 3 000 亿元, 结算服务范围主要覆盖了"一带一路"沿线近 60 个国家和地区, 其服务范围的覆盖面及其规模始终领跑内陆地区。2020 年, 川渝两地金融业增加值为 0.56 万亿元, 占地区服务业比重高达 30.0%, 占全国金融业比重也有 6.6%。

（4）现代物流发展水平稳步提高。川渝两地相继成功获批重庆陆港型国家物流枢纽、重庆空港型国家物流枢纽、遂宁陆港型国家物流枢纽以及达州商贸服务型国家物流枢纽四大国家级物流枢纽, 实现国家级物流枢纽累计 6 家。值得一提的是, 重庆是全国仅有的同时拥有港口型、陆港型和空港型国家物流枢纽城市。重庆港务物流集团、四川省港投集团致力于新建川渝区域性物流公司, 两地积极协同打造中欧班列（成渝）品牌。2020 年, 成渝地区实现物流业总收入 0.93 万亿元, 比 2019 年提高了 275.3 亿元, 社会物流总费用占 GDP 的比重持续下滑。

（5）川渝特色国际消费目的地同步打造。重庆成功获批了全国首批国际消费中心城市, 重庆渝中区、四川成都市成功创建首批国家文化和旅游消费示范城市，重庆沙坪坝区以及四川泸州市等 10 个市（区）先后成功纳入国家文化和旅游消费试点城市，并成立成渝双城消费服务联盟，成功吸引川渝两地商业零售领域 100 余家行业协会和 300 余家企业，助力消费资源快速集聚、消费市场有序扩大、消费协同发展成效日益凸显。2020年，川渝两地实现社会消费品零售总额 3.26 万亿元，占西部地区社会消费品零售总额的比重高达 38.8%；2021 年，重庆、四川实现社会消费品零售总额分别为 10 302.1 万元、17 381.7 万元，同比分别增长 23.7%、18.9%，分别高出全国平均水平 7.3、2.5 个百分点。

4.3.6 开放平台发展能级逐步提升

近年来，成渝地区双城经济圈的开放平台发展机制持续优化，开放平台发展能级同步提升，扩大开放"火车头"和"主载体"作用日益凸显。

（1）川渝自贸试验区协同开放示范区顺利开工。川渝两地合作编制《川渝自贸试验区协同开放示范区总体方案》，并上报国务院；同时，携手制定向国家层面积极争取的赋能放权等"3 张清单"，共同评估川渝两地自贸试验区推行的试点政策实施效果以及总结提炼的 870 项改革创新经验。重庆海关携手成都海关共同建立协同创新工作机制，共同推出"关银一KEY 通"川渝一体化模式，"电子口岸"用户认证服务成功实现了"跨关区通办"的目标。"空铁"联运"一单制"货物运输模式、分布式共享模式实现了"银政互通"，并成功入选全国自贸试验区第六批改革试点经验，助力创新经验向全国广泛推广。

（2）中新互联互通项目高标准稳步推进。川渝两地聚焦金融业、航空产业、交通物流以及信息通信等重点领域，开放合作现已取得显著的成效。中新跨境融资通道已覆盖西部地区多达 10 个省（自治区、直辖市），累计落地跨境投融资金额已突破 200 亿美元。重庆至新加坡的航线持续加密升级，航班数量增至每周 14 班，初步形成了"哑铃型"航空新格局。中新（重庆）多式联运示范基地顺利推进，交通物流多式联运发展也成功迈出了新步伐。中新海关"关际"合作、国际贸易"单一窗口"成功启动试点，极大地提高了通关便利化水平。

（3）开放平台和口岸功能"量质"实现"双提升"。随着万州区和永川区综合保税区先后获批设立，成渝地区双城经济圈内所包含综合保税区数量高达 12 个。重庆获批开展服务业扩大开放综合试点，成都获批新一轮全面深化服务贸易创新发展试点，德阳市以及绵阳市等相继设立跨境电子商务综合试验区，这标志着川渝两地服务业发展动能日益强劲。重庆和成都已建成"水陆空"三位一体的口岸体系，拥有汽车整车、木材、粮食、植物种苗、药品、冰鲜水产品、食用水生动物、水果和肉类等十余种入境商品指定口岸，获批过境144小时免签证、跨境贸易电子商务综合试验区等多项重大改革试点，口岸服务功能日益完善。

（4）国际活动平台加快打造。成功引入上合组织国家多功能经贸平台、"西葡"国际综合服务中心以及法国中小企业协会等外国商业协会、涉外机构以及中外合资企业，中国·阿拉伯国家企业综合服务平台等顺利落地，集聚资源建设欧洲重庆中心，基本建成中德、中意以及中英等国际合作产业园。其中，白俄罗斯驻重庆总领事馆正式开馆，与此同时阿根廷西南总领事馆正式落户成都。截至2021年年底，成渝地区双城经济圈总领事馆数量已达30余家。

4.3.7　体制机制改革取得重大突破

川渝两地持续深化"放管服"改革，全面推进建设贸易投资自由化和便利化制度，助力营商环境持续优化。

（1）"放管服"改革纵深推进。川渝两省市成功签署"放管服"改革合作协议、公共资源交易平台一体化合作协议，先后公开印发第一批和第二批川渝跨省市"通办"事项清单，推动跨省市"通办"事项逐步实现"线上全网通办"或"线下异地可办"，210项事项顺利实现了川渝"通办"，办件总量突破391万件。自"上线"以来，平均每天可办理1.5万件。川渝两地率先以成渝毗邻地区高竹新区为试点，积极尝试经济区与行政区适度分离等有关改革，顺利建立了全国首个跨省（市）税费征管服务中心、颁布首个跨省人才互认政策和招商政策"黄金30条"，积极探索建立"经济统计分算"以及税收分成等合作机制，明确了总部经济、园区共建以及飞地经济等跨区财税利益分配方式。

（2）国际营商环境日益完善。川渝两地积极贯彻落实《中华人民共和国外商投资法》，严格执行"准入前国民待遇+负面清单"管理制度，加速推进外资项目核准和备案手续全程"在线"办理。重庆成功入选"全国营商环境创新试点城市"大名单。粤港澳大湾区研究院和21世纪经济研究院联合发布的《2020年中国296个地级及以上城市营商环境报告》的数据显示，在城市营商环境综合评价中重庆、成都分列第五位、第六位。

（3）要素市场一体化改革序时推进。依托重庆、成都两地的农村产权交易所，川渝地区成功构建了具有综合性的农村产权交易市场体系；大力推进国有建设用地使用权转让、出租、抵押二级市场改革试点工作，初步建成具有产权明晰、市场定价、信息集聚以及交易安全等鲜明特征的土地交易市场；落户门槛持续拉低，全面实施户口迁移迁入地"一站式"办理服务，顺利实现了两地户口迁移"只跑一次"的目标，助力川渝两地人口流动有序融合。

4.3.8 成渝两地政策体系日趋完善

成渝两地高度重视"一盘棋""一家亲"原则，加强战略对接与政策衔接，基本形成了统一谋划、一体部署、彼此协作、同步实施的政策协同机制，赋能成渝地区双城经济圈建设"走深走实"。

（1）重大专项规划成效初显。川渝两省市积极配合国家有关部委共同编制了7个成渝地区双城经济圈的重点专项规划和实施方案。其中，多层次轨道交通规划、综合交通运输发展规划、共建西部金融中心规划、成渝地区建设具有全国影响力的科技创新中心总体方案以及生态环境保护规划等5个专项规划（方案）现已印发实施，同时国土空间规划和巴蜀文化旅游走廊规划也在按计划推进。川渝两省市共同编制了13个有关成渝地区双城经济圈建设的重点专项方案，其中成渝现代高效特色农业带建设实施方案、推进体制机制改革创新方案以及市场化法治化国际化营商环境建设方案3个方案已出台，共建内陆开放高地建设方案以及经济区与行政区适度分离改革方案等10个方案也在同步推进。

（2）毗邻地区合作工作稳步推进。川渝两省市共同谋划打造了十大毗邻地区合作共建区域发展功能平台，积极探索经济区与行政区适度分离，引领成渝地区双城经济圈一体化协同发展。具体而言，川渝高竹新区、遂潼一体化发展先行区、明月山绿色发展示范带、泸永江融合发展示范区、内荣现代农业高新技术产业示范区、城宣万革命老区振兴发展示范区、合广长协同发展示范区、资大文旅融合发展示范区、万达开川渝统筹发展示范区以及川南渝西融合发展试验区建设方案已成功获批，并正式印发。

（3）现代产业等关键领域政策持续优化。川渝两地相继联合印发汽车产业链供应链协同发展、汽车产业高质量协同发展、电子信息产业协同发展以及共建成渝地区工业互联网一体化发展示范区等多个工作（实施）方案，积极探索汽车和电子信息等产业政策互通共享，建立健全成渝地区工业互联网安全"一张网"，初步形成了"一事两地""一策两地""一规两地"的新模式。川渝两地成功签署了《深化川渝商务合作推动成渝地区双城经济圈建设工作方案》，大力推进建立统一商贸流通交易规则及其服务体系，助力优惠政策共享、企业资质互认。

4.4 成渝地区双城经济圈城商行跨区经营的制约因素

4.4.1 成渝地区经济转型升级的创新动力偏弱

创新是引领高质量发展的第一驱动力，特别是中国经济成功跨入高质量发展的新阶段，创新对成渝地区高质量发展的重要性日益凸显。然而，成渝地区双城经济圈协同创新能力明显滞后于京津冀、长三角和粤港澳大湾区，协同创新"短板"势必会制约成渝地区双城经济圈的高质量发展。

（1）协同创新能力不足。成渝地区双城经济圈的创新要素和研发投入相对不足，尤其是国家级科研平台布局明显偏少。国家级重点实验室数量仅为京津冀的 16.0%、长三角的 23.6% 以及粤港澳大湾区的 45.6%。"两院"院士数量不及上海市的 1/2，北京市的 1/10。成渝地区双城经济圈研发投入（R&D）总规模仅相当于京津冀的 1/2，长三角的 1/4，研发投入强度明显低于全国平均水平。成渝地区双城经济圈的创新产出水平整体不高。每万人发明专利拥有量仅为 9.2 件，仅相当于京津冀的 23.2%，长三角的 31.4%，蕴含高技术含量的国家科技进步奖仅有 34 项，远低于京津冀的 103 项以及长三角的 89 项；专利产出以实用新型为主，但基础性创新和自主创新水平偏低，且创新溢出效应并不显著，难以有效辐射带动经济社会的快速转型升级。

（2）区域协同创新合力不强。成渝地区双城经济圈的技术交易市场规则与标准尚未完全统一，成渝两地的科研院所、国家重点实验室等国家级科研创新主体以及重大科研平台的对接亟须加强，创新资源跨区域共建共享、创新人才"共引共育共用"以及创新成果异地转化和互认互用等创新协同机制仍未健全，区域协同创新水平亟需提高。

（3）产学研协同创新活力不高。川渝两地产学研协同创新长效机制尚未健全，国家级科学研究院所偏少。成渝两地的基础性研究和自主创新也相对滞后，产学研服务创新的供需对接机制依然不健全、链条不顺畅，造成产学研之间的合作主要停留在技术转让、合作开发以及委托开发等低层次和低水平，最终导致科技创新成果转化不容乐观。

4.4.2 成渝地区发展战略导向协同度偏低

成渝地区发展战略导向是立足于两地资源禀赋、阶段发展特征以及特定时期发展需要而做出的前瞻性部署，也是打造成渝地区空间格局的重要引导和驱动因素。然而，前期成渝两地区域发展战略导向是以做大做强自身建设为目标，协同发展理念鲜有体现。

（1）成渝"双核"向成渝主轴线方向的拓展力度不大。受传统经济势能以及山地地质等因素的制约，成都南北向拓展迅速。2017年，成都首次明确提出"东进"战略。重庆中心城区被缙云山、中梁山、铜锣山以及明月山四大山脉分割出东、中、西三条槽谷地带，尤其是中部槽谷的北部区域最宽阔且平坦，这就决定了重庆的战略选择是向北拓展。特别是"两江新区"的高质量发展，中心城区呈现出明显的向北快速发展的态势，但西部片区的开发力度不够大，直到2019年，重庆高新区才开始提档升级、西部科学城战略落地实施，重庆向西发展才渐入"快车道"。

（2）成渝两地发展格局衔接引导不足。重庆贯彻实施"一区两群"协调发展空间格局，充分发挥"一区"对"两群"的辐射带动作用，大力推进做大做强"一区"、做特做优"两群"。四川省坚持"一干多支、五区协同"的发展战略，突出成都"一干引领"助力区域协同发展的地位，赋能五大经济区高质量发展。成渝两地的空间发展格局在次级区域中心城市布局中，跨区域衔接引领仍然不充分，尤其是对渝东北川东北、渝西川南的统筹谋划、要素投放均存在明显不足，而且重大项目协同布局也亟需强化。

（3）交通引领协同发展带动不强。通常而言，交通轴带是驱动要素集聚和流动的重要枢纽。同京津冀、长三角以及粤港澳等发达地区的城市群相比，成渝"双核"之间的高等级、大运量交通设施布局略显不足，尤其是高铁线路偏少且服务区域极其有限，高等级公路密度依然不高，这在很大程度上导致成渝地区的人流和物流难以便捷高效运转。此外，公铁水空等交通方式之间的高效衔接并不畅通，部分港区集疏运条件尚未完善、铁水联运发展动力不足，未能高效利用长江黄金水道。

4.4.3　成渝地区一体化发展体制机制尚未健全

众所周知，健全体制机制有助于增强跨区域合作效能，促进区域一体化协同发展。现阶段，成渝地区建立健全"决策层+协调层+执行层"三级联动工作机制，但跨区域协同发展的体制机制有待于进一步健全。

（1）国家层面统筹协调机制亟待完善。横向对比来看，京津冀、长三角、粤港澳大湾区这三大发展成熟的城市群均已在国家层面建立议事协调机构，极大地推进了跨区域协同政策的先行先试工作。对此，川渝两地积极携手畅通跨区域一体化协同发展的体制机制创新渠道，亟需在国家层面建立健全成渝地区双城经济圈统筹协调机制，同时在跨区域重大项目建设、跨行政区税收分成及 GDP 统计"分算"以及自贸试验区协同开放等方面，积极向上对接争取更多的先行先试自主权。

（2）成渝地区层面统筹协调机制亟需优化。川渝两地所辖的区、市、县之间的统筹协调机制尚未健全，万达开川渝统筹发展示范区、高竹新区以及明月山绿色发展示范带等部分毗邻地区发展功能平台在重大政策、重大项目、重大改革等领域仍然面临沟通不畅、合作不力、推进缓慢等困境。此外，高竹新区试行的行政区与经济区适度分离改革尚在探索阶段，招商引资协调开展、合作项目成本共担和利益共享等政策亟须优化，川渝两地在国家和省市层面的改革试点政策融合推广机制亟待健全。

4.4.4　成渝地区行政等级和财政实力差异显著

理论上，区域一体化协同发展高度依赖于公共资源和发展要素的有效配置与自由流动。然而，各地在实践中主要推行的分配模式是按城市行政等级和财政实力配置公共资源。显然，四川省与重庆市在行政层级和财政实力方面存在明显的差异，这在一定程度上造成发展要素、公共资源配置及其供给能力等方面一直存在较大的梯级落差，最终导致成渝地区内部尤其是毗邻地区公共资源的发展质量和水平层次不齐。

（1）公共资源配置能力不均衡、互联共享难度大。四川推行省级架构，其行政管理的层级多且复杂，在一定程度上导致了公共资源配置效率下降。而重庆作为直辖市，其始终实施扁平化的行政管理体制，所辖区县可以享受"省直管县"的体制优势"红利"。这种扁平化的直辖市行政管理体制有助于提高决策和行政效率，增强城乡公共服务供给与协调能力，突出体现在统筹公共服务规划布局、基础设施建设等方面。就川渝一体化发展毗邻地区而言，重庆范围内以区级行政区居多，而四川范围则以县级行政区为主，这就导致川渝两地的毗邻地区在公共资源配置过程中所履行的事权和执行的财权差异较大，进而加大了公共服务领域各事项跨区域直接结算难度，阻碍了毗邻地区公共服务"互联互通、共建共享"的进程。

（2）公共资源供给保障力度亟待加强。川渝两地的城市经济发展水平、主导产业定位以及城镇化等方面均存在一定的差异，这些差异在毗邻地区尤为明显，导致川渝两地各城市彼此之间的财政收入落差偏大，进而造成教育、医疗、文化以及社会保障等公共服务领域的财政预算支出的梯度差异较大，两地均衡发展所面临的困难依然不容忽视。

4.5 成渝地区双城经济圈建设对城商行跨区经营的特性需求

2020年1月，中央财经委员会第六次会议明确提出，要推动成渝地区双城经济圈建设，在西部形成高质量发展的重要"增长极"。显然，这是成渝地区继2011年的"成渝经济区"和2016年的"成渝城市群"之后，战略定位的又一次升级，也是继京津冀协同发展、长三角区域一体化以及粤港澳大湾区建设后，区域协同发展的第四个"增长极"，更是对成渝地区快速上升发展的重大战略选择。五中全会提出"坚持扩大内需这个战略基点，加快培育完整内需体系，把实施扩大内需战略同深化供给侧结构性改革有机结合起来，以创新驱动、高质量供给引领和创造新需求"。显然，扩大内需被提到更高的定位。城商行跨区经营更侧重"内循环"，而扩大内需将为城商行跨区经营带来新契机。因此，成渝地区双城经济圈建设对城商行跨区经营提出了一系列的特性需求，主要体现在以下五个方面：

（1）细化城商行协同发展的顶层设计。加大政府对城商行金融科技创新的政策引导力度，搭建成渝地区双城经济圈科技创新中心联合建设推进工作小组，制定区域金融科技创新发展战略，统筹协调金融科技人才、金融科技成果转化、金融产业链定位、金融科技要素布局和财政税收等相关领域政策。

（2）优化城商行金融科技创新功能布局。强化重庆、成都创新引领示范作用和其他大中城市的辐射与带动功能，汇聚高能级金融科技创新资源要素，形成空间联动、产业联动、创新联盟和开放共享的西部金融科技创新集聚网，推进基础前沿研究、应用研究和产业开发共同发展。

（3）加快打造成渝地区金融科技创新平台。依托重庆科学城、成都科学城和绵阳科技城等创新载体，以金融资源配置、信息安全等为重点领域，充分整合成渝地区的优质金融资源，将成渝地区双城经济圈打造成为可对标北京、上海、深圳和合肥等城市的西部金融中心。充分发挥成渝两地高新区以及自贸区等开放平台优势，加强成渝"双自互动""双区联动"，加快建成西部内陆自贸港，为金融科技快速、稳定发展创造条件。

（4）积极推进开放化国际化协同创新。大力推进成渝地区科研院所、企业和金融机构积极联手主动参与"一带一路"沿线国家和地区金融科技产业合作，共建、共用、共治国际金融科技创新平台和科技产业园区。鼓励成渝地区金融机构通过兼并收购境外技术研发中心、在科技资源密集的城市设立海外研发中心等形式，进一步融入全球创新价值链。

4.6　本章小结

本章通过梳理成渝地区双城经济圈的发展历程，明确了成渝地区双城经济圈建设的重大意义：成渝地区双城经济圈协同发展是构建国内国际"双循环"相互促进新发展格局的重要举措；成渝地区双城经济圈协同发展是形成优势互补高质量发展区域经济布局的客观要求；成渝地区双城经济圈协同发展是构筑国家生态安全屏障、形成"大保护"新格局的现实需要。

然后，本章明确界定了成渝地区双城经济圈的空间范围及所辖区县，并进一步梳理了成渝地区双城经济圈助力城商行跨区经营的现实基础：经济社会发展稳定有序；产业结构持续优化；世界级先进制造业集群建设序时推进；数字经济发展日新月异；现代服务业发展实现"提质增效"；开放平台发展能级逐步提升；体制机制改革取得重大突破；成渝两地政策体系日趋完善。当然，成渝地区双城经济圈城商行跨区经营也面临一系列制约因素：成渝地区经济转型升级的创新动力整体偏弱；成渝地区发展战略导向协同度偏低；成渝地区一体化发展体制机制尚未健全；成渝地区行政等级和财政实力差异显著。对此，本章进一步总结提炼了成渝地区双城经济圈建设对城商行跨区经营的特性需求：细化城商行协同发展的顶层设计；优化城商行金融科技创新功能布局；加快打造成渝地区金融科技创新平台；积极推进开放化国际化协同创新。

综上，基于上述成渝地区双城经济圈背景知识的认识，本书将立足成渝地区双城经济圈建设的现实需求，利用城商行跨区经营的相关数据，全面考察城商行跨区经营的微观效应及其作用机制，旨在厘清城市商业银行跨区经营的优化对策。

5 成渝地区双城经济圈城商行跨区经营与僵尸企业生存风险

本章重点分析城商行跨区经营对僵尸企业生存风险的影响。第一，基于资源基础理论和资源依赖理论等，系统分析城商行跨区经营对僵尸企业生存风险的影响机理。在此基础上，进一步提出相关研究假设。第二，根据研究假设进行研究设计，依据僵尸企业生存风险的数据特征，构建Cloglog模型，并利用2007—2021年中国沪深A股上市公司的微观数据进行实证检验。第三，基于产权和规模异质性视角以及成渝地区双城经济圈建设，对城商行跨区经营与僵尸企业生存风险的影响关系进行拓展性分析。第四，为增强研究结果的稳健性，采用工具变量等方法进行内生性问题处理。

5.1 问题提出

党的十九届四中全会特别强调，"充分发挥市场在资源配置中的决定性作用，更好发挥政府作用"。然而，现实中一直存在着已丧失自我发展能力且须依赖政府补贴、银行续贷等非市场因素维持生存的市场主体，人们通常形象地称之为僵尸企业（Khandare，2019；李平 等，2021）。2015年的中央经济工作会议将"去产能""去杠杆"等作为供给侧结构性改革的重要任务，尤其是清理僵尸企业更是重中之重。显然，僵尸企业因其效率低下、持续亏损等弊病而阻碍市场"优胜劣汰"机制的正常运行，在一定程度上阻碍了经济高质量发展（逯东和江沐子，2021；邵帅 等，2021）。因此，厘清僵尸企业形成的诱因具有重要的现实意义。

现有文献主要围绕僵尸企业的识别、诱因及其经济后果等内容展开，且聚焦于僵尸企业自身内部因素（Kwon 等，2015；张俊美和许家云，2022），却鲜有文献考虑市场化因素。以 Fukuda 和 Nakamura（2011）为代表的学者认为，精简组织结构、动态优化资本结构、实施透明的会计准则等手段有助于激发僵尸企业活力（Hollander 和 Verriest，2016；Jaskowski，2015；李旭超和宋敏，2021）。进一步，张璇和李金洋（2019）认为，2008 年金融危机之后，"4 万亿"投资计划短期内发挥了一定的刺激作用，但也加剧了产能过剩，使刺激杠杆率迅速提高，而且政府融资的隐性担保也加大了对落后产能的出清难度（游家兴 等，2021）。然而，上述研究均未将市场化因素纳入研究范畴。

对此，2018 年政府工作报告明确提出，"坚持用市场化、法制化手段淘汰落后产能，加大僵尸企业破产清算和重整力度"。可见，市场机制将在处置僵尸企业过程中发挥着决定性的作用。Kanagaretnam 等（2018）创新地将全球化纳入僵尸企业处置的研究中，借助外资管制放松这一市场化机制综合评估了僵尸企业的处置效果（李旭超和王俊毅，2022）。由于银行信贷在维持僵尸企业生存方面扮演着关键角色，因此市场化改革必然会影响银行向僵尸企业的信贷供给，进而对僵尸企业的生存风险产生影响（刘冲 等，2020）。同时，现有研究也表明，僵尸企业的生存与银行、政府密切相关（Xia 和 Wang，2019；蔡宏波 等，2020）。但城商行作为具有"服务地方经济、服务中小企业和服务城市居民"职能的地方性商业银行，其跨区经营对僵尸企业生存风险有何影响，鲜有文献涉及。

事实上，城商行跨区经营对僵尸企业生存风险可能存在双重影响。一方面，城商行作为地区股份制性质的商业银行，可能因地方政府干预而降低信贷配置效率，不得不向僵尸企业提供信贷支持，从而降低了僵尸企业生存风险；另一方面，城商行跨区经营有助于发挥融资灵活度高、甄别"软信息"能力强等比较优势，加剧银行业竞争，引导资金流向高效率企业，倒逼低效率的僵尸企业退出市场，进而加剧僵尸企业生存风险（Caballero 等，2008；Berger 等，2007；肖正 等，2022）。可见，城商行跨区经营对僵尸企业生存风险的影响并不明确，还有待经验数据的验证。

基于上述分析，本书将选取 2007—2021 年中国沪深 A 股上市公司作为研究样本，首先识别出僵尸企业，然后利用 Cloglog 离散时间生存分析模型，实证检验城商行跨区经营对僵尸企业生存风险的影响，实证检验结果显示，城商行跨区经营会加剧僵尸企业生存风险。经过一系列稳健性检验后发现，研究结论依然稳健。在此基础上，本书从产权和规模异质性角度，进一步检验了产权和规模异质性以及成渝地区双城经济圈建设对其的影响，发现城商行跨区经营对僵尸企业生存风险的促进作用在非国有企业、中小型企业以及成渝地区双城经济圈样本组中更加显著。

本章研究结论可能的贡献主要体现在以下两个方面：第一，基于僵尸企业层面提供了城商行跨区经营促进地区经济高质量发展的经验证据。不同于已有研究主要聚焦于企业自身内部因素（Berger 等，2010；Beck 等，2010；Lan 等，2019；郭丽虹和汪制邦，2021；谢申祥 等，2021），本书利用 2007—2021 年中国沪深 A 股上市公司的微观数据，发现城商行跨区经营有利于加剧僵尸企业生存风险。这一发现为清理和化解产能过剩问题提供了新的思路，也为全面评估城商行跨区经营的实施效果提供了新的视角。第二，基于银行业市场结构视角，揭示了城商行跨区经营有利于加速非国有型和中小型僵尸企业退出市场。研究发现，城商行跨区经营对僵尸企业生存风险的促进作用在非国有企业和中小型企业中更显著。这一发现为"坚持用市场化、法制化手段淘汰落后产能，加大僵尸企业破产清算和重整力度"提供了科学的经验支撑，为推进金融供给侧结构性改革提供了可行的路径选择与经验启示。

5.2　理论分析与研究假设

僵尸企业纷纷退出市场会导致不良贷款大量涌现，银行出于降低坏账率的考虑可能会向僵尸企业提供一定的资金支持，这是僵尸企业僵而不死的重要原因（Xu，2016；Wang 等，2019；余典范 等，2020）。可见，银行续贷被视为僵尸企业存续的重要原因。但城商行①跨区经营有助于增强银行业竞争，优化信贷资源配置，加剧僵尸企业生存风险（彭洋 等，2019；范子英和王倩，2019）。

从银行业竞争层面上看，城商行跨区经营有利于提高地区中小型银行占比，削弱国有大型银行和股份制商业银行的垄断地位，进而加剧银行业竞争程度，迫使银行应用新技术来甄别无效率企业（Meng，2018；Liu 等，

---

①　《国务院关于组建城市合作银行的通知》（国发〔1995〕25 号）明确指出，城商行的使命在于融通资金，为地区经济的发展，特别是城市中小企业的发展提供金融服务。

2019；李志生 等，2020）。竞争加剧会刺激银行推行稳健的贷款政策，增强金融风险防范能力，进而削减对僵尸企业的"输血"力度，加速僵尸企业退出市场。从信贷配置效应层面上看，城商行跨区经营可以有效发挥其本地化优势，降低银行与企业之间的信息不对称，促使资金流向效率高、前景好的企业，优化信贷配置效率，提高僵尸企业的融资门槛（卢树立和何振，2019；诸竹君 等，2019）。尤其是，城商行跨区经营所引发的网点数量扩张可以缩短"银企"距离，既有利于银行事前识别目标企业是否具备效率优势，又有利于银行事后监督目标企业经营过程（Hollander 和 Verriest，2016；Zhang 和 Luo，2019；方明月和孙鲲鹏，2019），由此降低银行坏账风险，提高信贷配置效率，倒逼僵尸企业加速退出市场。

当然，部分学者可能认为，地方政府可能会利用城商行扶持一些无效率企业而降低僵尸企业生存风险（许江波和卿小权，2019；王韧和马红旗，2019；肖兴志和黄振国，2019）。事实上，银行是遵循利润优先原则遴选贷款对象，尤其是那些回报率较高的中小企业将成为城商行优先选择的融资服务对象。因此，对于偿债压力大，且"造血"能力差的僵尸企业，其生存风险会加剧。

综上，城商行跨区经营缩短了银企距离，有助于提升信贷配置效率，引导资金流向高效率企业，进而倒逼僵尸企业退出市场，加剧僵尸企业生存风险。基于上述理论分析，本书提出以下研究假设：

H5.1：城商行跨区经营会加剧僵尸企业生存风险。

5.3 研究设计

5.3.1 数据来源与样本选取

考虑到城市商业银行于 2006 年开始实施跨区域经营战略以及中国上市公司于 2007 年开始执行新会计准则，本书将研究区间设定为 2007—2021 年，并以中国沪深 A 股上市公司为研究对象。在此基础上，本书借鉴 Brandt 等（2014）的研究思路匹配企业面板数据，并进一步做了以下样本筛选工作：将 ST、ST* 以及其他处于非正常交易的样本予以剔除；剔除数据库中包含的非正常经营与统计错误的样本；针对部分年份缺失或者未披露的数据，参照王万珺和刘小玄（2018）的做法，采用多重插值法予以补齐。按照以上步骤处理后，本书得到僵尸企业的有效观测值为 17 256。

与此同时，本书将城商行的相关数据同沪深 A 股上市公司的微观数据进行匹配，旨在厘清城商行跨区经营对僵尸企业生存风险的影响。此外，笔者根据银监会公布的金融机构许可证查询信息，手工收集、整理城商行的分支机构信息，并据此统计各地区城商行分支机构数量等数据，从而度量城商行跨区经营指标。为了尽可能地规避离群值对回归结果造成的影响，本书对所有连续变量均进行了上下 1% 分位上的缩尾处理。

5.3.2 研究变量

（1）城商行跨区经营（CROSS）

借鉴张敏等（2018）、Eze 等（2019）以及诸竹君等（2019）的研究思路，本书采用城商行省内异地分支机构数量加 1 的自然对数来衡量城商行跨区经营程度。

（2）僵尸企业生存风险（EXIT）

为了正确度量僵尸企业生存风险，我们首先需要准确识别出僵尸企业。对于僵尸企业的识别，本书在参照 FN-CHK 标准的基础上，进一步借鉴王万珺和刘小玄（2018）、Agrawal 和 Goel（2019）的研究思路，即僵尸企业还需同时满足以下标准：获得信贷补贴；实际利润小于或者等于零；现金流小于短期负债；企业年龄大于三年。然后，本书借鉴 Hess 和 Persson（2011）的研究方法，利用 Cloglog 模型计算僵尸企业的生存风险（EXIT）。

（3）控制变量

参照 Bi 等（2019）、王海林和高颖超（2019）、肖兴志等（2019）以及綦勇等（2022）的研究思路，本书选取的控制变量主要包括三类：第一类是企业层面控制变量。企业规模（SIZE），采用当年企业员工数加 1 的自然对数度量；企业资本密集度（KL），采用固定资产净值余额与企业员工数的比值度量；企业年龄（AGE），采用存续期与企业成立年份之差进行度量；企业性质（SOE），根据实际控制人性质，若是国有企业，则赋值为 1，否则为 0；企业是否具有出口行为（EXP），若企业出口交货值大于 0，则赋值为 1，否则为 0。第二类是行业层面控制变量。劳动密集型行业（LAB），若属于劳动密集型企业，则赋值为 1，否则为 0；高新技术行业（TEC），若属于高新技术型企业，则赋值为 1，否则为 0。第三类是地区层面控制变量，主要包括人均 GDP 的自然对数（LGDP）、人口密度（PDEN）、财政支出占 GDP 的比重（FD）、第二产业比值占 GDP 的比重（STRU）。此外，本书还引入了行业、年度以及地区虚拟变量，旨在控制可能存在的行业、年度以及地区效应。

5.4　模型设定

为了考察城商行跨区经营对僵尸企业生存风险的影响，本书借鉴 Hess 和 Persson（2011）的研究，构建 Cloglog 离散时间生存分析模型，如下式所示：

$$Clog\ log_{it}[\,1-h_j(X/V)\,] = log(-log[\,1-h_j(X/V)\,]) = \beta X + r_j + \mu$$

$$(5.1)$$

式（5.1）中，核心解释变量是城商行跨区经营（CROSS），X 表示僵尸企业生存风险的影响因素，参考 Berrospide 等（2016）、Raju（2018）以及毛其淋和王翊丞（2020）的做法，其主要包括僵尸企业的自身特征、行业、地区以及年度等因素；r 表示非给定的随时间变化的基准风险率；μ 表示服从正态分布的随机误差项；j 用于控制不可观测的异质性；β 为待估计的回归系数。此外，以上变量的具体定义详见表 5.1。

5.5　实证结果及分析

5.5.1　描述性统计分析

表 5.1 报告了主要变量的描述性统计结果。城商行跨区经营（CROSS）的均值为 1.125，最大值为 4.223，且最小值仅为 0，表明城商行跨区经营程度存在较大的差异，这一现象也可以通过其标准差观察到。同时，僵尸企业生存风险（EXIT）的均值为 0.279，标准差为 0.485，说明僵尸企业之间的生存风险也存在一定的差异。企业性质（SOE）的均值为 0.556，这表明样本企业中有 55.6%的企业具有国有属性。此外，虚拟变量（TEC）的均值为 0.153，意味着样本企业中有 15.3%的企业属于高新技术型企业。

表 5.1 变量的描述性统计结果与定义

变量	N	均值	标准差	最大值	最小值	变量定义
CROSS	17 256	1.125	1.352	4.223	0.000	城市商业银行跨区经营
EXIT	17 256	0.279	0.485	1.000	0.000	生存风险,计算如前文所述
SIZE	17 256	9.749	1.492	20.207	0.726	企业规模,员工数加 1 的自然对数
KL	17 256	99.724	55.378	1 273.524	0.252	企业资本密集度
AGE	17 256	9.829	8.129	64.000	0.000	企业年龄
SOE	17 256	0.556	0.264	1.000	0.000	企业性质,国有企业赋值为 1,否则为 0
EXP	17 256	0.362	0.482	1.000	0.000	出口交货值大于 0,则赋值为 1,否则为 0
LAB	17 256	0.296	0.526	1.000	0.000	劳动密集型企业,则赋值为 1,否则为 0
TEC	17 256	0.153	0.458	1.000	0.000	高新技术型企业,则赋值为 1,否则为 0
LGDP	17 256	9.825	0.965	12.435	8.258	人均 GDP 的自然对数
PDEN	17 256	6.285	0.615	9.352	1.623	人口密度
FD	17 256	0.135	0.162	0.824	0.000	财政支出占 GDP 的比重
STRU	17 256	48.226	9.275	83.525	4.428	第二产业比值占 GDP 的比重

5.5.2 相关性分析

表 5.2 报告了皮尔逊相关性分析结果。城商行跨区经营（CROSS）与僵尸企业生存风险（EXIT）之间的相关性系数是 0.098，且在 10% 的水平上显著，说明城商行跨区经营与僵尸企业生存风险是正相关关系，这初步验证了研究假设 H5.1 的合理性。与此同时，城商行跨区经营（CROSS）与企业规模（SIZE）之间的相关性系数是 0.009，且在 10% 水平上显著，说明城商行跨区经营可能会影响到企业规模。此外，僵尸企业生存风险（EXIT）与企业规模（SIZE）之间的相关性系数是 0.083，且在 10% 水平上显著，说明僵尸企业规模可能是影响其生存风险的因素。

表 5.2　皮尔逊相关性分析结果

变量	1	2	3	4	5	6	7	8	9	10	11
1. CROSS	1										
2. EXIT	0.098*	1									
3. SIZE	0.009*	0.083*	1								
4. KL	0.019*	0.212	0.029	1							
5. AGE	0.033	0.028	0.085	0.104*	1						
6. SOE	0.056	0.083	0.032*	0.091*	0.286*	1					
7. EXP	0.092*	0.076*	0.018*	0.078*	0.265*	0.156*	1				
8. LAB	−0.212	−0.083	−0.095	−0.074	−0.263*	−0.148	−0.098	1			
9. TEC	0.186**	0.204*	0.286*	0.129	0.135**	0.126*	0.179*	0.021*	1		
10. LGDP	0.218*	0.074*	0.194*	0.094	0.072*	0.078*	0.245*	0.018*	0.172*	1	
11. PDEN	0.081	0.009*	0.218*	0.162	0.017*	0.106*	0.132*	0.018	0.0816	0.182	1

注：*、**、***分别表示在10%、5%、1%上显著。

5.5.3　成渝地区双城经济圈城商行跨区经营与僵尸企业生存风险：基准检验

表 5.3 报告了城商行跨区经营影响僵尸企业生存风险的检验结果。列（1）报告了基于 Cloglog 模型的检验结果显示，城商行跨区经营（CROSS）的回归系数为 0.084，且在 1%的水平上显著，说明城商行跨区经营会加大僵尸企业生存风险，即城商行跨区经营加剧了僵尸企业退出市场的概率。同时，列（2）、列（3）分别基于 Probit 模型和 Logit 模型的估计结果与基于 Cloglog 模型的估计结果基本一致，说明本书研究结论稳健。可见，研究假设 H5.1 通过检验。

事实上，这一现象也不难理解：一方面，跨区经营可以促进城商行的分支行及其营业网点数量迅速扩张，迫使国有商业银行缩减营业网点数量，削弱了国有银行的垄断地位，加剧了各级银行之间的竞争，在一定程度上缓解了国有银行的"预算软约束"问题（Liu 等，2019；王凤荣 等，2019）。另一方面，银行业的垂直化改革和信贷审批权上移，极大地约束了地方政府对城商行信贷决策的干预，而城商行必然强化信贷资产的质量管理，信贷投向经营效益较高的潜在目标企业，这样便会减少不良贷款，降低流动性损失，同时也会倒逼低效率企业因难以被"输血"而退出市场（Chuanrui 和 Zhu，2018；杨龙见 等，2020）。由此可见，城商行跨区经营加剧了银行业竞争，在一定程度上削弱了政府干预，增强了信贷配置独立性，提升信贷资源配置效率，激发市场的"选择效应"，倒逼僵尸企业及时退出市场（Tanwar，2018；王可 等，2022），进而加剧僵尸企业生存风险。

在控制变量方面，企业规模（SIZE）的回归系数至少在10%的水平上显著为负，即其风险比率小于1，说明规模越大，僵尸企业生存风险越小。企业性质（SOE）的回归系数均在10%的水平上显著为负，表明不同属性的僵尸企业生存风险存在显著差异。此外，资本密集度（KL）、企业年龄（AGE）、人均GDP（LGDP）以及人口密度（PDEN）的回归系数均显著为正，即这些指标的风险比率均大于1，表明会加剧僵尸企业生存风险。

表 5.3　城市商业银行跨区经营对僵尸企业生存风险的检验结果

变量	(1) Cloglog	(2) Probit	(3) Logit
CROSS	0.084 *** (4.69)	0.079 *** (4.92)	0.083 *** (3.96)
SIZE	−0.063 ** (−2.28)	−0.079 * (−1.75)	−0.087 ** (−2.05)
KL	0.152 * (1.74)	0.157 ** (2.05)	0.162 ** (2.12)
AGE	0.021 * (1.81)	0.023 ** (2.02)	0.026 * (1.78)
SOE	−0.046 * (−1.86)	−0.047 * (−1.76)	−0.053 * (−1.83)
EXP	0.172 *** (4.58)	0.168 *** (3.45)	0.183 * (1.75)
LAB	−0.053 ** (−2.26)	−0.041 ** (−2.07)	−0.061 ** (−2.32)
TEC	0.264 ** (2.28)	0.256 *** (6.25)	0.269 * (1.76)
LGDP	0.011 * (1.78)	0.014 ** (2.15)	0.013 * (1.82)
PDEN	0.235 ** (2.31)	0.238 ** (2.28)	0.229 * (1.78)

表5. 3(续)

变量	（1）	（2）	（3）
	Cloglog	Probit	Logit
FD	0. 314 * (1. 81)	0. 318 ** (2. 02)	0. 298 ** (2. 05)
STRU	0. 072 ** (2. 25)	0. 075 ** (2. 18)	0. 082 ** (2. 01)
常数项	−0. 617 * (−1. 75)	−0. 632 ** (−2. 25)	−0. 652 * (−1. 79)
行业/年度/地区	控制	控制	控制
N	17 256	17 256	17 256
Log likelihood	−2 587. 826	−2 589. 729	−2 577. 628

注：*、**、*** 分别表示在 10%、5%、1%上显著；括号内是 T 值。

5.5.4　稳健性检验

（1）内生性问题处理

显然，影响僵尸企业生存风险的因素较多，而模型中未考虑到的公司特征变量可能会同时影响城商行跨区经营和僵尸企业生存风险。鉴于此，本书将采用工具变量法予以解决内生性问题。选取城商行跨区经营的一阶滞后项（L. CROSS）作为工具变量。事实上，城商行跨区经营的一阶滞后项（L. CROSS）与当期城商行跨区经营（CROSS）是相关的；与此同时，滞后项与当期的随机扰动项不相关。由此可见，工具变量满足相关性和外生性条件。

表 5.4 报告了基于工具变量法的内生性处理结果。结果显示，考虑到内生性问题后，城商行跨区经营依然会显著加剧僵尸企业生存风险，说明研究结论是稳健的。

表 5.4　内生性的处理：工具变量法

变量	（1）	（2）	（3）	（4）	（5）	（6）
	Cloglog		Probit		Logit	
	第一阶段	第二阶段	第一阶段	第二阶段	第一阶段	第二阶段
	CROSS	EXIT	CROSS	EXIT	CROSS	EXIT
L. CROSS	0.142**		0.195***		0.185***	
	(2.29)		(3.64)		(5.78)	
"弱工具"变量检验：Shea's partial R^2=0.375；F=258.62；p=0.000 1						
PCROSS		0.107**		0.116***		0.095**
		(2.32)		(4.21)		(2.23)
年度、行业及地区效应及其余控制变量已控制，限于篇幅，此处省略						
常数项	−0.482**	−0.435**	−0.426*	−0.382*	−0.329*	−0.349**
	(−2.31)	(−2.08)	(−1.76)	(−1.83)	(−1.91)	(−2.32)
N	17 256	17 256	17 256	17 256	17 256	17 256
Log likelihood	—	−2 461.81	—	−2 491.44	—	−2 485.55
过度识别检验						
Hansen J 值	—	0.437	—	0.421	—	0.392
P 值	—	0.391	—	0.382	—	0.435

注：*、**、***分别表示在 10%、5%、1%上显著；括号内是 T 值。

（2）其他稳健性检验

为了增强研究结论的稳健性，借鉴 Gao 和 Lv（2017）、张一林等（2019）、王彦超和蒋亚含（2020）以及韩珣和李建军（2020）的研究思路，本书还做了如下稳健性检验：

①替换僵尸企业的识别方法。采用营业利润识别僵尸企业，重新回归原有模型，结果如表 5.5 中的列（1）所示。

②采用 Cox 比例生存模型计算僵尸企业生存风险，重新回归原有模型，结果如表 5.5 中的列（2）所示。

表 5.5 的检验结果显示，研究结果并未发生实质性改变，表明研究结论是稳健的。

表 5.5　其他稳健性检验结果

变量	(1) Cloglog	(2) Cox
CROSS	0.102 *** (6.25)	0.092 *** (5.82)
SIZE	−0.056 * (−1.78)	−0.084 * (−1.77)
KL	0.133 ** (2.07)	0.155 * (1.75)
AGE	0.017 ** (2.01)	0.026 * (1.82)
SOE	−0.033 ** (−2.12)	−0.045 * (−1.71)
EXP	0.165 ** (2.28)	0.171 *** (5.25)
LAB	−0.045 * (−1.86)	−0.036 ** (−2.23)
TEC	0.225 *** (3.78)	0.216 ** (2.05)
LGDP	0.011 *** (8.72)	0.012 ** (2.35)
PDEN	0.195 *** (6.34)	0.208 * (1.78)
FD	0.275 ** (2.31)	0.323 * (1.72)
STRU	0.071 * (1.75)	0.065 ** (2.08)
常数项	−0.578 ** (−2.25)	−0.532 ** (−2.18)
Log likelihood	−2 284.226	−2 252.628
N	17 256	17 256

注: * 、 ** 、 *** 分别表示在 10%、5%、1% 上显著;括号内是 T 值。

5.5.5 拓展性分析：基于产权和规模异质性视角

（1）产权性质和规模差异的影响

考虑到中国特殊的制度背景，国有僵尸企业因其特殊的"战略性政策"负担而享受银行信贷优惠和政府补贴等红利，而大型企业因其规模较大，担负一定的社会就业等职责，通常也是"大而不能倒"。因此，我们有必要进一步探究城商行跨区经营对僵尸企业生存风险的影响在不同产权性质和规模中是否存在显著差异。首先，本书依据实际控制人性质，将全样本划分为国有和非国有企业两个子样本。然后，本书再根据僵尸企业规模的中位数，将大于中位数的僵尸企业界定为大型企业；反之，界定为中小型企业。

表 5.6 报告了产权和规模异质性分析的检验结果。列（1）、列（2）报告了基于产权异质性的检验结果，不难发现，城商行跨区经营（CROSS）的回归系数均为正数，但仅在非国有企业样本组中显著为正。同时，组间系数差异 Chow 检验的"经验 P 值"为 0.003，且在 1% 水平显著。以上结果表明，城商行跨区经营对非国有僵尸企业生存风险的促进作用更显著。列（3）、列（4）报告了基于规模异质性的检验结果，不难发现，城商行跨区经营（CROSS）的回归系数均为正数，但仅在中小型企业样本组中显著为正。这一现象也可以通过组间系数差异 Chow 检验的结果得到验证："经验 P 值"为 0.007，且在 1% 水平显著。由此可见，城商行跨区经营对中小型僵尸企业生存风险的促进作用更显著。

综上，城商行跨区经营对僵尸企业生存风险的促进作用在非国有企业和中小型企业中更显著。

表 5.6　拓展性分析的检验结果：产权和规模异质性

变量	（1）	（2）	（3）	（4）
	国有企业	非国有企业	大型企业	中小型企业
CROSS	0.072 (1.42)	0.106*** (6.52)	0.065 (1.46)	0.096*** (4.92)
SIZE	−0.048* (−1.78)	−0.053* (−1.84)		
KL	0.145* (1.84)	0.152** (2.04)	0.142* (1.75)	0.151** (2.01)

表5.6(续)

变量	（1）	（2）	（3）	（4）
	国有企业	非国有企业	大型企业	中小型企业
AGE	0.019* （1.73）	0.017** （2.07）	0.028* （1.82）	0.019* （1.75）
SOE			−0.034* （−1.72）	−0.038** （−2.03）
EXP	0.165** （2.38）	0.155* （1.86）	0.172** （2.25）	0.178* （1.85）
LAB	−0.048* （−1.86）	−0.042* （−1.72）	−0.035* （−1.87）	−0.042* （−1.82）
TEC	0.246* （1.78）	0.242** （2.08）	0.245** （2.28）	0.246* （1.79）
LGDP	0.031* （1.73）	0.026* （1.83）	0.024* （1.85）	0.033* （1.92）
PDEN	0.217* （1.81）	0.206* （1.74）	0.208* （1.88）	0.213* （1.82）
FD	0.306** （2.21）	0.296* （1.81）	0.321* （1.72）	0.276* （1.75）
STRU	0.082* （1.85）	0.089* （1.92）	0.074* （1.78）	0.089* （1.81）
常数项	−0.587* （−1.76）	−0.578** （−2.05）	−0.602* （−1.85）	−0.618** （−2.08）
行业/年度/地区	控制	控制	控制	控制
N	9 594	7 662	7 980	9 276
Log likelihood	−2 133.226	−2 128.353	−2 097.649	−2 207.684
经验P值	0.003***		0.007***	

注：*、**、***分别表示在10%、5%、1%上显著；括号内是T值。

（2）成渝地区双城经济圈建设的影响

2020年1月，习近平总书记在中央财经委员会第六次会议上做出推动成渝地区双城经济圈建设的重大决策部署。这一决策部署标志着川渝两地会进一步加强战略对接、政策衔接，形成了统一谋划、一体部署、相互协作、共同实施的政策协同机制，进而为城商行跨区经营打造了更加健康的营商环境。为此，本书进一步比较分析了成渝地区双城经济圈建设对城商行跨区经营与僵尸企业生存风险之间关系的影响。具体而言，本研究首先确定成渝地区双城经济圈的规划范围。根据《规划纲要》的指示，成渝地区双城经济圈的规划范围包括：重庆市的中心城区及万州、涪陵、綦江、大足、黔江、长寿、江津、合川、永川、南川、璧山、铜梁、潼南、荣昌、梁平、丰都、垫江、忠县等27个区（县）以及开州、云阳的部分地区，四川省的成都、自贡、泸州、德阳、绵阳（除平武县、北川县）、遂宁、内江、乐山、南充、眉山、宜宾、广安、达州（除万源市）、雅安（除天全县、宝兴县）、资阳等15个市。其次，依据城商行是否在成渝地区跨区经营，将全样本划分为成渝地区双城经济圈子样本组和非成渝地区双城经济圈子样本组。最后，根据两个子样本组，分别重新回归，具体检验结果如表5.7所示。

表5.7报告了成渝地区双城经济圈建设对其的影响结果。列（1）的结果显示，城商行跨区经营（CROSS）的回归系数为0.272，且在1%的水平上显著；列（2）的结果显示，城商行跨区经营（CROSS）的回归系数为0.065，且在5%的水平上显著。以上结果表明，城商行跨区经营对成渝地区双城经济圈样本组中的僵尸企业生存风险具有显著的激励效应；同时，这一激励效应也可以在非成渝地区双城经济圈样本组中观察到。此外，组间系数差异Chow检验的"经验P值"为0.063，且在10%水平显著。这一发现证明了城商行跨区经营对僵尸企业生存风险的激励效应在两个子样本组中存在显著差异。

综上，城商行跨区经营对僵尸企业生存风险的激励效应在成渝地区双城经济圈样本组中更显著。

表5.7　拓展性分析的检验结果：成渝地区双城经济圈建设对其的影响

变量	（1）	（2）
	成渝地区双城经济圈	非成渝地区双城经济圈
CROSS	0.272*** （7.62）	0.065** （2.32）
SIZE	−0.055** （−2.08）	−0.043* （−1.82）
KL	0.136* （1.77）	0.122* （1.94）

表5.7(续)

变量	（1） 成渝地区双城经济圈	（2） 非成渝地区双城经济圈
AGE	0.012* (1.86)	0.015* (1.77)
SOE	−0.025** (−2.02)	−0.018* (−1.73)
EXP	0.145* (1.78)	0.151** (2.06)
LAB	−0.018* (−1.71)	−0.022** (−1.81)
TEC	0.162** (2.28)	0.152* (1.78)
LGDP	0.022* (1.71)	0.016** (1.86)
PDEN	0.129* (1.73)	0.136** (2.05)
FD	0.286* (1.92)	0.265* (1.79)
STRU	0.072** (2.15)	0.081*** (5.62)
常数项	−0.267** (−2.26)	−0.272*** (−3.65)
行业/年度/地区	控制	控制
N	4 978	12 278
Log likelihood	−1 632.225	−1 208.366
经验 P 值	0.063 *	

注：*、**、*** 分别表示在 10%、5%、1% 上显著；括号内是 T 值。

5.6 本章小结

2016 年，国务院提出"去产能、去库存、去杠杆、降成本、补短板"五大经济任务，旨在优化经济结构，实现要素的最优配置。而有效处置僵尸企业作为清理无效供给、推进地区经济高质量发展的重要抓手，引起了学术界和实务界的高度重视。现有文献对僵尸企业的诱因及其处置方式展开了有益探索，但鲜有文献研究城市商业银行跨区经营对僵尸企业生存风险的影响。

鉴于此，本书利用 2007—2021 年中国沪深 A 股上市公司的微观数据，并结合手工收集的城商行跨区经营分支机构数据，实证分析了城商行跨区经营对僵尸企业生存风险的影响。研究发现，城商行跨区经营会加剧僵尸企业生存风险；进一步的研究发现，城商行跨区经营对僵尸企业生存风险的促进作用在非国有企业和中小型企业中更显著；城商行跨区经营对僵尸企业生存风险的激励效应在成渝地区双城经济圈样本组中更显著。充分考虑内生性等问题后，结论仍然成立。

研究结论的政策启示主要体现在以下三个方面：

第一，地方政府应主动减少对城商行经营管理的干预，应当充分发挥城商行等地方金融机构在"去产能"以及服务地区经济健康发展等层面的积极作用。城商行跨区经营有利于形成银行业竞争格局，优化市场环境，构建同中小型企业相匹配的金融体系，将金融资源与金融要素有效地配置到经济发展中的核心领域与薄弱环节。这样就能拓展城商行发挥自身优势的业务空间，实现错位竞争。

第二，强化监管城商行的信用风险，督促城商行及时处置不良资产。监管机构应当监督审查城商行信息披露质量，加大虚假披露、延迟披露以及故意隐瞒的惩罚力度，以督促城商行及时化解不良资产。当发现过度借贷或不良贷款持续增长，监管机构应当及时预警或有力处置，且提高对流动性前瞻指标持续不达标的压力测试频率。

第三，城商行应当深度参与银行业市场化竞争，以专业化、特色化和精细化的特点实现错位竞争。城商行跨区经营后，其区位优势明显，且在民营经济领域具备良好的信贷基础。为此，城商行应当依托这一比较优势，大力创新业务模式，实现精细化管理和差异化经营。此外，城商行应结合云计算、大数据等新技术，建立客户信息和信用评估系统，以线上、动态、精准的识别机制替代原有线下、人工的高成本风控，以增强自身的市场竞争力与专业化能力。

6 成渝地区双城经济圈城商行跨区经营与僵尸企业去杠杆

本章重点分析城商行跨区经营对僵尸企业"去杠杆"的影响。第一，基于资源基础理论和资源依赖等理论，系统分析城商行跨区经营对僵尸企业"去杠杆"的影响机理。在此基础上，进一步提出相关研究假设。第二，根据研究假设进行研究设计，依据僵尸企业资本结构调整速度的数据特征，构建两阶段部分调整模型，利用 2007—2020 年中国沪深 A 股上市公司的微观数据，并结合手工收集的城市商业银行跨区经营分支机构数据，实证分析了城商行跨区经营对僵尸企业资本结构调整速度的影响。第三，从货币政策和产权性质的视角以及考虑成渝地区双城经济圈建设因素，对城商行跨区经营与僵尸企业"去杠杆"的影响关系进行拓展性分析。第四，为增强研究结果的稳健性，采用工具变量等方法进行内生性问题处理。

6.1 问题提出

在供给侧结构性改革纵向推进进程中，僵尸企业已成为经济高质量发展的重要掣肘。中国工业企业数据库的数据显示，非僵尸企业资产负债率均值约为 48.16%，其融资成本的均值约为 3.62%；而僵尸企业资产负债率均值高达 87.15%，其融资成本均值却仅有 0.89%（逯东和江沐子，2021）。可见，由于僵尸企业过度依赖外部"输血"且以极低的融资成本获取了竞争性信贷资源，从而使要素配置未能实现效率最大化。为此，国家发展改革委等部门相继颁布《2019 年降低企业杠杆率工作要点》等一系列文件，特别强调"对已列入处置名单的'僵尸企业'，积极推动银企双方按照相关政策加快债务清理和处置"。因此，有效处置僵尸企业有助于破除无效供给、解决金融错配问题，是赋能经济高质量发展的内在驱动力。

现有文献对僵尸企业的诱因开展了积极探讨，也取得了一些有价值的研究成果。以方明月等（2018）为代表的学者发现，僵尸企业中的中小型企业占比不断上升，甚至超过70%。显然，企业生存离不开资金的支持，而银行等金融机构向中小型企业信贷供给时会承担更高的交易成本（Bai，2018；马九杰 等，2021）。那么，大量的中小型僵尸企业是如何维持生存的？

城商行发轫于城市信用社，特殊的历史背景决定了其"服务地方经济和服务中小企业"的职能定位。因此，城商行为中小型企业设计了一系列特色业务，如成立中小型企业金融服务中心以及实行差异化的担保审批条件等。特别是城商行实施跨区域经营战略后，城商行与中小型企业之间搭建了金融共生关系（Liu 等，2019；郭晔 等，2020）。一方面，城商行需要依托中小型企业的贷款业务来增强市场竞争力；另一方面，中小型企业贷款受制于"所有权歧视"和"规模歧视"而难以获取来自国有大型银行的信贷资源。因此，一旦城商行提供的优惠信贷与客户实际偿债能力严重失衡，就极易引致僵尸企业形成（Xu，2016；Yao 和 Wu，2018；李平 等，2021）。由此可见，大量中小型僵尸企业的长期存在在一定程度上是源于城商行与中小型企业之间的金融共生关系。

然而，城商行跨区经营后，其网点扩张迅速，有助于打破区域内银行竞争格局，实现跨区域业务拓展，拥有更多潜在的优质客户，增强信贷配置的商业性，刺激城商行将部分信贷供给压力转嫁于那些缺乏"造血"功能的僵尸企业，削减优惠信贷规模，增加僵尸企业融资成本，迫使僵尸企业降杠杆（Liu 和 Zhang，2018；马新啸 等，2021）。

基于上述分析，我们不难发现，城商行与中小型企业之间的金融共生关系可能会导致城商行持续向中小型僵尸企业"输血"，助推其加杠杆；而城商行跨区经营所引发的区域金融扩张会提高僵尸企业的融资成本，迫使其降杠杆。因此，城商行跨区经营是否能够打破其与中小型企业之间的金融共生关系，进而倒逼僵尸企业降杠杆，我们需要做进一步的探讨。

针对上述问题，本书将选取2007—2020年中国沪深A股上市公司的微观数据作为研究样本，首先识别出僵尸企业，然后利用两阶段部分调整模型检验城商行跨区经营对僵尸企业资本结构调整速度的影响，发现城商行跨区经营有助于加快僵尸企业资本结构调整速度，尤其是降杠杆速度更显著。在此基础上，本书从货币政策、产权性质以及成渝地区双城经济圈建设角度进行了拓展性分析，发现货币政策宽松期，城商行跨区经营对僵尸企业降杠杆的促进效果更明显；城商行跨区经营对非国有僵尸企业降杠杆的速度更快；城商行跨区经营对僵尸企业降杠杆的促进效果在成渝地区双城经济圈样本组中更显著。经过一系列稳健性检验后，结论依然稳健。

本章研究结论可能的贡献主要体现在以下三个方面：第一，丰富了有效处置僵尸企业领域的文献。不同于已有文献聚焦于考察僵尸企业诱因及其危害（Hong 等，2017；Kanagaretnam 等，2018；Guo 等，2018；刘莉亚等，2019；谢申祥 等，2021）。本书首次从僵尸企业资本结构动态调整角度，系统考察城商行跨区经营作用于僵尸企业的降杠杆行为。研究发现，城商行跨区经营有助于加快僵尸企业资本结构调整速度，尤其是降杠杆速度更显著。这一发现为我国清理和化解产能过剩问题提供了新的思路，也为依托市场机制加速僵尸企业降杠杆行为提供了新的视角。第二，拓展了宏观经济政策影响微观企业财务决策的文献。现有文献更多的是关注货币政策影响银行信贷行为的传导效果以及企业静态资本结构，但鲜有文献以僵尸企业为考察对象，探讨货币政策对其资本结构动态调整行为的影响。研究发现，货币政策宽松期，城商行跨区经营对僵尸企业降杠杆的促进效果更明显。这一发现为我国抑制僵尸企业"搭便车"的加杠杆行为提供了新的方法。第三，基于银行业市场结构视角，揭示了城商行跨区经营对非国有僵尸企业降杠杆的速度更快。这一发现为"坚持用市场化、法制化手段淘汰落后产能，加大僵尸企业破产清算和重整力度"提供了科学的经验支撑，也为非国有僵尸企业结构性去杠杆提供了新的经验证据。

6.2　理论分析与研究假设

自 2006 年以来，城商行开始实施跨区域经营战略，加剧了银行业竞争，倒逼地方政府减少非市场化的干预，淡化了银行系统服务于大型企业和"第二财政"的角色，在一定程度上削弱了银行为了迎合政策性目标而向僵尸企业"输血"的动机（何德旭和张斌彬，2021；张少东 等，2020）。

从范围经济层面上看，城商行跨区经营突破了区域内银行竞争格局，实现跨区域业务拓展，拥有更多潜在的优质客户，此时城商行有动机遵循市场化规律，将资金由本地区向更有经济价值的地区转移，进而挤出向本地区低效率企业提供的信贷资源，尤其是那些缺乏"造血"功能的僵尸企业（Kerr 和 Nanda，2009；Xu，2016；李旭超和宋敏，2021）。

从城商行自身的信贷配置层面上看，城商行跨区经营有助于实现区域金融扩张，削弱了地方政府的非市场化干预。城商行为了甄别优质项目，便会增强监管力度和客户筛选能力，以吸引优质客户、抢占市场份额（Bertrand 等，2007；郭晔 等，2020）。

此外，城商行跨区经营所引发的银行业竞争会迫使一些银行依托兼并重组、置换以及剥离不良资产等方式优化配置信贷资源，旨在实现"资产优化效应"。换言之，城商行跨区经营会加剧本地银行被兼并的风险，抑制了其向僵尸企业续贷的动机（Beck 等，2010；郭丽虹和汪制邦，2021）。因此，城商行跨区经营有助于促使其信贷配置更多是以市场为导向，激励城商行优化自身资产，同时削弱了城商行向僵尸企业"输血"的动机，进而倒逼僵尸企业降杠杆（王贤彬 等，2021；李连友和黄保聪，2021）。

综上，僵尸企业的融资渠道主要依赖债务融资，也是影响其资本结构调整的关键因素（Allen 等，2012；王韧和张奇佳，2020；郭玉清和张妍，2021）。城商行跨区经营有助于区域金融扩张，银行业竞争加剧，增强了信贷配置的商业性，刺激城商行将部分信贷供给压力转嫁于僵尸企业，削减优惠信贷规模，增加其融资成本，迫使其降杠杆。因此，基于上述理论分析，本书提出以下假说：

H6.1：城商行跨区经营有助于加快僵尸企业资本结构调整速度，尤其是降杠杆速度更显著。

6.3 研究设计

6.3.1 数据来源与样本选取

本书使用的数据主要包括两个部分：一是城商行跨区经营的相关数据。本书根据银监会公布的金融机构许可证查询信息，手工收集、整理城商行的分支机构信息，并据此统计各地区城商行分支机构数量等数据，从而计算城商行跨区经营指标。二是 2007—2020 年中国沪深 A 股上市公司的相关数据。样本区间始于 2007 年，原因在于：自 2006 年开始，城商行逐步实施跨区域经营战略，同时 2007 年开始执行新会计准则。在此基础上，本书进行如下筛选过程：①借鉴 Brandt 等（2012）、聂辉华等（2016）、Ding 和 Hu（2017）以及 Li 等（2018）的做法，将 ST、ST * 以及其他处于非正常交易的样本予以剔除；②剔除资产总额小于固定资产、资产总额小于流动资产以及累计折旧小于当期折旧等违背会计准则的样本；③考虑到本书将采用动态面板模型实证检验城商行跨区经营对企业资本结构动态调整的影响，因此保留至少存在两年以上观测值的样本。按照以上步骤处理后，本书得到僵尸企业的有效观测值为 16 268。此外，对所有连续变量均进行上下 1%分位数的缩尾（Winsor）处理。

6.3.2　研究变量

（1）城市商业银行跨区经营

借鉴张敏等（2018）、Fan 等（2018）的研究思路，本书采用城商行省内异地分支机构数量加 1 的自然对数来衡量城商行跨区经营程度（CROSS）。

（2）僵尸企业

借鉴 Luan 等（2018）、王海等（2021）的研究思路，本书采用 FN-CHK 法识别僵尸企业，首先计算企业 i 正常经营时第 t 年需要支付的理论最低银行贷款利息 $Rate\_\ min_{it}$：

$$Rate\_\ min_{it} = RS_{t-1} \times RS_{i,\ t-1} + \left(1/5 \sum_{k=1}^{5} RL_{i,\ t-k}\right) \times BL_{i,\ t-1} \quad (6.1)$$

式（6.1）中，RS_{t-1} 表示第 $t-1$ 年的短期最优贷款利率；$RS_{i,\ t-1}$ 表示企业 i 第 $t-1$ 年的短期借款；$RL_{i,\ t-k}$ 表示企业 i 第 $t-k$ 年的长期最优贷款利率；$BL_{i,\ t-1}$ 表示企业 i 第 $t-k$ 年的长期借款。

在此基础上，进一步计算企业 i 的利息收入 $Rate\_\ in_{it}$：

$$Rate\_\ in_{it} = (AT_{i,\ t-1} - AR_{i,\ t-1} - AI_{i,\ t-1}) \times r_t \quad (6.2)$$

式（6.2）中，$AT_{i,\ t-1}$ 表示企业 i 第 $t-1$ 年的流动资产；$AR_{i,\ t-1}$ 表示企业 i 第 $t-1$ 年的应收账款；$AI_{i,\ t-1}$ 表示企业 i 第 $t-1$ 年的存货；r_t 表示第 t 年银行一年期基准存款利率。

然后，结合前文指标，计算得到企业 i 的实际利息支出与理论最低支付利息之差 GAP_{it}：

$$GAP_{it} = (Rate\_out_{it} - (Rate\_min_{it} - Rate\_in_{it}))/B_{i, t-1} \quad (6.3)$$

式（6.3）中，$Rate\_out_{it}$ 表示实际支付利息；$B_{i, t-1}$ 表示企业 i 上一年的全部负债；若 $GAP_{it} < 0$，则表明企业实际支付银行贷款利息小于理论最优应付利息，即该企业实际上获取了银行额外补贴，将其暂定为僵尸企业。

最后，对以上僵尸企业进行修正。具体而言，同时满足以下三个条件的企业修正为僵尸企业：①息税前利润小于理论最低应付利息与利息收入的差值，即（$Rate\_min_{it} - Rate\_in_{it}$）；②资产负债率高于 50%；③资企业当期负债较上期有所增加。

基于 FN-CHK 识别法，本书对 2007—2020 年度中国 A 股上市公司僵尸化率进行测算，如图 6.1 所示。由图 6.1 可知，整体而言，国有企业僵尸化率明显高于非国有企业僵尸化率，而且 2014 年之后，上市公司僵尸化率出现了明显下滑，这反映了供给侧结构性改革中的"去产能"、僵尸企业出清工作开展顺利，卓有成效。

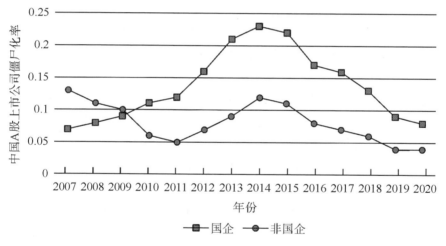

图 6.1　2007—2020 年度中国 A 股上市公司僵尸化率时序图

（3）控制变量

本书选取的控制变量主要包括三类：第一类是企业层面控制变量。企业规模（SIZE），采用资产总额的自然对数度量；盈利能力（EBIT），采用息税前利润与总资产之比衡量；成长机会（Growth），采用主营业务收入增长率衡量；非债务税盾（DEP），采用固定资产累计折旧与总资产之比衡量；抵押能力（FA），采用固定资产与总资产之比衡量；利润率（Profit），采用营业利润与总资产之比衡量；企业年龄（AGE），采用存续期与企业成立年份之差进行度量；存货密集度（Inventory），采用存货与总资产之比衡量；企业是否出口（Export），企业出口取值为 1，否则为 0。第二类是行业层面控制变量。行业的资本结构水平（ILEV），采用公司所在行业的资本结构中位数衡量。第三类是地区层面控制变量。市场化程度（Market），采用王小鲁等（2018）编著的《中国分省份市场化指数报告》中的市场化指数衡量；地级市 GDP 增长率（AGDP），采用地级市 GDP 增速衡量；地级市人均 GDP（LGDP），采用（地级市实际 GDP 总量/地级市总人口）的自然对数衡量。此外，本书还引入了行业、年度以及地区虚拟变量，旨在控制可能存在的行业、年度以及地区效应。

6.4 模型设定

借鉴 Zhao（2018）、逯东和江沐子（2021）的研究思路，本书将采用两阶段部分调整模型检验城商行跨区经营对僵尸企业资本结构调整速度的影响。首先，设定基准调整模型，具体如下：

$$\text{LEV}_{i,\,t} - \text{LEV}_{i,\,t-1} = \gamma(\text{LEV}_{i,\,t}^{*} - \text{LEV}_{i,\,t-1}) + \varepsilon_{i,\,t} \qquad (6.4)$$

式（6.4）中，$\text{LEV}_{i,\,t}$ 和 $\text{LEV}_{i,\,t-1}$ 分别表示僵尸企业当期与上期的实际资本结构，$\text{LEV}_{i,\,t}^{*}$ 表示僵尸企业当期目标资本结构；回归系数 γ 表示僵尸企业资本结构调整速度的均值。

在此基础上，将同资本结构相关的公司特征变量线性拟合目标资本结构，具体如式（6.5）所示：

$$\text{LEV}_{i,\,t}^{*} = \beta_1 \text{EBIT}_{i,\,t-1} + \beta_2 \text{Growth}_{i,\,t-1} + \beta_3 \text{DEP}_{i,\,t-1}$$
$$+ \beta_4 \text{SIZE}_{i,\,t-1} + \beta_5 FA_{i,\,t-1} + \beta_6 I\text{LEV}_{i,\,t-1} \qquad (6.5)$$

然后，将式（6.5）代入式（6.4）中，得到式（6.6），具体形式如下：

$$\text{LEV}_{i,\,t} = (1 - \gamma)\text{LEV}_{i,\,t-1} + \gamma\beta_1 \text{EBIT}_{i,\,t-1} + \gamma\beta_2 \text{Growth}_{i,\,t-1} + \gamma\beta_3 \text{DEP}_{i,\,t-1}$$
$$+ \gamma\beta_4 \text{SIZE}_{i,\,t-1} + \gamma\beta_5 FA_{i,\,t-1} + \gamma\beta_6 I\text{LEV}_{i,\,t-1} + \varepsilon_{i,\,t} \qquad (6.6)$$

式（6.6）的估计方法遵循传统惯例，采用系统广义矩估计方法，并将估计的参数向量 β 代入式（5.5）中，即可估算出目标资本结构 $\text{LEV}_{i,\,t}^{*}$ 的理论值。

最后，在式（6.4）中引入城商行跨区经营与资本结构偏离程度的交互项，以探究城商行跨区经对僵尸企业资本结构动态调整的影响，具体如式（6.7）所示。

$$Y = (\gamma_0 + \gamma_1 \mathrm{CROSS}_{i,r,t}) \times \mathrm{DEV}_{i,r,t} + \gamma_2 \mathrm{CROSS}_{i,r,t} + \varepsilon_{i,t} \quad (6.7)$$

式（6.7）中，Y 表示上期资本结构与当期实际值的差异；$\mathrm{DEV}_{i,r,t}$ 表示上期资本结构与目标值的差异；$\mathrm{CROSS}_{i,r,t}$ 表示第 t 年城市商业银行 i 所在地级市 r 的跨区经营程度，其计算方式如前文所述；γ_1 表示城商行跨区经营与资本结构偏离程度交互项的回归系数，反映了城商行跨区经营对资本结构调整速度的影响。此外，为厘清僵尸企业资本结构调整的具体方向，本书进一步将全样本分为向上和向下调整两个子样本，分别利用式（6.7）进行回归检验。

6.5 实证结果及分析

6.5.1 描述性统计分析

表 6.1 报告了主要变量的描述性统计结果。城商行跨区经营（CROSS）的均值为 1.225，标准差高达 1.552，说明城商行跨区经营程度存在较大差异，这一现象也可以通过其最大值（4.283）和最小值（0.000）的差异观察到。实际调整偏差（Y）的均值为 0.029，表明整体上僵尸企业上期资本结构与当期实际值存在一定的差异。目标调整的偏差（DEV）的均值为 -0.259，且标准差为 0.189，意味着僵尸企业的实际负债率要高于目标负债率，且分布广泛。

表 6.1 主要变量的描述性统计结果与定义

变量	N	均值	标准差	最大值	最小值	变量定义
CROSS	16 268	1.225	1.552	4.283	0.000	城市商业银行跨区经营
Y	16 268	0.029	0.125	0.582	-0.612	上期资本结构与当期实际值的差异
LEV	16 268	0.792	0.425	1.275	0.426	实际负债率
LEV*	16 268	0.612	0.078	0.724	0.352	目标负债率
DEV	16 268	-0.259	0.189	0.226	-0.752	目标负债率与上期实际负债率之差
FA	16 268	0.285	0.184	0.912	0.007	抵押能力，即固定资产/总资产

表6.1(续)

变量	N	均值	标准差	最大值	最小值	变量定义
EBIT	16 268	-0.003	0.082	0.856	-0.162	盈利能力,即息税前利润/总资产
DEP	16 268	0.164	0.226	0.926	0.000	非债务税盾,即固定资产累计折旧/总资产
SIZE	16 268	10.532	1.258	13.982	6.608	企业规模,总资产的自然对数
Growth	16 268	0.185	0.865	7.335	-0.858	成长机会,主营业务收入增长率
ILEV	16 268	0.585	0.078	0.715	0.403	行业的资本结构,即行业资本结构中位数

6.5.2 相关性分析

表6.2报告了皮尔逊相关性分析结果。不难发现,城商行跨区经营(CROSS)与实际调整偏差(Y)之间的相关性系数为-0.208,且在10%的水平上显著,表明城商行跨区经营可能会抑制僵尸企业资本结构的实际调整偏差。同时,城商行跨区经营(CROSS)与实际负债率(LEV)之间的相关性系数为-0.069,且在5%的水平上显著,说明城商行跨区经营可能降低僵尸企业实际负债率。综上,上述结果初步验证研究假设H6.1。

表6.2 皮尔逊相关性分析结果

变量	CROSS	Y	LEV	FA	EBIT	DEP	SIZE	Growth	ILEV
CROSS	1								
Y	-0.208*	1							
LEV	-0.069**	0.138*	1						
FA	0.019*	-0.022	-0.148*	1					
EBIT	0.153*	-0.214	-0.075*	0.164*	1				
DEP	0.082	-0.132	-0.342*	0.191*	0.256*	1			
SIZE	0.209	-0.275*	-0.185	0.378**	0.172*	0.156*	1		
Growth	0.228	0.302	-0.065*	0.284	0.068**	0.142	0.308	1	
ILEV	-0.165*	-0.235*	0.286***	-0.209	-0.135*	-0.168*	-0.176*	-0.021*	1

注:*、**、***分别表示在10%、5%、1%上显著。

6.5.3　成渝地区双城经济圈跨区经营与僵尸企业去杠杆：基准检验

表6.3报告了城商行跨区经营对僵尸企业资本结构调整速度的检验结果。列（1）汇报了基于全样本的检验结果，不难发现，交互项（CROSS×DEV）的回归系数为0.268，且在1%的水平上显著，表明城商行跨区经营有助于加快僵尸企业资本结构调整速度。这可能是因为城商行跨区经营有助于实现区域金融扩张，削弱了地方政府的非市场化干预，促使其信贷配置更多是以市场为导向，激励城商行优化自身资产，同时削弱了城商行向僵尸企业"输血"的动机，进而倒逼僵尸企业降杠杆（吴永钢和蒋铭磊，2021）。

为了进一步明确资本结构调整方向，列（2）、列（3）报告了不同负债水平的检验结果。结果显示，交互项（CROSS×DEV）的回归系数在向下调整的子样本组和向上调整的子样本组中均为正，但仅在向下调整的子样本组中显著。可见，城商行跨区经营对僵尸企业降杠杆具有显著的促进作用，而对僵尸企业加杠杆则无显著影响。因此，研究假设H6.1通检验。

表6.3　城市商业银行跨区经营对僵尸企业资本结构调整速度的检验结果

变量	（1）	（2）	（3）
	全样本	向下调整	向上调整
CROSS×DEV	0.268 *** （12.62）	0.176 *** （8.52）	0.102 （1.42）
CROSS	0.084 ** （2.09）	0.079 ** （2.32）	0.062 （1.56）
DEV	0.603 *** （32.28）	0.579 *** （21.85）	0.487 ** （2.05）
常数项	0.177 *** （16.75）	0.132 *** （22.65）	0.152 *** （21.79）
行业效应	控制	控制	控制
年度效应	控制	控制	控制
地区效应	控制	控制	控制
N	16 268	13 308	2 960
R^2	0.252	0.249	0.245

注：*、**、*** 分别表示在10%、5%、1%上显著；括号内是T值；稳健标准误经公司和年度聚类调整。

6.5.4　稳健性检验

（1）内生性问题处理

借鉴张杰等（2017）、Hou 等（2018）的研究思路，采用地级市所处的同一省份内 GDP 规模最为接近的三个其他地级市地区当年的城商行跨区经营程度的加权平均值（ICROSS）作为工具变量。事实上，对于省内经济发展水平接近的城市，不同城商行的分支机构网点布局通常具有相似的选址动机，换言之，若其他地区城商行分支机构网点布局过多，则与该地区 GDP 规模相近的城市也会成为城商行的优先选择，即城市商业银行跨区经营（CROSS）与工具变量（ICROSS）具有一定的相关性；另外，地方政府和城商行的支持在一定程度上诱使了僵尸企业的形成与存续，这意味着 GDP 规模相近城市的城商行跨区经营程度及其信贷配置并不会直接影响本地区僵尸企业的资本结构变动，因此工具变量（ICROSS）满足外生性条件。

表 6.4 报告了基于工具变量法的内生性处理结果。结果显示，处理内生性问题后，城商行跨区经营依然会显著加快僵尸企业资本结构调整速度，尤其是降杠杆的幅度，说明研究结论是稳健的。

表 6.4　内生性的处理：工具变量法

变量	（1）	（2）	（3）	（4）	（5）	（6）
	全样本		向下调整		向上调整	
	第一阶段	第二阶段	第一阶段	第二阶段	第一阶段	第二阶段
	CROSS	Y	CROSS	Y	CROSS	Y
ICROSS	0.082 ***		0.125 ***		0.158 ***	
	(4.89)		(3.84)		(5.38)	
"弱工具" 变量检验：Shea's partial $R^2 = 0.425$；F $= 288.86$；p $= 0.0001$						
CROSS×DEV		0.257 ***		0.158 ***		0.097
		(9.28)		(12.82)		(1.32)
CROSS		0.107 **		0.096 *		0.076 *
		(2.02)		(1.81)		(1.93)

表6.4(续)

变量	(1)	(2)	(3)	(4)	(5)	(6)
	全样本		向下调整		向上调整	
	第一阶段	第二阶段	第一阶段	第二阶段	第一阶段	第二阶段
	CROSS	Y	CROSS	Y	CROSS	Y
DEV		0.533***		0.548***		0.495***
		(14.55)		(12.88)		(18.35)
年度、行业及地区效应已控制，限于篇幅，此处省略						
常数项	0.582***	0.536**	0.426***	0.382***	0.492***	0.396***
	(12.68)	(14.08)	(11.45)	(21.84)	(15.64)	(12.85)
N	16 268	16 268	13 308	13 308	2 960	2 960
R²	0.318	0.246	0.326	0.248	0.328	0.252
过度识别检验						
Hansen J 值	—	0.547	—	0.386	—	0.364
P 值	—	0.348	—	0.342	—	0.325

注：*、**、***分别表示在10%、5%、1%上显著；括号内是T值。

（2）其他稳健性检验

为了增强研究结论的稳健性，本书还做了如下稳健性检验。

①替换僵尸企业的识别方法，采用营业利润识别僵尸企业，重新回归原有模型，结果如表6.5中的Panel A部分所示。

②引入其他特征变量，控制其对资本结构调整的影响。前文只考虑了偏离目标资本结构的程度，未充分考虑控制其他影响因素，为此引入其他控制变量，主要包括企业、行业以及地区层面三类控制变量，如前文所述，不再赘述，重新回归原有模型，结果如表6.5中的Panel B部分所示。

③剔除机械调整的影响。仅有主动调整才能反映出僵尸企业的资本结构决策，为此进一步将资本结构动态调整模式区分为主动调整和机械调整。剔除机械调整后，重新回归原有模型，结果如表6.5中的Panel C部分所示。

表6.5的检验结果显示，研究结果并未发生实质性改变，表明研究结论是稳健的。

表 6.5　其他稳健性检验结果

变量	（1）	（2）	（3）
	全样本	向下调整	向上调整
Panel A：替换僵尸企业的识别方法			
CROSS×DEV	0.215*** (8.42)	0.145*** (6.32)	0.092 (1.38)
CROSS	0.065** (2.12)	0.072** (2.35)	0.053 (1.45)
DEV	0.562*** (22.56)	0.532*** (11.42)	0.425* (1.85)
常数项	0.145*** (6.05)	0.103*** (7.52)	0.092*** (9.92)
R^2	0.248	0.247	0.246
Panel B：引入其他特征变量			
CROSS×DEV	0.198** (2.32)	0.164** (2.42)	0.112 (1.54)
CROSS	0.056** (2.15)	0.064** (2.08)	0.053 (1.36)
DEV	0.463*** (7.56)	0.428*** (6.52)	0.407** (2.26)
常数项	0.124*** (5.72)	0.115*** (9.45)	0.105*** (7.59)
R^2	0.255	0.252	0.254
Panel C：剔除机械调整的影响			
CROSS×DEV	0.184*** (6.02)	0.172** (2.42)	0.125 (1.49)
CROSS	0.048** (2.25)	0.052* (1.92)	0.058 (1.42)
DEV	0.453*** (5.98)	0.447*** (8.45)	0.425** (2.32)
常数项	0.135*** (6.56)	0.128*** (7.55)	0.125*** (6.95)
R^2	0.253	0.251	0.247

　　注：*、**、***分别表示在10%、5%、1%上显著；括号内是 T 值；年度、行业及地区效应及其余控制变量已控制，限于篇幅，此处省略。

6.5.5 拓展性分析：基于货币政策和产权性质视角

（1）货币政策的影响

前文实证结果表明，城商行跨区经营显著加快了僵尸企业资本结构调整速度，尤其是降杠杆的幅度。显然，城商行的信贷决策不可避免地会受到货币政策的影响（庄毓敏和张祎，2022；曹源芳和殷一笑，2022），而且城商行跨区经营会加剧银行业竞争，在一定程度上会对僵尸企业资本结构调整速度产生差异化影响。鉴于此，本书将从货币政策层面，进一步探讨其对城商行跨区经营与僵尸企业资本结构调整速度之间关系的影响。

表 6.6 报告基于货币政策层面的拓展性分析检验结果。借鉴 Liu 和 Liu（2018）、陈敏和张莹（2022）、逯东和江沐子（2021）的做法，本书将 2007 年、2010 年、2014 年以及 2016 年界定为货币政策紧缩期，其余样本期间界定为货币政策宽松期。列（1）、列（2）的结果显示，交互项（CROSS×DEV）的回归系数均为正，但仅在货币政策宽松期的子样本组中统计上显著。同时，列（3）、列（4）的结果显示，对于向下调整的僵尸企业而言，交互项（CROSS×DEV）的回归系数也仅在货币政策宽松期的子样本组中显著为正。此外，列（5）、列（6）的结果显示，对于向上调整的僵尸企业而言，无论是货币政策宽松期还是货币政策紧缩期，交互项（CROSS×DEV）的回归系数均不显著。上述结果表明，城商行跨区经营对僵尸企业降杠杆的促进作用在货币政策宽松期更显著。这可能是因为，宽松的货币政策极易刺激僵尸企业采取激进的加杠杆行为（Li 等，2018；肖虹 等，2022）；同时，城商行跨区经营加剧银行业竞争，因而城商行跨区经营在银根宽松时对僵尸企业降杠杆的促进作用更明显。

综上，货币政策宽松期，城商行跨区经营对僵尸企业降杠杆的促进效果更明显。

表 6.6　拓展性分析的检验结果：货币政策的影响

变量	（1）	（2）	（3）	（4）	（5）	（6）
	全样本		向下调整		向上调整	
	宽松期	紧缩期	宽松期	紧缩期	宽松期	紧缩期
CROSS×DEV	0.245 ***	0.212	0.165 ***	0.146	0.128	0.092
	(8.52)	(1.42)	(6.42)	(1.55)	(1.49)	(1.32)

表6.6(续)

变量	（1）	（2）	（3）	（4）	（5）	（6）
	全样本		向下调整		向上调整	
	宽松期	紧缩期	宽松期	紧缩期	宽松期	紧缩期
CROSS	0.072*	0.048*	0.064***	0.056*	0.068*	0.056
	（1.79）	（1.82）	（4.52）	（1.82）	（1.76）	（1.54）
DEV	0.582**	0.575**	0.558**	0.562**	0.479*	0.468*
	（2.08）	（2.12）	（2.35）	（2.25）	（1.85）	（1.72）
常数项	0.157***	0.167***	0.142***	0.138***	0.142***	0.158***
	（4.72）	（6.55）	（7.62）	（2.95）	（11.52）	（7.76）
行业、年度以及地区效应均已控制						
N	9 334	6 934	7 554	5 754	1 780	1 180
R^2	0.245	0.242	0.236	0.232	0.238	0.235

注：*、**、*** 分别表示在10%、5%、1%上显著；括号内是 T 值；稳健标准误经公司和年度聚类调整。

（2）产权性质的影响

承前所述，城商行跨区经营显著加快了僵尸企业降杠杆的幅度。鉴于此，本书将从产权性质层面，进一步探讨其对城商行跨区经营与僵尸企业资本结构调整速度之间关系的影响。

表6.7报告基于产权性质层面的拓展性分析检验结果。遵循研究惯例，根据最终控制人性质，本书将全样本划分为国企和非国企两个子样本。列（1）、列（2）的结果显示，交互项（CROSS×DEV）的回归系数均为正，但仅在非国企子样本组中显著。这一现象可以在列（3）、列（4）中报告的结果观察到，但在列（5）、列（6）中报告的结果未能发现。以上结果表明，城商行跨区经营对非国有僵尸企业降杠杆的促进作用更显著。究其原因，非国有僵尸企业通常会面临"所有权歧视"和"预算软约束"等问题，且过度负债会加剧其破产风险，这意味着非国有僵尸企业优化资本结构的动机更强烈。

综上，城商行跨区经营对非国有僵尸企业降杠杆的速度更快。

表 6.7　拓展性分析的检验结果：货币政策的影响

变量	（1）	（2）	（3）	（4）	（5）	（6）
	全样本		向下调整		向上调整	
	国企	非国企	国企	非国企	国企	非国企
CROSS×DEV	0.225	0.242***	0.165	0.172***	0.125	0.122
	(1.63)	(8.82)	(1.42)	(6.82)	(1.55)	(1.32)
CROSS	0.092*	0.058*	0.109*	0.076*	0.058	0.065*
	(1.89)	(1.75)	(1.82)	(1.72)	(1.36)	(1.76)
DEV	0.583***	0.575***	0.556***	0.494***	0.467*	0.477**
	(13.58)	(8.06)	(6.45)	(5.82)	(1.85)	(2.18)
常数项	0.135***	0.126***	0.136***	0.132***	0.156***	0.158***
	(5.65)	(6.55)	(8.25)	(5.85)	(8.75)	(8.69)
行业、年度以及地区效应均已控制						
N	9 442	6 826	7 782	5 526	1 660	1 300
R^2	0.228	0.227	0.224	0.226	0.234	0.232

注：*、**、*** 分别表示在10%、5%、1%上显著；括号内是 T 值；稳健标准误经公司和年度聚类调整。

（3）成渝地区双城经济圈建设的影响

推动成渝地区双城经济圈建设的重大决策部署标志着川渝两地进一步加强战略对接、政策衔接，形成了统一谋划、一体部署、相互协作、共同实施的政策协同机制。为此，本书进一步比较分析了成渝地区双城经济圈建设对城商行跨区经营与僵尸企业去杠杆之间关系的影响。本书参考成渝地区双城经济圈的规划范围，并依据城商行是否在成渝地区跨区经营，将全样本划分为成渝地区双城经济圈子样本组和非成渝地区双城经济圈子样本组。然后，根据两个子样本组，分别重新回归，具体检验结果如表6.8所示。

表6.8报告了成渝地区双城经济圈建设的影响结果。列（1）、列（2）的结果显示，交互项（CROSS×DEV）的回归系数均为正，但在成渝地区双城经济圈子样本组中更显著。这一现象可以在列（3）、列（4）中报告的结果观察到，但在列（5）、列（6）中报告的结果未能发现。以上结果表明，城商行跨区经营对成渝地区双城经济圈僵尸企业降杠杆的促进作用更显著。

综上，城商行跨区经营对僵尸企业降杠杆的促进效果在成渝地区双城经济圈样本组中更显著。

表 6.8 拓展性分析的检验结果：成渝地区双城经济圈建设的影响

变量	(1)	(2)	(3)	(4)	(5)	(6)
	全样本		向下调整		向上调整	
	双圈	非双圈	双圈	非双圈	双圈	非双圈
CROSS×DEV	0.225 **	0.242 *	0.175 **	0.131	0.095	0.113
	(2.03)	(1.81)	(2.02)	(1.52)	(1.22)	(1.45)
CROSS	0.103 *	0.068 **	0.089 *	0.071 **	0.049	0.055 *
	(1.76)	(2.05)	(1.71)	(2.02)	(1.46)	(1.82)
DEV	0.353 **	0.295 *	0.152 **	0.143 *	0.268 *	0.275 *
	(2.28)	(1.76)	(2.05)	(1.72)	(1.75)	(1.78)
常数项	0.152 ***	0.122 ***	0.126 ***	0.122 **	0.116 ***	0.138 ***
	(4.75)	(7.25)	(9.05)	(2.35)	(7.35)	(9.29)
行业、年度以及地区效应均已控制						
N	4 692	11 576	2 882	10 426	1 810	1 150
R^2	0.223	0.224	0.226	0.227	0.232	0.233

注：*、**、*** 分别表示在 10%、5%、1% 上显著；括号内是 T 值；稳健标准误经公司和年度聚类调整；"双圈"是指成渝地区双城经济圈，而"非双圈"是指非成渝地区双城经济圈。

6.6 本章小结

有效处置僵尸企业是破除无效供给、解决金融错配问题的关键抓手，也是赋能经济高质量发展的内在驱动力。这也引起了学术界和实务界的高度重视。现有文献已对僵尸企业的识别方法、诱因及其影响开展了积极的探讨。尤其是在僵尸企业的诱因方面，国内外学者聚焦于政府补贴、银行信贷优惠以及政企合谋等视角展开了深入研究，但很多学者忽略了城商行跨区经营与僵尸企业之间的内在联系，尤其是缺乏僵尸企业去杠杆这一视角。鉴于此，本书利用 2007—2020 年中国沪深 A 股上市公司的微观数据，并结合手工收集的城商行跨区经营分支机构数据，实证分析了城商行跨区经营对僵尸企业资本结构调整速度的影响。研究发现，城商行跨区经营有助于加快僵尸企业资本结构调整速度，尤其是降杠杆速度更显著。进一步的研究发现，货币政策宽松期，城商行跨区经营对僵尸企业降杠杆的促进效果更明显；城商行跨区经营对非国有僵尸企业降杠杆的速度更快；城商行跨区经营对僵尸企业降杠杆的促进效果在成渝地区双城经济圈样本组中更显著。此外，以上结论在充分考虑内生性问题后，仍然成立。

本书研究结论的政策启示主要体现在以下三个方面：

第一，城商行需要兼顾自身发展定位，积极融入金融业市场化竞争。换言之，城商行依托其跨区域经营战略，实现区域金融扩张，扭转信贷资源的非市场化干预，将信贷资源高效地分配到经济发展中的关键领域和薄弱环节，以更好地满足实体经济对金融服务的多样化需求，这样就能拓展城商行发挥自身优势的业务空间，实现错位竞争。

第二，加大僵尸企业去杠杆力度是供给侧结构性改革的重要环节。大量僵尸企业的存在会挤占有限的金融资源，降低信贷资源配置效率，甚至阻碍经济高质量发展。为此，地方政府亟需减少对城商行信贷配置的干预，坚定去产能的决心，同时统筹兼顾处置僵尸企业和"去杠杆"过程中可能会引发的失业等问题对地方经济社会发展带来的不利冲击。

第三，营造良好的金融环境，充分发挥城商行对僵尸企业"去杠杆"的治理效应；积极打造良好的金融环境，构建公平、开放的金融市场竞争格局，增强城商行的自主经营权，大幅缩减僵尸企业的优惠信贷规模，增加其融资成本，督促僵尸企业及时转型改革，甚至退出市场。

7 成渝地区双城经济圈城商行跨区经营的风险与盈利研究

本章重点分析城商行跨区经营对其风险承担和盈利能力的影响效应及其作用机制。第一，基于资源依赖和委托代理等理论视角，系统分析城商行跨区经营对风险承担与盈利能力的影响机理。在此基础上，进一步提出相关研究假设。第二，根据研究假设进行研究设计，构建动态面板模型，依据 2006—2020 年 95 家城商行的面板数据，并结合手工收集的城商行跨区经营分支机构数据，实证分析了城商行跨区经营对其风险承担和盈利能力的影响。第三，基于关联贷款渠道，考察跨区经营对城商行风险承担和盈利能力的传导机制。第四，基于行业竞争和异地网点结构差异以及成渝地区双城经济圈建设视角，对城商行跨区经营与其风险承担、盈利能力的影响关系进行拓展性分析。第五，为增强研究结果的稳健性，采用工具变量等方法进行内生性问题处理。

7.1 问题提出

城商行发轫于城市信用社，特殊的历史背景决定了其"服务地方经济、服务城市居民和服务中小企业"的职能定位。近年来，城商行发展迅速，已成为中国金融体系中不容小觑的核心主体。需要注意的是，城商行资产规模增速十余年来均超过了银行业平均水平，发展势头极为强劲。如北京银行是首家资产破万亿元的城商行，紧随其后，上海银行和江苏银行也相继实现资产破万亿元目标，一跃成为城商行中的佼佼者。然而，随着银行业竞争日益激烈，城商行的发展也开始面临瓶颈。尤其是，全国性国有银行和股份制银行快速扩张，数字金融突飞猛进，这些金融领域的"新气象"极大地压缩了城商行的生存空间。因此,"走出去"是城商行实现健康、稳定发展的现实选择,一大批城商行相继将跨区经营纳入自身发展的战略规划。

城商行跨区经营并非完全出于自身意愿,须具备完善的公司治理结构、健全的管理信息系统、有效的风险管理及内部控制制度等条件。2006年,银监会颁布法规《城市商业银行异地分支机构管理办法》,明确了新设异地分行的具体审核条件及其准入门槛,自此一大批城商行纷纷"圈地设点"。自2007年以来,"中小微"企业"融资难、融资贵"问题日益突出。为了有效、及时解决这些问题,2007年和2009年银监会相继出台了《关于中小商业银行分支机构市场准入政策的调整规定(试行)》等一系列相关支持性政策,放松了对城商行扩张的资金规模、分支机构数量等方面的管制,并简化了审批流程,进一步加速了城商行的跨区扩张进程。然而,在城商行快速跨区扩张过程中,各地也暴露出监管不力、高管腐败等严重问题。为此,从2011年起,银监会放缓了城商行跨区扩张的审批进程,而在两年后,即2013年才重启异地设立分行的相关工作,但仅限于省内扩张,反映了监管部门的审慎态度。因此,梳理上述相关政策,不难发现,盈利能力和风险承担是城商行跨区经营不可忽视的两大关键因素(郑宗杰和任碧云,2022;黄勃 等,2022)。

理论上,城商行跨区经营后,能够突破区域限制,增加市场份额,实现规模扩张,拥有更大的吸收存款、发放贷款的选择权与话语权,经营更稳健,自然其盈利能力更强,风险承担水平也更低(李璐和范建亭,2022;邓伟 等,2022)。与此同时,城商行实现跨区经营后,必然要面临新的经济环境与市场环境,导致异地分支机构的业务拓展与运作相对较难,并加剧了总行与异地分支机构之间的代理冲突,促使代理风险在城商行内部累积,造成风险承担水平上升,甚至有损经营业绩,弱化其盈利能力(Jiang 等,2018;郑志刚 等,2022)。可见,跨区经营究竟对城商行盈利能力和风险承担产生何种影响还不确定。显然,这是一个值得探究的实证问题。

针对上述问题,本书基于资源依赖和委托代理等理论,利用2006—2020年95家城商行的面板数据,并结合手工收集的城商行跨区经营分支机构数据,实证分析了城商行跨区经营对其风险承担和盈利能力的影响效应及其作用机制。研究发现:城商行跨区经营对其风险承担水平具有显著的抑制作用，且这一抑制作用在非国有城商行中更显著；城商行跨区经营对其盈利能力具有显著的促进作用，且这一促进作用在非国有城商行中更显著。在此基础上，本书进一步基于关联贷款渠道，考察跨区经营对城商行风险承担和盈利能力的传导机制，发现减少关联贷款是城商行跨区经营降低风险承担和增强盈利能力的中间传导机制。此外，本书从行业竞争、异地网点结构差异以及成渝地区双城经济圈建设的视角，对城商行跨区经营与其风险承担、盈利能力的影响关系进行了拓展性分析。研究发现，在行业竞争较低的地区实施跨区经营对城商行风险承担的抑制作用和盈利能力的促进作用更显著；在非省会城市实施跨区经营对城商行风险承担的抑制作用和盈利能力的促进作用更显著；跨区经营对城商行风险承担的抑制效应和盈利能力的激励效应在成渝地区双城经济圈内更显著。上述研究结论经一系列稳健性检验后，仍然成立。

本章研究结论可能的贡献主要体现在以下三个方面：第一，丰富了城商行跨区经营领域的文献。不同于已有文献聚焦于考察城商行经营效率、风险关联以及代理问题的影响（Yao 和 Wu，2018；彭妙薇 等，2022；周晔和王亚梅，2022；谢贤君和王晓芳，2022），本书从盈利能力和风险承担双重视角，系统考察城商行跨区经营的微观效应。研究发现，城商行跨区经营对其风险承担水平具有显著的抑制作用，对盈利能力具有显著的促进作用，且这一现象在非国有城商行中更显著。这一发现为合理评估城商行跨区经营战略的实施效果提供了新的思路。第二，揭示了城商行跨区经营作用于风险承担和盈利能力的传导机制。本书发现减少关联贷款是城商行跨区经营降低风险承担和增强盈利能力的中间传导机制。这为加深对城商行跨区经营微观效应的理论认知提供了新的视角。第三，将城商行跨区经营的研究范畴拓展到了行业竞争和网点结构层面。不同于已有文献，本书基于行业竞争和异地网点结构差异视角，拓展性分析了二者对城商行跨区经营对其风险承担、盈利能力的影响，发现在行业竞争较低的地区、非省会城市实施跨区经营对城商行风险承担水平的抑制作用和盈利能力的促进作用更显著。上述结论有助于细化城商行在实际公司治理中的经营管理活动，也为引导城商行的跨区经营指明了发展方向。

7.2　理论分析与研究假设

7.2.1　成渝地区双城经济圈城商行跨区经营与风险承担水平

跨区经营会加剧城商行的代理风险从而提高其风险承担水平。城商行实现跨区经营后，异地分支机构不可避免地会面临新的经济环境与市场环境，这就决定了异地分支机构的业务拓展与经营相对较难（Brickley 等，2003；Shang 等，2018；杜莉和刘铮，2022）。与此同时，城商行跨区经营会产生管理结构复杂化问题，在一定程度上会刺激异地分支机构的工作人员攫取私利的动机，加剧了总行与异地分支机构之间的代理冲突，进而导致代理风险在城商行内部累积（Ren 等，2018；郭晔和马玥，2022）。此外，跨区经营扩大了总行与异地分支机构之间的空间距离，增加了城商行的监督成本，尤其是加大了城商行对新拓市场贷款的审核难度，造成贷款风险上升（Berger 等，2005；李小林 等，2022）。因此，基于上述理论分析，本书提出以下研究假设。

H7.1a：城商行跨区经营会提升其风险承担水平。

当然，跨区经营有助于城商行接触更多的潜在客户资源，从而有效降低了城商行所面临的地域风险。从资产组合层面上看，城商行跨区经营实现了由单一市场经营向多市场经营的转变，有助于其分散化配置资产，依托多元化经营来降低单一市场引致的风险（刘孟飞和王琦，2022；孟维福等，2022）。从规模经济层面上看，城商行跨区经营后，其资产规模迅速得到扩张。城商行的大规模扩张和多元化经营战略使其具有成本优势，如资本金成本优势以及标准化产品的经营成本优势等（郭丽虹和汪制邦，2021；金成晓和李傲，2021）。因此，从这个层面上看，城商行跨区经营后，其经营更稳健，自然风险承担水平也更低。此外，从政府隐性担保层面上看，城商行跨区扩张后，较大的资产规模使其更易获取政府隐性担保，尤其是发生危机后更易获取政府扶持与央行救助。因此，基于上述理论分析，本书提出以下假设。

H7.1b：城商行跨区经营会降低其风险承担水平。

7.2.2 成渝地区双城经济圈城商行跨区经营与盈利能力

城商行作为地方性商业银行，经营范围通常布局于注册地及其周边，一定程度上决定了其业务活动高度依赖当地企业（宋常和李晓楠，2021）。然而，集中化的发展模式导致城商行的客户资源相对有限，甚至可能束缚其进一步发展。

而跨区经营有助于城商行突破区域限制，增加市场份额，实现规模扩张（蔡卫星，2016；铁瑛和何欢浪，2020）。具体而言，城商行跨区经营有助于实现区域金融扩张，削弱了地方政府的非市场化干预，城商行为了甄别优质项目，便会增强监管力度和客户筛选能力（Bertrand 等，2007；李志生 等，2020），以吸引优质客户、抢占市场份额（张敏 等，2012）。可见，城商行跨区经营后，其资产规模得到扩张，并拥有更大的吸收存款、发放贷款的选择权与话语权，自然资产质量也会得到相应的改善，从而促进城商行增强盈利能力。

此外，资产规模是影响高管薪酬的重要因素（陈学彬，2005；许坤 等，2021）。而跨区经营会促使城商行资产规模扩大，高管薪酬也相应地增加，此时管理层与大股东的合谋动机会弱化，大股东的"掏空"行为也会得到一定程度的遏制，进而缓解了大股东"掏空"行为对经营业绩的侵蚀（John 和 Qian，2003；陈旭东 等，2021）。因此，基于上述理论分析，提出以下研究假设。

H7.2a：城商行跨区经营有助于增强盈利能力。

然而，城商行因自身的成长路径的限制，通常在本地可以树立良好的企业形象和知名度，甚至是本地客户值得信赖的品牌合作伙伴。换言之，城商行具有明显的地方品牌优势。但城商行因自身的业务实力和资金实力偏弱，跨区经营后，短时间内难以争夺潜在客户资源，甚至对自身盈利能力产生负面冲击。因此，从这个层面上看，城商行跨区经营可能有损于经营业绩。据此，本书提出以下假设。

H7.2b：城商行跨区经营不利于增强盈利能力。

7.3　研究设计

7.3.1　数据来源与样本选取

考虑到城商行于 2006 年开始实施跨区域经营战略以及模型设定中涉及超前项，因此本书将研究区间设定为 2006—2020 年，并以 95 家城商行为研究对象。在此基础上，本书进行如下筛选：①剔除数据缺失的样本；②剔除连续观测期不足 6 年的城商行，旨在有效观测城商行跨区经营后风险承担水平的变化趋势。经上述筛选后，得到 1 286 个有效观测值。

城商行的相关财务数据主要来自中国研究数据服务平台（CNRDS）和 WIND 数据库。另外，本书根据银监会公布的金融机构许可证查询信息，手工收集、整理城商行的分支机构信息，并据此统计各地区城商行分支机构数量等数据，从而度量城商行跨区经营指标。此外，地区经济数据是利用 EPS 全球统计数据库与城市统计年鉴分类整理所得；城商行关联贷款数据以及部分缺失数据，借助年报手工收集。为了尽可能地规避离群值对回归结果造成的影响，本书对所有连续变量均进行了上下 1% 分位上的缩尾处理。

7.3.2　研究变量

（1）城商行跨区经营

借鉴张敏等（2018）的研究思路，本书采用城商行省内异地分支机构数量加 1 的自然对数来衡量城市商业银行跨区经营程度（CROSS）。

（2）风险承担水平

借鉴汪莉等（2016）的研究，采用 Z 值作为城商行风险承担水平（RISK）的代理变量。其中，Z 值的具体计算方法如下式：

$$Z = \frac{\text{ROA} + \text{CPA}}{\sigma(\text{ROA})} \tag{7.1}$$

式（7.1）中，ROA 表示城商行的资产收益率，CAP 表示城商行的资本充足率；σ(ROA) 表示资产收益率的标准差，且以 3 年为区间滚动计算。由式（7.1）可知，Z 值越大，表明该城商行破产风险越小，被清算的可能性越低；此外，仅当 Z 值是正数时，其才能表征城市商业银行的风险特征，故将 Z 值小于 0 的样本予以剔除。

（3）盈利能力

借鉴蔡宏波等（2020）、王海等（2021）的研究，本书采用城商行的资产收益率（ROA）度量其盈利能力。盈利能力指标采用资产收益率（ROA），而不是净资产收益率（ROE），其原因在于后者更易受到城商行资本结构的影响，会对本书研究结论产生一定的干扰。

（4）控制变量

参照徐明东和陈学彬（2012）、王海等（2021）的研究思路，本书选取以下关键变量作为控制变量：城商行资产规模（SIZE）、独立董事占比（DIRC）、城商行成立年限（AGE）、是否上市（LIST）、成长性（GRO）、资本充足率（CAP）、房地产价格增长率（HOUR）、地区经济发展水平（LGDP）。此外，本书还引入了行业、年度以及地区虚拟变量，旨在控制可能存在的行业、年度以及地区效应。以上变量的具体定义详见表 7.1，此处不再赘述。

7.4 模型设定

为了检验城商行跨区经营对其风险承担的影响，本书借鉴 Laeven 和 Levine（2009）、Houston 等（2010）的研究方法，构建动态面板模型，如式（7.2）所示：

$$\text{RISK}_{i,\,t+1} = \beta_0 + \beta_1 \text{RISK}_{it} + \beta_2 \text{CROSS}_{it} + \beta_3 \text{SIZE}_{it} + \beta_4 \text{DIRC}_{it} + \beta_5 \text{AGE}_{it}$$
$$+ \beta_6 \text{LIST}_{it} + \beta_7 \text{CRO}_{it} + \beta_8 \text{CAP}_{it} + \beta_9 \text{HOUR}_{it} + \beta_{10} \text{LGDP}_{it} + \varepsilon_{it} \quad (7.2)$$

式（7.2）中，被解释变量 RISK 表示城商行风险承担水平；解释变量 CROSS 表示城商行跨区经营程度，重点关注回归系数 β_2 的符号；其余控制变量的定义如前文所述，不再赘述；i 表示城商行，t 表示年份；ε_{it} 表示随机扰动项。

然后，检验城商行跨区经营对其盈利能力的影响，构建面板回归模型，如式（7.3）所示：

$$\text{ROA}_{it} = \beta_0 + \beta_1 \text{CROSS}_{it} + \beta_2 \text{SIZE}_{it} + \beta_3 \text{DIRC}_{it} + \beta_4 \text{AGE}_{it} + \beta_5 \text{LIST}_{it}$$
$$+ \beta_6 \text{GRO}_{it} + \beta_7 \text{CAP}_{it} + \beta_8 \text{HOUR}_{it} + \beta_9 \text{LGDP}_{it} + \varepsilon_{it} \quad (7.3)$$

式（7.3）中，被解释变量 ROA 表示城商行盈利能力；解释变量 CROSS 表示城商行跨区经营程度，重点关注回归系数 β_1 的符号；i 表示城商行，t 表示年份；ε_{it} 表示随机扰动项。此外，以上变量的具体定义详见表 7.1。

表 7.1　主要变量的描述性统计结果与定义

变量	N	均值	标准差	最大值	最小值	变量定义
CROSS	1 286	1.258	1.225	4.586	0.000	城商行省内异地分支机构数加 1 的自然对数
RISK	1 286	4.825	1.028	8.128	0.572	风险承担，Z 值的自然对数
ROA	1 286	0.032	0.458	0.125	0.002	盈利能力，资产收益率
SIZE	1 286	26.012	1.178	27.824	21.252	城商行规模，年末资产总额取对数
DIRC	1 286	0.234	0.182	0.446	0.000	独立董事占比
AGE	1 286	2.685	0.684	3.612	1.227	从城商行成立之日起至各年末，并取对数
LIST	1 286	0.173	0.282	1.000	0.000	若上市，则取值为 1，否则取 0
GRO	1 286	0.284	0.276	3.926	-0.326	本年营业收入增加额/上年末营业收入总额
CAP	1 286	0.132	0.058	0.482	0.038	资本充足率
HOUR	1 286	0.085	0.065	0.535	-0.085	房地产价格增长率
LGDP	1 286	0.105	0.018	0.175	0.013	地区实际人均 GDP 增长率

7.5　实证结果及分析

7.5.1　描述性统计分析

表 7.1 报告了主要变量的描述性统计结果。城商行跨区经营程度（CROSS）的均值为 1.258，其标准差为 1.225，说明有部分城商行实施了跨区扩张战略，而且其跨区扩张战略波动较为明显；与此同时，城商行跨区经营程度（CROSS）最小值为 0，意味着还有一些城商行并未实施跨区扩张战略，其经营活动范围依然聚焦于注册地。风险承担水平（RISK）的均值为 4.825，最大值为 8.128，而最小值仅有 0.572，可见各城商行的风

险承担水平存在较大差异。城商行盈利能力（*ROA*）的均值为 3.2%，其标准差为 0.458，表明各城商行彼此之间的盈利能力整体差别并不大。不难发现，其余变量的统计结果与 Houston 等（2010）、徐明东和陈学彬（2012）、王海等（2021）的观点基本保持一致，说明本书样本选取具有一定的代表性。

7.5.2 相关性分析

表 7.2 报告了皮尔逊相关性分析结果。不难发现，城商行跨区经营（CROSS）与风险承担水平（RISK）之间的相关性系数为 -0.108，且在 10% 的水平上显著，表明城商行跨区经营可能会降低城市商业银行的风险承担水平。与此同时，城商行跨区经营（CROSS）与城商行盈利能力（ROA）之间的相关性系为 0.009，且在 5% 的水平上显著，说明城商行跨区经营可能会增强城商行的盈利能力。

上述结果初步表明，跨区经营可能会增强城商行风险承担能力和盈利能力，即研究假设 H7.1b 和 H7.2a 初步通过检验。

表 7.2 皮尔逊相关性分析结果

变量	1	2	3	4	5	6	7	8	9	10
1. CROSS	1									
2. RISK	-0.108*	1								
3. ROA	0.009**	0.128**	1							
4. SIZE	0.012**	0.002	0.178*	1						
5. DIRC	0.003	0.014	0.065*	0.254**	1					
6. AGE	0.022*	0.032*	0.042*	0.095*	0.236*	1				
7. LIST	0.003*	0.254	0.185	0.268*	0.152*	0.056**	1			
8. GRO	0.028*	0.302**	0.265*	0.174*	0.058**	0.232*	0.008*	1		
9. CAP	0.065*	0.035*	0.186**	0.205	0.145*	0.128*	0.175*	0.024*	1	
10. LGDP	0.025*	0.085	0.018*	0.256*	0.051*	0.008	0.065**	0.038*	0.017*	1

注：*、**、*** 分别表示在 10%、5%、1% 上显著。

7.5.3 成渝地区双城经济圈城商行跨区经营与风险承担水平

表 7.3 报告了城商行跨区经营影响风险承担水平的检验结果。列（1）的结果显示，城商行跨区经营（CROSS）的回归系数为 -0.128，且在 1%

的水平上显著。这表明，城商行跨区经营可以降低其风险承担水平。

这其中的原因可能在于：现阶段，城商行的比较优势在于熟悉本地经济环境以及风俗习性，同时跨区经营后，将其业务扩展到新市场，可以快速实现资产规模扩张和多元化经营，而规模扩张和多元化经营有助于实现规模经济，分散风险，进而降低城商行的风险承担水平。由此可见，跨区经营会显著提升城商行的风险承担水平。因此，研究假设 H7.1b 通过检验。

特殊的历史原因造成城商行的股权集中于当地政府与国有企业，而合理的股权结构有助于改善城商行的公司治理结构，合理权衡各经济主体之间的利益诉求（马灿坤 等，2021；周亚拿 等，2022）。为此，本书进一步考察了产权性质对城商行跨区经营与风险承担之间关系的影响。具体而言，本书将全样本划分为国有城商行和非国有城商行①两个子样本，然后分别对两个子样本进行相应的实证检验。

列（2）、列（3）的结果显示，城商行跨区经营（CROSS）的回归系数在国有样本组和非国有样本组中均为正，分别为 0.086、0.135，且前者在 10% 的水平上显著，后者在 1% 的水平上显著。与此同时，组间系数差异 Chow 检验的结果表明，经验 P 值为 0.019，且在 5% 的水平上显著。由此可见，跨区经营对风险承担的抑制作用在不同所有制城商行中存在显著差异，即跨区经营对非国有城商行风险承担的抑制作用更显著。事实上，相较于非国有城商行，国有城商行除了追求利润外，还承担维持金融稳定、执行国家产业政策等使命（陈卫东 等，2021；陆文香 等，2021）。这就意味着，国有城商行通常会受到更多的监管约束，自然其风险承担水平也相对较低。

综上，城商行跨区经营对其风险承担水平具有显著的抑制作用，且这一促进作用在非国有城商行中更显著。

---

① 值得注意的是，地方政府和地方国有企业通常是一致行动人。因此，我们确定城商行股权性质时，利用股权穿透的方法来追溯第一大股东的性质。具体来说，若第一大股东属于地方政府及其一致行动人，则定义该城商行为"国有"城商行，否则为"非国有"城商行。

表 7.3　城市商业银行跨区经营影响风险承担水平的检验结果

变量	（1） 全样本 $RISK_{t+1}$	（2） 国有城商行 $RISK_{t+1}$	（3） 非国有城商行 $RISK_{t+1}$
CROSS	−0.128 *** （−4.82）	−0.086 * （−1.72）	−0.135 *** （−3.68）
RISK	0.368 *** （6.22）	0.276 *** （5.92）	0.372 （5.82）
SIZE	0.184 *** （3.29）	0.179 ** （2.05）	0.162 ** （2.16）
DIRC	0.023 * （1.78）	0.019 * （1.75）	0.017 * （1.85）
AGE	0.005 * （1.82）	0.009 * （1.81）	0.011 * （1.77）
LIST	0.012 ** （2.04）	0.015 * （1.72）	0.011 * （1.83）
GRO	0.082 * （1.78）	0.086 ** （2.05）	0.078 ** （2.17）
CAP	0.107 ** （2.27）	0.108 * （1.85）	0.096 ** （2.09）
HOUR	0.142 （1.48）	0.136 （1.35）	0.128 （1.37）
LGDP	1.326 *** （4.85）	1.226 *** （3.95）	1.358 *** （5.35）
常数项	0.737 *** （6.35）	0.825 *** （5.85）	0.762 *** （6.79）
AR（1）	0.000	0.000	0.000
AR（2）	0.467	0.495	0.526
Sargan Test	0.326	0.352	0.365
N	1 286	590	696
R^2	0.322	0.321	0.323
经验 P 值	—	0.019 **	

注：*、**、*** 分别表示在 10%、5%、1% 上显著；括号内是 T 值；AR（1）和 AR（2）分别为一阶、二阶自回归结果，Sargan Test 值是过度识别检验结果；经验 P 值是用于检验组间系数差异。

7.5.4 成渝地区双城经济圈城商行跨区经营与盈利能力

表7.4报告了城商行跨区经营影响盈利能力的检验结果。列（1）的结果显示，城商行跨区经营（CROSS）的回归系数为0.048，且在1%的水平上显著。这意味着，城市商业银行跨区经营有助于提升其资本收益率，即有助于增强盈利能力。究其原因：一方面，跨区经营有助于增强城商行网点分布的多样性，使其可以实现规模经济，并降低其资金使用成本；另一方面，实施跨区经营战略后，城商行的资产规模短时间内可以实现快速扩张，高管薪酬也会相应提升，从而削弱了管理层与大股东的合谋动机，在一定程度上可以制约大股东"掏空"行为。因此，研究假设H7.2a通过检验。

与此同时，列（2）、列（3）的结果显示，城商行跨区经营（CROSS）的回归系数在国有样本组和非国有样本组中分别为0.046、0.052，且后者在1%的水平上显著，但前者在统计上并不显著。此外，组间系数差异Chow检验的结果显示，经验P值为0.025，且在5%的水平上显著。由此可见，跨区经营对盈利能力的促进作用在不同所有制城市商业银行中存在显著差异，即跨区经营对非国有城商行盈利能力的促进作用更显著。

事实上，相较于非国有城商行，国有城商行除了关注自身盈利能力外，还需兼顾市政建设、地区就业问题等外部效益。显然，这些民生项目对国有城商行的经营业绩会直接产生一定的不利冲击。

综上，城商行跨区经营对其盈利能力具有显著的促进作用，且这一促进作用在非国有城商行中更显著。

表7.4 城市商业银行跨区经营影响盈利能力的检验结果

变量	（1）全样本 ROA	（2）国有城商行 ROA	（3）非国有城商行 ROA
CROSS	0.048*** (3.62)	0.046 (1.32)	0.052*** (3.79)
SIZE	0.004** (2.06)	0.006** (2.25)	0.008** (2.01)
DIRC	0.015* (1.73)	0.012** (2.07)	0.009* (1.82)

表7.4(续)

变量	（1） 全样本 ROA	（2） 国有城商行 ROA	（3） 非国有城商行 ROA
AGE	0.002 ** （2.32）	0.004 * （1.89）	0.007 * （1.92）
LIST	0.017 *** （4.62）	0.018 *** （3.78）	0.019 *** （4.23）
GRO	0.057 ** （2.07）	0.062 * （1.75）	0.068 * （1.82）
CAP	0.087 * （1.73）	0.085 * （1.86）	0.079 ** （2.25）
HOUR	0.102 * （1.71）	0.106 ** （2.05）	0.112 * （1.76）
LGDP	0.722 *** （3.92）	0.816 *** （4.16）	0.698 *** （3.75）
常数项	0.023 *** （4.25）	0.025 *** （4.65）	0.028 *** （3.95）
年度效应	控制	控制	控制
行业效应	控制	控制	控制
地区效应	控制	控制	控制
N	1 286	590	696
R^2	0.258	0.257	0.258
经验 P 值	—	0.025 **	

注：*、**、*** 分别表示在10%、5%、1%上显著；括号内是 T 值；经验 P 值是用于检验组间系数差异。

7.5.5　稳健性检验

（1）内生性问题处理：工具变量法

借鉴 Goetz 等（2016）的研究思路，本书将省内有异地城商行的所有城市的平均人口数量与地理加权距离倒数的乘积作为 CROSS 的工具变量（*IVCROSS*）。事实上，一方面，城市人口越多，该城市的金融资源需求量也会越大，其吸引城商行新设异地网点的可能性就越大；另一方面，城商行总部与其分支机构之间的地理距离越远，则总部监督成本自然也就越高，这就意味着城商行倾向于将异地分支机构布局于距离注册地较近的城市。换言之，城商行跨区经营（CROSS）与工具变量（IVCROSS）具有一定的相关性。显然，城市人口和地理位置与城市商业银行的风险承担水平、盈利能力并无直接关系，即城市商业银行跨区经营（CROSS）与工具变量（IVCROSS）满足外生性条件。

表 7.5 报告了基于工具变量法的内生性处理结果。Panel A 部分的结果显示，采用工具变量处理内生性问题后，跨区经营依然会显著降低城商行风险承担水平，说明研究结论是稳健的。与此同时，Panel B 部分的结果显示，采用工具变量处理内生性问题后，跨区经营（CROSS）的回归系数均显著为正，说明跨区经营依然会促进城商行提升盈利能力。

综上可知，采用工具变量处理内生性问题后，研究结论并未发生实质性变化，这说明上述的实证结论是可靠的。

表 7.5　基于工具变量法的检验结果

变量	Panel A：城市商业银行跨区经营与风险承担水平			
	（1） 第一阶段 全样本 CROSS	（2） 第二阶段 全样本 $RISK_{t+1}$	（3） 第二阶段 国有城商行 $RISK_{t+1}$	（4） 第二阶段 非国有城商行 $RISK_{t+1}$
IVCROSS	0.065 *** （3.55）	−0.208 *** （−3.95）	−0.196 * （−1.73）	−0.232 *** （−4.18）
常数项	0.126 *** （4.85）	0.335 *** （5.82）	0.282 *** （4.76）	0.276 *** （5.39）
其余控制变量均已控制，限于篇幅，此处省略				
AR（1）	—	0.000	0.000	0.000
AR（2）	—	0.435	0.482	0.494
Sargan Test	—	0.362	0.338	0.353
N	1 286	1 286	590	696
R^2	0.285	0.325	0.324	0.325
经验 P 值	—	—	0.035 **	

变量	（1）第一阶段全样本 CROSS	（2）第二阶段全样本 ROA	（3）第二阶段国有城商行 ROA	（4）第二阶段非国有城商行 ROA
	Panel B：城市商业银行跨区经营与盈利能力			
IVCROSS	0.065*** (3.55)	0.087*** (2.92)	0.051 (1.55)	0.093*** (3.68)
常数项	0.126*** (4.85)	0.125*** (4.92)	0.162*** (3.96)	0.156*** (6.43)
	其余控制变量均已控制，限于篇幅，此处省略			
N	1 286	1 286	590	696
R^2	0.285	0.248	0.249	0.251
经验 P 值	—	—	0.002***	

注：*、**、*** 分别表示在 10%、5%、1%上显著；括号内是 T 值；AR（1）和 AR（2）分别为一阶、二阶自回归结果，Sargan Test 值是过度识别检验结果；经验 P 值是用于检验组间系数差异。

（2）样本选择性偏差问题：Heckman 两阶段法

现实中，监管部门往往只准许盈利能力强、资产规模大、风险承担能力强的城商行依托异地设立网点来实现扩张。这类行政决策的限制可能导致本书研究结果存在样本选择性偏差，为此遵循研究惯例，本书采用 Heckman 两阶段法处理。具体而言，第一阶段，利用全样本，借助 Probit 模型来识别影响城商行实施跨区经营的因素，据此计算"逆米尔斯"比率（λ）。第二阶段，利用筛选出实施跨区经营的子样本，并引入"逆米尔斯"比率（λ），进一步考察城商行跨区经营的经济后果。鉴于此，本书借鉴蔡卫星等（2016）的研究思路，选取以下关键变量作为协变量，主要包括：盈利能力（ROA）、城商行规模（SIZE）、城商行成立年限（AGE）、资本充足率（CAP）、贷款增速（LOANR）、不良贷款率（NPR），并对上述变量滞后一期。其中，CROSS_ DUM 是虚拟变量，若城商行当年设立异地网点，则取值为 1；否则，取值为 0。

表 7.6 中的 Panel A 部分报告了基于 Heckman 两阶段法检验城市商业银行跨区经营影响风险承担水平的处理结果。结果显示，列（1）中的盈利能力滞后项（ROA_{t-1}）回归系数显著为正，表明盈利能力越强，城商行

其余控制变量均已控制，限于篇幅，此处省略			
N	1 286	1 286	590	696
R^2	0.235	0.209	0.210	0.208
经验 P 值	—	—	0.018 **	

注：*、**、***分别表示在 10%、5%、1%上显著；括号内是 T 值；AR（1）和 AR（2）分别为一阶、二阶自回归结果，Sargan Test 值是过度识别检验结果；经验 P 值是用于检验组间系数差异。

7.5.6 机制检验

承前所述，城商行跨区经营对其风险承担水平和盈利能力具有显著的促进作用。由于关联贷款作为大股东攫取城商行经济利益的惯用手段，所以我们有必要进一步从关联贷款角度，考察跨区经营对风险承担和盈利能力的传导机制。鉴于此，本书借鉴钱先航等（2011）、张敏等（2012）的研究思路，分别从关联贷款占比（关联贷款占贷款总额的比例，LOANR）和关联贷款规模（关联贷款占总资产的比值，LOAN）两个角度进行机制检验，具体结果如表 7.7 所示。

表 7.7 报告了基于关联贷款渠道的机制检验结果。列（1）、列（2）的结果显示，城市商业银行跨区经营（CROSS）的回归系数均为负，且在 1%的水平上显著。这表明，城市商业银行跨区经营可以降低关联贷款占比。与此同时，列（3）、列（4）的结果显示，城市商业银行跨区经营（CROSS）的回归系数也均为负，且在 1%的水平上显著。这表明，城市商业银行跨区经营可以降低关联贷款规模。

综上，城市商业银行跨区经营有助于抑制大股东的关联贷款。显然，减少大股东关联贷款有利于抑制大股东的"掏空"行为，进而有助于改善经营业绩和降低风险承担水平。可见，减少关联贷款是城市商业银行跨区经营降低风险承担水平和增强盈利能力的中间传导机制。

表 7.7　机制检验结果：基于关联贷款渠道

变量	(1) 关联贷款占比	(2) 关联贷款占比	(3) 关联贷款规模	(4) 关联贷款规模
	LOANR	LOANR	LOAN	LOAN
CROSS	−0.068*** (−4.52)	−0.032*** (−3.88)	−0.058*** (−5.26)	−0.046*** (−3.96)
SIZE		−0.046** (−2.03)		−0.035** (−2.18)
DIRC		−0.052* (−1.77)		−0.045** (−2.25)
AGE		−0.034** (−2.25)		−0.028* (−1.76)
LIST		0.023 (1.48)		0.021* (1.71)
GRO		−0.156* (−1.75)		−0.132* (−1.82)
CAP		−0.035* (−1.82)		−0.043* (−1.93)
HOUR		0.106* (1.92)		0.095* (1.77)
LGDP		−0.108*** (−3.76)		−0.112*** (−4.86)
常数项	0.082*** (5.65)	0.087*** (3.92)	0.102*** (6.45)	0.096*** (4.85)
年度效应	控制	控制	控制	控制
行业效应	控制	控制	控制	控制
地区效应	控制	控制	控制	控制
N	1 286	1 286	1 286	1 286
R^2	0.159	0.161	0.175	0.176

注：*、**、*** 分别表示在 10%、5%、1%上显著；括号内是 T 值。

7.5.7 拓展性分析：基于行业竞争与异地网点结构视角

（1）行业竞争的影响

中国金融发展具有鲜明的地区差异。通常而言，地区金融发展水平越高，其外部竞争越激烈。那么，跨区经营对城商行风险承担和盈利能力的影响是否会因外部竞争差异而出现异质性结果？针对这一问题，本书借助樊纲等（2018）发布的《市场化指数报告》中的"各省金融行业竞争指数"来衡量外部竞争程度。在此基础上，本书依据该指标的中位数，将全样本划分为高低两个子样本，进一步考察行业竞争的异质性影响，具体检验结果如表7.8所示。

表7.8中的列（1）、列（2）报告了不同外部竞争水平下城商行跨区经营对风险承担的影响。不难发现，城市商业银行跨区经营（CROSS）的回归系数在竞争程度较低组和竞争程度较高组中分别为-0.152、-0.125，且前者在1%的水平上显著，但后者仅在10%的水平上显著。与此同时，组间系数差异Chow检验的结果显示，经验P值为0.032，且在5%的水平上显著。

与此同时，列（3）、列（4）报告了不同外部竞争水平下城商行跨区经营对盈利能力的影响。结果显示，城商行跨区经营（CROSS）的回归系数在竞争程度较低组和竞争程度较高组中分别为0.172、0.112，且前者在1%的水平上显著，但后者仅在10%的水平上显著。此外，组间系数差异Chow检验的结果显示，经验P值为0.026，且在5%的水平上显著。这可能是因为城商行是区域性商业银行，其具有鲜明的地区品牌优势，但跨区经营后，外部竞争日益激烈，地区品牌优势逐渐弱化，难以有效推进异地网点业务开展，进而导致风险承担能力和盈利能力减弱。

由此可见，行业竞争较低的地区实施跨区经营对城商行风险承担水平的抑制作用和盈利能力的促进作用更显著。

表 7.8　拓展性分析检验结果：基于行业竞争视角

变量	（1） 竞争程度较低 $RISK_{t+1}$	（2） 竞争程度较高 $RISK_{t+1}$	（3） 竞争程度较低 ROA	（4） 竞争程度较高 ROA
CROSS	-0.152*** (-3.72)	-0.125* (-1.77)	0.172*** (3.96)	0.112* (1.82)

表7.8(续)

变量	(1) 竞争程度较低 $RISK_{t+1}$	(2) 竞争程度较高 $RISK_{t+1}$	(3) 竞争程度较低 ROA	(4) 竞争程度较高 ROA
RISK	0.312*** (4.18)	0.285** (2.05)		
SIZE	0.132*** (2.85)	0.126** (2.26)	0.012* (1.82)	0.015** (2.05)
DIRC	0.053* (1.92)	0.048* (1.83)	0.047* (1.78)	0.051** (2.26)
AGE	0.012* (1.79)	0.014* (1.85)	0.022** (2.06)	0.019* (1.82)
LIST	0.033* (1.84)	0.028* (1.78)	0.012** (2.29)	0.016* (1.76)
GRO	0.122** (2.05)	0.116* (1.93)	0.107** (2.36)	0.125* (1.89)
CAP	0.107** (2.27)	0.125* (1.81)	0.145** (2.03)	0.136* (1.92)
HOUR	0.125* (1.78)	0.115** (2.02)	0.092* (1.74)	0.102* (1.83)
LGDP	0.825*** (3.55)	0.718*** (3.62)	0.662*** (11.24)	0.625*** (9.36)
常数项	0.132*** (3.55)	0.127*** (3.32)	0.145*** (4.85)	0.136*** (3.95)
AR (1)	0.000	0.000	—	—
AR (2)	0.348	0.356	—	—
Sargan Test	0.296	0.305	—	—
N	720	566	552	734
R^2	0.329	0.327	0.272	0.273
经验P值	0.032**		0.026**	

注：*、**、***分别表示在10%、5%、1%上显著；括号内是T值；经验P值是用于检验组间系数差异。

(2) 异地网点结构差异的影响

显然，各省之间的银行业竞争程度存在较大差异。即使是同一省份不同城市之间的银行业竞争和经济发展水平也都具有明显的差异，这一现象在中西部地区凸显。另外，省会城市因其特殊的政治、经济地位，决定了其发展水平要领先，甚至遥遥领先于省内其他城市，极有可能出现"省会独大"异象。这在一定程度上会驱使城商行倾向于将异地网点布局在省会城市。为此，跨区经营对城商行风险承担和盈利能力的影响是否会因异地网点结构差异而出现异质性结果？显然，这是一个有待检验的实证问题。因此，本书将全样本划分为省会偏好型和非省会偏好型两个子样本，以进一步探究异地网点结构差异的异质性影响。其中，若某家城商行在省会城市新建的异地分支机构多于其他城市异地分支机构的总和，则该城商行属于省会偏好型；否则属于非省会偏好型，具体检验结果如表7.9所示。

表7.9中的列（1）、列（2）报告了异地网点结构对城商行跨区经营与风险承担的影响。不难发现，城市商业银行跨区经营（CROSS）的回归系数在省会偏好型和非省会偏好型样本组分别为−0.138、−0.172，且后者在1%的水平上显著，但前者在统计上并不显著。与此同时，组间系数差异Chow检验的结果显示，经验P值为0.018，且在5%的水平上显著。

列（3）、列（4）报告了异地网点结构对城商行跨区经营与盈利能力的影响。结果显示，城商行跨区经营（CROSS）的回归系数在省会偏好型和非省会偏好型样本组中分别为0.124、0.182，且前者在10%的水平上显著，但后者在1%的水平上显著。此外，组间系数差异Chow检验的结果显示，经验P值为0.006，且在1%的水平上显著。

究其原因：省会城市的外部行业竞争更激烈，跨区经营后，作为区域性商业银行的城商行，其品牌优势将会被削弱，难以依托优质的客户资源来实现资产规模扩张，极有可能负面冲击城商行的风险承担能力和盈利能力。

由此可见，非省会城市实施跨区经营对城商行风险承担的抑制作用和盈利能力的促进作用更显著。

表7.9 拓展性分析检验结果：基于异地网点结构视角

变量	（1）省会偏好型 $RISK_{t+1}$	（2）非省会偏好型 $RISK_{t+1}$	（3）省会偏好型 ROA	（4）非省会偏好型 ROA
CROSS	−0.138 (−1.62)	−0.172*** (−8.62)	0.124* (1.71)	0.182*** (9.46)

表7.9(续)

变量	（1）省会偏好型 $RISK_{t+1}$	（2）非省会偏好型 $RISK_{t+1}$	（3）省会偏好型 ROA	（4）非省会偏好型 ROA
RISK	0.326*** (5.78)	0.293*** (6.35)		
SIZE	0.235* (1.79)	0.286* (1.77)	0.025** (2.42)	0.031* (1.83)
DIRC	0.116** (2.32)	0.108* (1.73)	0.053* (1.85)	0.061* (1.76)
AGE	0.009* (1.82)	0.011** (2.15)	0.032* (1.71)	0.029** (2.03)
LIST	0.026** (2.04)	0.032* (1.71)	0.015* (1.89)	0.018** (2.28)
GRO	0.152* (1.72)	0.146** (2.23)	0.079* (1.81)	0.095** (2.06)
CAP	0.096** (2.12)	0.102* (1.73)	0.125** (2.37)	0.116* (1.83)
HOUR	0.235** (2.08)	0.218* (1.82)	0.132** (2.04)	0.143* (1.75)
LGDP	0.645*** (11.35)	0.652*** (9.11)	0.598*** (14.28)	0.632*** (13.68)
常数项	0.342*** (6.55)	0.297*** (4.92)	0.152*** (3.98)	0.168*** (5.65)
AR（1）	0.000	0.000	—	—
AR（2）	0.518	0.526	—	—
Sargan Test	0.336	0.362	—	—
N	720	566	552	734
R^2	0.326	0.328	0.273	0.274
经验 P 值	0.018**		0.006***	

注：*、**、***分别表示在10%、5%、1%上显著；括号内是 T 值；经验 P 值是用于检验组间系数差异。

（3）成渝地区双城经济圈建设的影响

成渝地区的发展历程先后经历了成渝经济走廊、成渝经济区、成渝城市群以及成渝地区双城经济圈等关键历史时期。进入成渝地区双城经济圈建设时期，其政策内涵更丰富，政治站位更高，辐射带动范围更大，地域特色更鲜明，发展定位更精准，这标志着川渝两地形成了统一谋划、一体部署、相互协作、共建共享的政策协同机制。为此，本书进一步比较分析了成渝地区双城经济圈建设对城商行跨区经营对其风险承担水平、盈利能力之间关系的影响。参考成渝地区双城经济圈的规划范围，并依据城商行是否在成渝地区跨区经营，本书将全样本划分为成渝地区双城经济圈子样本组和非成渝地区双城经济圈子样本组。然后，根据两个子样本组，分别重新回归，具体检验结果如表7.10所示。

表7.10中的列（1）、列（2）报告了成渝地区双城经济圈建设对城商行跨区经营与风险承担的影响。不难发现，城市商业银行跨区经营（CROSS）的回归系数在两个子样本组分别为-0.141、-0.195，且至少在10%的水平上显著。与此同时，组间系数差异Chow检验的结果显示，经验P值为0.022，且在5%的水平上显著。以上结果表明，跨区经营对城商行风险承担的抑制效应在成渝地区双城经济圈内更显著。

表7.10中的列（3）、列（4）报告了成渝地区双城经济圈建设对城商行跨区经营与盈利能力的影响。结果显示，城商行跨区经营（CROSS）的回归系数在两个子样本组中分别为0.133、0.171，且后者在1%的水平上显著，但前者在统计上并不显著。此外，组间系数差异Chow检验的结果显示，经验P值为0.017，且在5%的水平上显著。以上结果表明，跨区经营对城商行盈利能力的激励效应在成渝地区双城经济圈内更显著。

综上，跨区经营对城商行风险承担的抑制效应和盈利能力的激励效应在成渝地区双城经济圈内更显著。

表7.10 拓展性分析检验结果：成渝地区双城经济圈建设的影响

变量	（1） 非双圈 $RISK_{t+1}$	（2） 双圈 $RISK_{t+1}$	（3） 非双圈 ROA	（4） 双圈 ROA
CROSS	-0.141[*] （-1.72）	-0.195[***] （-7.63）	0.133[*] （1.81）	0.171[***] （11.26）
RISK	0.225[**] （2.06）	0.223[**] （1.98）		

表7.10(续)

变量	(1) 非双圈 $RISK_{t+1}$	(2) 双圈 $RISK_{t+1}$	(3) 非双圈 ROA	(4) 双圈 ROA
SIZE	0.055 ** (2.19)	0.081 ** (2.07)	0.027 ** (2.33)	0.035 * (1.81)
DIRC	0.102 * (1.73)	0.092 ** (2.03)	0.044 * (1.75)	0.056 * (1.82)
AGE	0.013 * (1.77)	0.007 * (1.85)	0.021 * (1.76)	0.019 ** (2.23)
LIST	0.021 * (1.73)	0.023 * (1.81)	0.025 * (1.76)	0.017 * (1.83)
GRO	0.132 ** (2.13)	0.126 * (1.83)	0.108 * (1.73)	0.087 * (1.71)
CAP	0.078 * (1.92)	0.103 ** (2.25)	0.113 * (1.77)	0.106 ** (2.05)
HOUR	0.172 * (1.83)	0.183 ** (2.02)	0.129 * (1.83)	0.133 ** (2.07)
LGDP	0.415 ** (2.06)	0.502 *** (8.91)	0.495 *** (12.38)	0.602 *** (15.22)
常数项	0.262 *** (7.05)	0.257 *** (5.32)	0.192 *** (4.78)	0.183 *** (5.35)
AR (1)	0.000 1	0.000 1	—	—
AR (2)	0.398	0.518	—	—
Sargan Test	0.309	0.347	—	—
N	990	296	990	296
R^2	0.286	0.287	0.282	0.285
经验 P 值	0.022 **		0.017 **	

注: * 、** 、*** 分别表示在 10%、5%、1% 上显著；括号内是 T 值；经验 P 值是用于检验组间系数差异；"双圈"是指成渝地区双城经济圈，而"非双圈"是指非成渝地区双城经济圈。

7.6 本章小结

"服务实体经济、防控金融风险和深化金融改革"是维护中国金融体系稳定发展的三大攻坚任务。而防控金融风险需要宏观政策调控，更需要微观经济主体增强风险防范意识。城商行作为中国银行体系的"第三梯队",也是重要的微观经济主体,其发展迅速,但近年来也频频暴露一些问题。如,城商行的佼佼者包商银行在 2019 年出现严重信用风险。鉴于此,本书利用 2006—2020 年 95 家城商行的面板数据,并结合手工收集的城商行跨区经营分支机构数据,实证分析了城商行跨区经营对其风险承担和盈利能力的影响效应及其作用机制。研究发现:第一,城商行跨区经营对其风险承担水平具有显著的抑制作用,且这一促进作用在非国有城商行中更显著。第二,城商行跨区经营对其盈利能力具有显著的促进作用,且这一促进作用在非国有城商行中更显著。第三,减少关联贷款是城商行跨区经营降低风险承担水平、增强盈利能力的中间传导机制。进一步的研究发现,在行业竞争较低的地区实施跨区经营对城商行风险承担的抑制作用和盈利能力的促进作用更显著;在非省会城市实施跨区经营对城商行风险承担的抑制作用和盈利能力的促进作用更显著;跨区经营对城商行风险承担的抑制效应和盈利能力的激励效应在成渝地区双城经济圈内更显著。此外,以上结论在充分考虑内生性问题后,仍然成立。

本书研究结论的政策启示主要体现在以下三个方面:

第一,增强城商行承载能力,审慎跨区经营。研究发现,城商行跨区经营对其盈利能力具有显著的促进作用,且会增加其风险承担水平。城商行实行跨区经营后,组织结构复杂化,内部治理难度上升,治理成本随之上升,尤其是异地设立分支机构通常会丧失原来当地政府的支持和品牌优势。因此,城商行亟需加强自身管理能力,对异地分支机构建立配套的制度化管理体系,提升城商行内部承载力,以最大化跨区经营规模效应所带来的福利。与此同时,城商行需立足本地,以本地或现有异地分支机构为中心,有序向周边地区扩张,将有限的资源合理配置,以满足跨区扩张的需要。

第二,优化城商行跨区经营的市场布局,引导银行业市场差异化竞争,提高金融服务效率。银保监会等管理机构亟需优化城商行跨区经营的市场布局,正确引导城商行依据外部营商环境,及时调整异地网点结构,充分发挥非省会城市的市场空间,以有效规避外部竞争所诱发的不利冲击。在政策支持方面,监管部门以税收优惠的方式积极鼓励城商行将服务对象聚焦于当地的"中小微"企业;在城商行方面,其应主动创新业务模式、产品及服务,形成高层次的错位竞争格局,提高金融业务服务效率,以满足"中小微"企业"短、高、急"的贷款需求，更好地服务实体经济。

第三，实行差异化跨区经营审批制度，优化事后监管。城商行异地扩张需实行差异化准入标准，重点从盈利能力、风险防控以及公司治理等层面实施多维度的把关，真正做到从源头有效遏制城商行盲目跨区经营。同时，优化事后监管，对于盈利能力强、治理结构完善、风险可控的城商行，监管部门需要加快审批速度；而现有异地分支机构经营不善的城商行，应暂缓甚至终止其新设异地网点的审批。

8 结论、优化对策与后续研究展望

全书遵循"制度背景差异→城商行跨区经营模式、特征及动因差异→由此产生的经济后果"的逻辑主线展开研究，发现了一些有价值的研究结论。根据上述各章节的研究内容，本章首先总结全文的研究发现，并归纳相关研究结论。然后，在此基础上，结合本书研究结论以及成渝地区双城经济圈建设背景，客观地提出切实可行的政策建议。最后，综合考虑本书的研究不足以及该领域的前沿研究，并提出后续研究展望。

8.1 结论

20 世纪 90 年代，国务院出台了文件《国务院关于组建城市合作银行的通知》，明确指出撤并城市信用社，并分期分批组建城市合作银行，其由城市企业、居民以及地方财政共同投资入股，这决定了其具有鲜明的地方股份制性质。

近年来，城商行发展势头极为强劲，已成为中国金融体系中不容小觑的核心主体。然而，随着全国性国有银行和股份制银行的快速扩张，数字金融突飞猛进，极大地挤占了城商行的生存空间。因此，"走出去"是城商行实现高质量发展的必由之路，一些城商行纷纷将跨区经营视为未来发展的战略方向。

2006 年 4 月，上海银行宁波分行正式开业，这是国内第一家跨省经营的城商行分行。至此，中国城商行拉开了跨区经营的序幕。当然，城商行跨区经营并非完全出于自身意愿，甚至可以说城商行跨区经营模式在我国的发展历程并不顺畅。从 2006 年跨区经营的兴起，到随后的快速扩张，再到 2011 年银监会放缓了城商行跨区扩张的审批进程，以及 2013 年重启异地设立分行的相关工作，这一转变充分反映了监管当局的审慎态度，也说明了我国政府已意识到城商行跨区经营在"服务地方经济、服务城市居民和服务中小企业"过程中的重要作用。

因此，基于上述背景的认识，本书遵循"制度背景差异→城商行跨区经营模式、特征及动因差异→由此产生经济后果"的逻辑主线，采用定性分析与定量分析相结合、理论联系实际的研究方法，系统考察了城商行跨区经营的微观效应，主要包括城商行跨区经营对僵尸企业生存风险、僵尸企业去杠杆以及其自身风险承担、盈利能力的影响。在此基础上，本书利用工具变量法、Heckman 两阶段法等计量方法进行了内生性问题处理和稳健性检验，并得到以下可靠结论：

（1）通过对城商行跨区经营制度背景和现状的分析，梳理了城商行跨区经营的成长历程，提炼了城商行跨区经营的模式、特征及其潜在问题。具体如下：

①2006—2020 年全国城商行法人机构数量呈现出"先增后减"的态势，市场基本达到饱和，当然也出现了少量回落；城商行总资产占银行业金融机构的比例整体上稳步上升，市场份额也越来越高，其影响力也随之不断增大。

②东部地区实现省外跨区经营的城商行数明显占优；大多数城商行的跨区经营的区域选择倾向于定位本省内（直辖市或自治区）；一些城商行的跨区经营会选择临近省份、城市集群或经济密集片区；少数城商行也会选择北上广深等发达城市建立异地分支机构。

③大多数城商行省内异地分支机构数量要明显多于省外分支机构。具体而言，一些西部城商行通常仅在省内建立异地分支机构，而省内外均有分支机构的城商行，其普遍表现为省内异地分支机构数量显著多于省外分支机构。

④城商行跨区经营模式主要涉及新设异地分支机构、并购重组、收购城市信用社或农村信用社、参股控股异地金融机构、业务联合合作以及新设村镇银行六种模式，且跨区经营以异地设立分支机构为主流模式。

在此基础上，本书提炼了城商行跨区经营存在的问题，主要包括：①跨区经营可能引致金融资源失衡；②跨区经营可能造成比较优势丧失；③跨区经营缺乏配套的细化监管政策。

（2）系统考察了城商行跨区经营对僵尸企业生存风险的影响。本书选取 2007—2021 年中国沪深 A 股上市公司为研究对象，首先识别出僵尸企业，然后利用 Cloglog 离散时间生存分析模型，实证检验城商行跨区经营对僵尸企业生存风险的影响。研究发现：城商行跨区经营会加剧僵尸企业生存风险。经过一系列稳健性检验后，结论依然稳健。在此基础上，本书从产权和规模异质性角度，进一步检验了产权和规模异质性的影响，发现城商行跨区经营对僵尸企业生存风险的促进作用在非国有企业和中小型企业中更显著，此外，还发现，城商行跨区经营对僵尸企业生存风险的激励效应在成渝地区双城经济圈样本组中更显著。

（3）全面考察了城商行跨区经营对僵尸企业"去杠杆"的影响。本书选取 2007—2020 年中国沪深 A 股上市公司为研究对象，首先识别出僵尸企业，然后利用两阶段部分调整模型，检验城商行跨区经营对僵尸企业资本结构调整速度的影响。研究发现：城商行跨区经营有助于加快僵尸企业资本结构调整速度，尤其是降杠杆速度更显著。在此基础上，本书从货币政策和产权性质角度进行了拓展性分析，进一步研究发现：在货币政策宽松期，城商行跨区经营对僵尸企业降杠杆的促进效果更明显；城商行跨区经营对非国有僵尸企业降杠杆的速度更快；城商行跨区经营对僵尸企业生存风险的激励效应在成渝地区双城经济圈样本组中更显著。此外，以上结论在充分考虑内生性问题后，仍然成立。

（4）深入探究了城商行跨区经营对其风险承担和盈利能力的影响效应及其作用机制。本书基于资源依赖和委托代理等理论，以 2006—2020 年 95 家城商行为研究对象，并结合手工收集的城商行跨区经营分支机构数据，实证分析了城商行跨区经营对其风险承担和盈利能力的影响效应及其作用机制。研究发现：城商行跨区经营对其风险承担水平具有显著的抑制作用，且这一抑制作用在非国有城商行中更显著；城商行跨区经营对其盈利能力具有显著的促进作用，且这一促进作用在非国有城商行中更显著。在此基础上，本书进一步基于关联贷款渠道，考察了跨区经营对城商行风险承担和盈利能力的传导机制，发现减少关联贷款是城商行跨区经营降低风险承担和增强盈利能力的中间传导机制。此外，从行业竞争、异地网点结构差异以及成渝地区双城经济圈建设的视角，本书对城商行跨区经营与其风险承担、盈利能力的影响关系进行了拓展性分析。研究发现，行业竞争较低的地区实施跨区经营对城商行风险承担的抑制作用和盈利能力的促进作用更显著；非省会城市实施跨区经营对城商行风险承担的抑制作用和盈利能力的促进作用更显著；跨区经营对城商行风险承担的抑制效应和盈利能力的激励效应在成渝地区双城经济圈内更显著。上述研究结论经一系列稳健性检验后，仍然成立。

综上可知，上述研究结论为进一步推动城商行进入高质量发展阶段，积极引导金融资本服务实体经济发展，赋能城商行积极履行"服务地方经济和服务中小企业"的历史使命提供了理论指导与技术支撑，也为积极推进金融供给侧结构性改革提供了可行的发展方向与经验启示。

8.2 成渝地区双城经济圈建设背景下城商行跨区经营的优化对策

前文全面分析了城商行跨区经营的制度背景和现状，系统梳理了城商行跨区经营的成长历程、模式及特征，并在此基础上，进一步实证分析了城商行跨区经营的微观效应。研究发现，城商行跨区经营发挥了积极的微观效应，但也存在一些亟需完善的现实问题。因此，立足于城商行跨区经营的制度背景，本书从长效机制和优化路径两个层面，提出了契合城商行跨区经营的优化对策。

8.2.1 成渝地区双城经济圈建设背景下城商行跨区经营的长效机制

承前所述，现阶段，城商行跨区经营已初显成效，尤其在规模经济、范围经济等方面产生了显著的效应。与此同时，城商行跨区经营驱动了金融产品、金融服务质量的明显改善，并为金融业"二元"格局的演变以及金融制度的改革创新提供了有力支持。然而，一些城商行依然存在盲目追求扩大资产规模和经营范围的非理性行为，这在一定程度上诱发了制度体制不完备以及管理架构不规范等严重问题，甚至还蕴含着巨大的金融风险。因此，城商行应构建结构化、系统化的组织架构和管理模式，提出一套契合其跨区经营的科学、完整的长效机制，从优化其跨区扩张布局，提升其内部承载力，从而实现高质量发展。

（1）建立制度共决、共信和共守机制，实现一体化协同发展。通常，城商行总行坚决贯彻支持异地分支行发展的原则。然而，细化到各项具体事务上，各城商行往往会因地区文化差异、观念冲突、管理架构不完备以及体制机制不健全而造成无据可依和无例可循的混乱局面，这极大地提高了总行与分支行之间的沟通协调成本。因此，对于相关体制机制的设计、出台以及实施，城商行要做到"共研、共决、共评"的原则，并积极推进制度共决、共信和共守机制。具体而言，一是，建立契合"总行—分行—支行"协同发展的制度性长效机制，立足制度建设，强化顶层设计。二是，"总行—分行—支行"各方需要统一规划跨区经营的发展战略和市场定位，全面权衡各地市场和资源状况，严格遵循制度安排，切实将制度性成果落到实处，塑造协同共进的新格局，形成合力。三是，依托区域信用体系，建立跨区金融服务机制，坚守市场定位进行差异化经营，形成错位竞争。

（2）构建信息共享机制，打造共赢新格局。遵循"统一标准、合作建设、资源共享、推动应用"的原则，全力打造城商行之间的信息共享平台，构建信息合作共享模式，营造协同创新发展的营商环境。一是，共同出资建立特色的专业数据库和信息综合系统，提供数据运营维护、支付结算及业务运营平台服务、金融产品研发以及信息咨询等后方支持服务。这有助于提高数据信息采集的靶向性和精准性，加强客户信用评级、风险量化等风险管理。与此同时，积极组建地方银行协会，共同探究"中小微"企业的发展态势、外部宏观经济政策以及监管动向，强化资金运营以及银团贷款等业务的深度合作，以实现资源共享与优势互补。二是，积极组建区域业务管理与运作中心，加强各城商行的组织机构联系，增进信息交流与分享，遵循市场规律与自愿原则实施联合并购，进行资源整合与利用，扩大市场竞争优势。三是，以合作为主导，实现多方共赢。主动创造与其他城商行之间的同业合作机会，尤其是在网络、网点、业务信息等资源方面加大合作与共享力度，同时要做到"合作与竞争共生，且合作多于竞争"。

（3）优化人力资源晋升机制，激发人力资本最大潜能。城商行跨区经营后，组织结构更加复杂，内部治理难度上升，治理成本也随之上升，尤其是异地设立分支机构通常会丧失原有当地政府的支持和自身品牌优势。为此，城商行需要快速适应新市场，开拓新领域，这就要求城商行需要吸引、培养、长期留住一批懂专业、有经验、精管理的复合型高端人才。由此可知，城商行亟需优化人力资本结构及其培养机制，完善异地分支机构的人才队伍建设，夯实人力资源基础。具体而言，一方面，城商行应积极推行激励约束机制，激励员工主动参与业务能力培训，同时加强业务能力考核。而对于拥有风险管理能力与新产品开发能力的高端技术型人才，其可以适当实施政策倾斜，重点培养，以激发其最大潜能。另一方面，城商行在推行统一的激励约束机制的同时，还需要统筹兼顾异地分支机构的特殊性和地区差异性，构建差异化的激励约束机制，以引导懂专业、有经验、精管理的复合型高端人才向异地分支机构流动，助力异地分支机构快速健康发展。

（4）坚决贯彻城商行退出机制，优化事后监管。城商行跨区经营所引发的银行业竞争会迫使一些银行依托兼并重组、置换以及剥离不良资产等方式优化配置信贷资源，实现"资产优化效应"。换言之，城商行跨区经营会加剧本地银行被兼并的风险。可见，合理引导城商行跨区经营的前提是积极、严格贯彻城商行退出机制。一是立法层面上，立法部门应参照国际标准，并根据城商行的制度背景及其相关监管政策，细化城商行市场退出的界限与标准、程序与原则等关键事项。二是监管层面上，对城商行异地扩张实行差异化准入标准；监管部门应重点从盈利能力、风险防控能力以及公司治理水平等层面实施多维度的严格把关，真正做到从源头有效遏制城商行盲目跨区经营。同时，优化事后监管，对于盈利能力强、治理结构完善、风险可控的城商行，可加快审批速度；而现有异地分支机构经营不善的城商行，可暂缓甚至终止其新设异地网点的审批。

8.2.2 成渝地区双城经济圈建设背景下城商行跨区经营的优化路径

城商行发轫于城市信用社，特殊的历史背景决定了其"服务地方经济、服务城市居民和服务中小企业"的职能定位。然而，城商行跨区经营后，势必会面临新的经济环境和开拓新的市场，这无疑加大了异地分支机构的业务运行难度，甚至促使一些城商行偏离了历史市场定位，导致多层次银行体系出现一定程度的断层。因此，跨区经营后，城商行需要大力创新制度、机制以及管理模式等，更需要不断优化跨区经营的具体路径，从而提升其内部承载力，实现高质量发展。

（1）强化制度与技术平台建设，赋能跨区经营有序开展。跨区经营后，城商行的管理模式由原来的二级模式演变为"总行-分行-支行"的三级模式，管理难度增大。因此，城商行亟需加强制度建设，优化技术平台，以规范、约束员工行为，提高管理效率，驱动异地分支机构有序、平稳、多元地开拓新市场、新业务。一是组建项目工作小组，优化制度建设。项目小组牵头，快速进驻当地，主动同当地政府和相应的监管机构开展有效的交流，尽早熟悉当地的政府优化政策以及监管法规，从而保障跨区经营合法合规；与此同时，城商行要充分结合异地分支机构的管理特点，制定契合其发展和业务操作的制度、章程、办法以及流程等，从而在确保跨区经营的分支机构进行运营管理时，既有明确的制度保障，又有具体的操作依据。二是大力打造技术平台，实施科学管理。城商行应立足于异地分支机构的现实需求，在优化现有业务系统的同时，依托大数据、人工智能、移动互联网以及"云计算"等新兴数字技术，积极开发契合异地分支机构实际需求的管理决策支持系统，建立与总行始终保持高度一致的管理系统控制平台、操作技术标准，实现"总—分—支"三级联动，使异地分支机构有序开展各项日常经营与管理活动。三是引导异地分支机构开展差异化市场竞争，提高金融服务效率。总行应正确引导异地分支机构依据外部营商环境，及时调整异地网点结构，充分发挥非省会城市的市场空间，从而有效规避外部竞争所诱发的不利冲击。积极创新业务模式、产品及服务，形成高层次的错位竞争格局，提高金融业务服务效率，以满足"中小微"企业"短、高、急"的贷款需求，更好地服务实体经济。

（2）持续推进产品与服务创新，增强城商行承载能力。城商行实行跨区经营后，组织结构更复杂，内部治理难度上升，尤其是异地设立的分支机构通常会丧失原有当地政府的支持和自身品牌优势。因此，跨区经营的城商行亟需加快产品创新、业务模式创新以及服务创新进度，以抢占业务资源，站稳新市场。一是加速数字化转型进程，推进金融服务电子化建设。城商行要依托大数据、人工智能、移动互联网以及云计算等新兴数字技术，大力推进城商行数字化转型；与此同时，积极贯彻"引进、改造、研发"相结合的创新策略，助力金融产品创新，抢先开拓新业务，以丰富金融服务工具，降低金融服务成本，改善金融服务质量。二是坚持"以客户为中心"的新产品开发战略，依托高新技术提高城商行服务效率。城商行要立足于客户的实际需求，并结合前期调研和论证的结果，借助业务战略联盟以及组织机构联合等手段，积极开发有关资产和负债业务的新品种，依托新兴数字技术大力推进城商行网络以及信息系统建设，高频、快速推出特色的产品与服务广告，开办特色个人理财业务、个人消费信贷以及票据承兑等业务，以开拓客户资源，赢得新市场。三是增强城商行承载能力，审慎跨区经营。城商行需立足本地，以本地或现有异地分支机构为中心，有序向周边地区扩张，将有限的资源合理配置以满足跨区扩张的需要；城商行亟需加强自身管理能力，对异地分支机构建立配套的制度化管理体系，提升城商行内部承载力，以最大化跨区经营规模效应所带来的福利。

（3）优化公司治理结构，加强风险管理能力。跨区经营后，城商行的管理模式转变为"总—分—支"三级管理模式；同时，还需要重新设计与明确具体的业务受理与授权以及员工权限等环节。因此，从这个层面上看，城商行亟需优化组织架构及其管理模式，改善内部控制制度，提高风险管理水平。一是充分发挥"三会一层"的制衡与协调功能。重新梳理与明确股东大会、董事会以及监事会的各项具体章程，明确"三会一层"的权责；积极引入独立董事和外部监事，细化相应章程，明确具体权责，激发其监督职能；健全法人治理制度，细化各个股东的基本资料，依法规范和优化城商行的股权结构，如引入必要的战略投资者。二是增强内部控制能力。积极落实内部控制政策，构建分工合理、权责明确、关系清晰的组织架构，界定相关人员的职责权限；优化内控管理体系，赋予内控监督委员会明确的权限，定期评估城商行内控状况；强化风险识别与控制能力，积极推行风险量化管理办法和信贷分析技术方法，有效整合"事先预防、事中检查与事后监督"全套稽查方案。三是优化股权结构，扩大城商行经销范围。跨区经营后，异地分支机构短时间内难以拓展充足的业务，因此城商行可以积极引入异地投资者，依托异地投资者的人脉关系等实力，积极拓展业务，扩大经销范围。同时，城商行要合理规划股权结构，完善股权制衡机制，及时解决受政府制约的问题，高度重视关联贷款蕴含的风险。

（4）依托成渝地区双城经济圈建设优化空间布局，扎根基层拓展发展空间。城商行跨区经营需要综合权衡总行与异地分支机构之间的距离、异地分支机构的空间布局、各地区经济水平差异以及自身管理水平等关键因素，并进行实地调研考察，合理规划，科学布局，探索契合其健康发展的跨区经营模式、区位选择以及空间布局。一是立足本土优势，积极融入区域性经济圈建设与内部经济发展。中国经济的高质量发展需要区域性经济圈的引领与赋能，我国相继建立了京津冀、长三角、粤港澳大湾区以及成渝地区双城经济圈，经济圈内的资源流动频繁，规模庞大且发展速度较快，这为城商行跨区经营的健康发展提供了契机。为此，城商行在充分发挥本土优势的同时，需开发服务经济圈建设与发展的特色业务，以拓展利润增长空间，成为新的区域经济增长点。二是西部城商行应坚持"先省内后省外"的跨区战略，充分利用成渝地区双城经济圈建设的政策红利。临近省份、同一城市集群或经济密集片区内经济业务往来频繁,城区之间的人才交流、金融资源流动以及信息共享及时且高效。而成渝地区双城经济圈建设既有助于实现"拆除壁垒、畅通联系、区域认同、协同深化"的区域一体化发展模式,也有助力于资源统筹与互补。这既有利于异地分支机构规避遭受排挤与打压的被动局面,又为异地分支机构的平稳发展提供了必要的人才、金融资源以及技术支撑。三是立足基层开拓生存和发展空间,实现错位竞争。城商行跨区经营有利于形成银行业竞争格局,优化市场环境,构建同中小型企业相匹配的金融体系,将金融资源与金融要素有效地配置到经济发展中的核心领域与薄弱环节,从而拓展其可以发挥自身优势的业务空间,使其实现错位竞争。具体而言,县级市场作为国有银行力量相对薄弱的一环,为城商行跨区经营创造了发展契机,因此城商行需要立足基层,积极推进县级支行布局,以专业化、特色化和精细化的特点实现错位竞争;村镇银行受政府支持,且与分支行在业务上并无实质性差异,尤其是村镇银行熟悉本地文化习俗和市场环境,因此依托村镇银行扩大城商行的品牌效应,积累经验,大力创新业务模式,有助于其实现精细化管理和差异化经营。

8.3 后续研究展望

后续研究展望主要体现在以下三个方面:

（1）现阶段,城商行总行及其分支机构并未执行单独的财务核算和财务数据公布,这就决定了本书难以将总行与分支机构的财务数据有效分离,进而难以将异地分支机构作为独立主体来直接考察异地分支机构的实际发展状况。因此,从这个层面上看,本书的实证检验存在一定的不足。在未来的研究中,会计准则的细化与改进,可能会为本书的进一步研究带来契机,从而得到更稳健的结论。

（2）研究对象有待于进一步补充。为了有效捕捉城商行跨区经营后风险承担水平的变化趋势,本书剔除了连续观测期不足 6 年的城商行,经筛选后,仅得到 95 家城商行的 1 286 个有效观测值。显然,这样处理有助于增强样本的信度,但也可能降低了样本的效度。因此,随着时间的推移,我们可以进一步拉长样本区间,扩大研究对象。因此,补充研究对象是未来研究的又一改进方向。

（3）尽管本书从政策建议层面解读了成渝地区双城经济圈的政策红利和资源优势，但是成渝地区双城经济圈建立时间仅有几年，时间较短，现阶段难以实证分析其实施效果。因此，在未来的研究中，我们可以构建断点回归和双重差分等模型来进一步合理评估其实施效果，并在此基础上进一步考察不同股权结构城商行在此政策下的跨区经营差异。

参考文献

［1］蔡宏波，宋研霏，马红旗. 城市商业银行设立与僵尸企业的形成
［J］. 中国工业经济，2020（9）：80-98.

［2］蔡卫星. 分支机构市场准入放松、跨区域经营与银行绩效［J］.
金融研究，2016（6）：127-141.

［3］曹廷求，刘海明. 股权分置改革的中期检验：透析内在机理［J］.
改革，2014（7）：137-149.

［4］曹源芳，殷一笑. 货币政策、利率联动效应与银行风险承担［J］.
审计与经济研究，2022，37（3）：107-118.

［5］陈赤平，孔莉霞，苗龙. 房产限购政策是否抑制了僵尸企业形成：
基于双重差分研究设计［J］. 中国经济问题，2022（1）：138-152.

［6］陈敏，高传君. 金融科技发展与我国银行风险承担行为［J］. 学
习与实践，2022（1）：22-33.

［7］陈敏，张莹. 银行竞争与货币政策的银行风险承担渠道［J］. 经
济与管理研究，2022，43（6）：33-47.

［8］陈锐，李金叶. 短期跨境资本流动、汇率波动与银行风险承担：
基于资产价格与流动性错配的中介效应［J］. 金融监管研究，2022（1）：
58-78.

［9］陈瑞华，周峰，刘莉亚. 僵尸企业与企业创新：银行竞争的视角
［J］. 经济管理，2020，42（12）：5-22.

［10］陈卫东，熊启跃，李梦宇. 我国城商行股权结构特征及优化机制
研究［J］. 金融监管研究，2021（4）：59-79.

［11］陈晓雅. 城市商业银行跨区经营的绩效和信用风险研究［J］. 中
国商贸，2013（18）：83-86，88.

［12］陈雄兵，邓伟. 经济政策不确定性加剧了银行盈余管理吗？［J］.
中南财经政法大学学报，2022（2）：16-26.

[13] 陈旭东，严静诗，贾攀. 城商行股权集中度、跨区经营战略与经营业绩 [J]. 当代经济科学，2021，43（5）：101-113.

[14] 陈学彬. 中国商业银行薪酬激励机制分析 [J]. 金融研究，2005（7）：76-94.

[15] 陈一洪. 城商行发展动能转换的理论探索与路径分析 [J]. 南方金融，2021（12）：84-97.

[16] 邓伟，姜娜，宋敏. 借贷便利创新工具改善了商业银行流动性创造吗? [J]. 国际金融研究，2022（7）：58-67.

[17] 丁鑫，倪晴，周晔. 经济周期波动、资本缓冲与商业银行风险承担 [J]. 南方金融，2022（2）：18-29.

[18] 杜莉，刘铮. 数字金融对商业银行信用风险约束与经营效率的影响 [J]. 国际金融研究，2022（6）：75-85.

[19] 杜能. 孤立国同农业和国民经济的关系 [M]. 吴衡康，译. 北京：商务印书馆，1986.

[20] 俄林. 区际贸易和国际贸易 [M]. 逯宇铎，等，译. 北京：华夏出版社，2008.

[21] 范香梅，邱兆祥，张晓云. 我国商业银行跨区域发展的经济效应研究 [J]. 财贸经济，2011（1）：64-71.

[22] 范子英，王倩. 转移支付的公共池效应、补贴与僵尸企业 [J]. 世界经济，2019，42（7）：120-144.

[23] 方明月，孙鲲鹏. 国企混合所有制能治疗僵尸企业吗?：一个混合所有制类啄序逻辑 [J]. 金融研究，2019（1）：91-110.

[24] 方明月，张雨潇，聂辉华. 中小民营企业成为僵尸企业之谜 [J]. 学术月刊，2018，50（3）：75-86.

[25] 顾海兵，米强. 城市商业银行跨区域经营国内外研究综述 [J]. 经济学动态，2009（6）：90-93.

[26] 顾海峰，卞雨晨. 数字金融会影响银行系统性风险吗?：基于中国上市银行的证据 [J]. 中国软科学，2022（2）：32-43.

[27] 顾海峰，高水文. 数字金融是否影响商业银行风险承担：基于中国170家商业银行的证据 [J]. 财经科学，2022（4）：15-30.

[28] 郭丽虹，汪制邦. CEO继任来源、多元化职业经历与僵尸企业治理 [J]. 经济管理，2021，43（9）：86-104.

[29] 郭晔，黄振，姚若琪.战略投资者选择与银行效率：来自城商行的经验证据 [J].经济研究，2020，55（1）：181-197.

[30] 郭晔，马玥.宏观审慎评估体系下的普惠金融与银行风险承担 [J].国际金融研究，2022（6）：55-63.

[31] 郭玉清，张妍."去杠杆"与"降成本"的政策协同：机制分析与经验证据 [J].经济与管理评论，2021，37（4）：44-57.

[32] 韩飞，田昆儒.僵尸企业的微观治理：基于内部控制和相关人持股视角 [J].经济体制改革，2017（5）：101-108.

[33] 韩珣，李建军.金融错配、非金融企业影子银行化与经济"脱实向虚"[J].金融研究，2020（8）：93-111.

[34] 何德旭，张斌彬.居民杠杆与企业债务风险 [J].中国工业经济，2021（2）：155-173.

[35] 何振，王小龙，许敬轩.资本品减税对僵尸企业出清的影响：基于东北地区增值税转型的自然实验 [J].南开经济研究，2021（3）：33-47.

[36] 黄勃，程小萌，李海彤.异地商会与企业风险承担：基于上市公司的实证研究 [J].经济理论与经济管理，2022，42（2）：67-83.

[37] 黄少卿，陈彦.中国僵尸企业的分布特征与分类处置 [J].中国工业经济，2017（3）：24-43.

[38] 姜磊，庞乃琛，张馨月.重工业优先发展战略与企业僵尸化：基于新结构经济学的研究视角 [J].南开经济研究，2022（3）：61-80.

[39] 蒋海，王倩颖，张小林.流动性监管对商业银行风险承担的影响：基于中国银行业监管改革的断点回归分析 [J].国际金融研究，2022（4）：46-56.

[40] 蒋华林.推动成渝地区双城经济圈高等教育一体化发展的思考 [J].重庆高教研究，2020，8（4）：58-70.

[41] 金成晓，李傲.财政补贴、僵尸企业与经济结构 [J].商业研究，2021（5）：1-9.

[42] 金祥荣，李旭超，鲁建坤.僵尸企业的负外部性：税负竞争与正常企业逃税 [J].经济研究，2019，54（12）：70-85.

[43] 康钰，何丹.分与合：历史视角下的成渝地区发展演变 [J].现代城市研究，2015（7）：45-51.

[44] 李广子. 跨区经营与中小银行绩效 [J]. 世界经济, 2014, 37 (11): 119-145.

[45] 李凯, 刘涛, 曹广忠. 城市群空间集聚和扩散的特征与机制: 以长三角城市群、武汉城市群和成渝城市群为例 [J]. 城市规划, 2016, 40 (2): 18-26, 60.

[46] 李力, 黄新飞. 货币政策不确定性与商业银行风险承担研究 [J]. 系统工程理论与实践, 2022, 42 (4): 847-864.

[47] 李连友, 黄保聪. 投桃报李: 财政压力提升与企业杠杆率调整: 来自"准自然实验"的经验证据 [J]. 现代经济探讨, 2021 (11): 15-26.

[48] 李璐, 范建亭. 进入阻力、挤出效应与中小银行跨区域扩张 [J]. 山西财经大学学报, 2022, 44 (7): 42-55.

[49] 李梦雨, 魏熙晔. 经济下行背景下城市商业银行跨区域经营研究 [J]. 中央财经大学学报, 2016 (10): 39-47.

[50] 李平, 程红雨, 王春晖. 进口自由化、僵尸企业与企业生产率 [J]. 南开经济研究, 2021 (6): 197-215.

[51] 李青原, 刘习顺. 会计信息质量与资源配置: 来自我国规模以上工业企业的经验证据 [J]. 会计研究, 2021 (8): 3-21.

[52] 李守伟, 王虎, 刘晓星. 基于银行动态多层网络的系统性风险防控政策效果研究 [J]. 管理工程学报, 2022, 36 (4): 164-176.

[53] 李香菊, 刘硕. 税收优惠政策与僵尸企业挤出效应: 基于上市公司退市风险和创新投入的双重视角 [J]. 当代经济科学, 2021, 43 (2): 84-96.

[54] 李小林, 宗莹萍, 司登奎, 孙越. 非金融企业影子银行业务的反噬效应: 基于企业风险承担的视角 [J]. 财经研究, 2022, 48 (7): 124-137.

[55] 李晓燕. 供给侧结构性改革下中国僵尸企业的识别研究 [J]. 经济体制改革, 2019 (3): 194-200.

[56] 李旭超, 申广军, 金祥荣. 僵尸企业与中国全要素生产率动态演进 [J]. 经济科学, 2021 (1): 44-56.

[57] 李旭超, 宋敏. 僵尸企业债务支付拖欠与民营企业全要素生产率 [J]. 世界经济, 2021, 44 (11): 49-74.

［58］李旭超，王俊毅.银行竞争与僵尸企业的存续和处置［J］.产业经济评论，2022（3）：136-152.

［59］李志生，金凌，孔东民.分支机构空间分布、银行竞争与企业债务决策［J］.经济研究，2020，55（10）：141-158.

［60］刘冲，周峰，刘莉亚，温梦瑶，庞元晨.财政存款、银行竞争与僵尸企业形成［J］.金融研究，2020（11）：113-132.

［61］刘飞.城市商业银行跨区域扩张的收益和风险［J］.金融论坛，2011，16（8）：75-79.

［62］刘峰，肖莹，殷超.并购重组模式下城市商业银行跨区域发展：以徽商银行为例［J］.财会通讯，2014（32）：7-10.

［63］刘惠好，杨扬，金蕾.跨区域经营对城市商业银行 X 效率的影响研究［J］.经济经纬，2014，31（2）：140-145.

［64］刘莉亚，刘冲，陈垠帆，周峰，李明辉.僵尸企业与货币政策降杠杆［J］.经济研究，2019，54（9）：73-89.

［65］刘孟飞，王琦.数字金融对商业银行风险承担的影响机制研究［J］.会计与经济研究，2022，36（1）：86-104.

［66］刘孟儒，沈若萌.结售汇如何影响银行风险承担水平？：基于银行资产负债表的视角［J］.金融研究，2022（5）：57-75.

［67］刘鹏，何冬梅.杠杆率、信贷配置失衡与僵尸企业的形成［J］.现代财经（天津财经大学学报），2021，41（1）：18-32.

［68］卢独景.跨区域发展对城市商业银行贷款损失的影响［J］.金融论坛，2012，17（6）：33-38，58.

［69］卢洪友，刘敏，宋文静.扩权能否抑制僵尸企业：来自"扩权强县"改革自然实验的证据［J］.当代财经，2020（11）：38-49.

［70］卢树立，何振.金融市场扭曲对僵尸企业形成的影响：基于微观企业数据的实证研究［J］.国际金融研究，2019（9）：87-96.

［71］陆文香，冯乾，苏磊.城商行发展、地理区位与区域创新：基于空间溢出视角的考察［J］.金融监管研究，2021（12）：20-38.

［72］陆艺升，徐秋华，罗荣华.尾部风险承担与基金网络［J］.经济学（季刊），2022，22（3）：911-932.

［73］逯东，江沐子.银行竞争与僵尸企业去杠杆［J］.经济理论与经济管理，2021，41（10）：50-64.

[74] 罗孟波，范颖彦. 我国中小商业银行跨区域经营绩效研究 [J]. 中国市场，2013（48）：24-28.

[75] 马灿坤，洪正，韩雨萌. 民营股东会提升城商行公司治理有效性吗？[J]. 中央财经大学学报，2021（12）：69-80.

[76] 马九杰，崔恒瑜，王雪，董翀. 设立村镇银行能否在农村金融市场产生"鲶鱼效应"？：基于农信机构贷款数据的检验 [J]. 中国农村经济，2021（9）：57-79.

[77] 马思超，沈吉，彭俞超. 杠杆率变动、固定资产投资与研发活动：兼论金融赋能高质量发展 [J]. 金融研究，2022（5）：1-19.

[78] 马新啸，汤泰劼，蔡贵龙. 非国有股东治理与国有企业去僵尸化：来自国有上市公司董事会"混合"的经验证据 [J]. 金融研究，2021（3）：95-113.

[79] 马勇，王莹曼. 货币政策及其稳定性对银行风险承担的影响 [J]. 金融评论，2022，14（2）：1-20，123.

[80] 毛其淋，王翊丞. 僵尸企业对中国制造业进口的影响 [J]. 国际贸易问题，2020（10）：17-30.

[81] 孟维福，刘浩杰，王璟怡. 货币宽松、银行竞争与风险承担：理论模型与实证分析 [J]. 经济问题，2022（2）：42-51.

[82] 明雷，刘雨婷，吴苏林. 存款保险制度与农村中小银行风险承担研究 [J]. 投资研究，2022，41（1）：18-31.

[83] 明雷，秦晓雨，杨胜刚. 差别化存款保险费率与银行风险承担：基于我国农村银行的经验证据 [J]. 金融研究，2022（3）：41-59.

[84] 聂辉华，江艇，张雨潇，方明月. 我国僵尸企业的现状、原因与对策 [J]. 宏观经济管理，2016（9）：63-68，88.

[85] 裴丹，陈林. 内外双循环、僵尸企业与出口竞争力 [J]. 中南财经政法大学学报，2021（3）：91-99，156.

[86] 彭妙薇，谭雪，熊浩. 小银行优势、信息成本和中小企业融资：基于城商行合并的准实验研究 [J]. 证券市场导报，2022（6）：22-35.

[87] 彭洋，许明，卢娟. 区域一体化对僵尸企业的影响：以撤县设区为例 [J]. 经济科学，2019（6）：80-91.

[88] 綦勇，杨硕，杨羽頔，侯泽敏. 僵尸企业对正常企业环保投资的影响 [J]. 中国人口·资源与环境，2022，32（3）：108-117.

[89] 钱先航, 曹廷求, 李维安. 晋升压力、官员任期与城市商业银行的贷款行为 [J]. 经济研究, 2011, 46 (12): 72-85.

[90] 乔小乐, 宋林, 戴小勇. 僵尸企业与产能利用率的动态演化: 来自中国制造业企业的经验证据 [J]. 南开经济研究, 2020 (4): 206-225.

[91] 乔小乐, 宋林. 僵尸企业、劳动力资源错配及宏观效率损失: 基于企业间劳动力资源流动视角 [J]. 产业经济研究, 2022 (2): 71-84.

[92] 秦鹏, 刘焕. 成渝地区双城经济圈协同发展的理论逻辑与路径探索: 基于功能主义理论的视角 [J]. 重庆大学学报 (社会科学版), 2021, 27 (2): 44-54.

[93] 邵帅, 尹俊雅, 王海, 杨莉莉. 资源产业依赖对僵尸企业的诱发效应 [J]. 经济研究, 2021, 56 (11): 138-154.

[94] 申嫦娥, 史海霞, 张博雅. 货币政策、政府干预与城商行流动性创造 [J]. 金融论坛, 2021, 26 (10): 70-80.

[95] 申广军. 比较优势与僵尸企业: 基于新结构经济学视角的研究 [J]. 管理世界, 2016 (12): 13-24, 187.

[96] 宋常, 李晓楠. 城市商业银行属地原则放松对银行绩效的影响: 基于重力去管制模型 [J]. 经济理论与经济管理, 2021, 41 (1): 96-112.

[97] 宋建波, 苏子豪, 王德宏. 政府补助、投融资约束与企业僵尸化 [J]. 财贸经济, 2019, 40 (4): 5-19.

[98] 宋美霖, 张屹山, 杨成荣. 存款保险制度早期纠正问题研究: 基于中国商业银行风险承担行为的监管实践 [J]. 国际金融研究, 2022 (4): 57-66.

[99] 孙博文, 李成明, 张伟广. 产业集聚有助于推动僵尸企业处置吗? [J]. 经济与管理研究, 201, 42 (7): 108-125.

[100] 孙博文. 清洁生产标准实施对污染行业僵尸企业的处置效果 [J]. 中国人口·资源与环境, 2021, 31 (11): 48-58.

[101] 孙丽. 经济新常态下不良贷款成因及应对策略 [J]. 商业经济研究, 2018 (24): 149-152.

[102] 孙文浩, 张杰, 康茜. 减税有利于高新技术僵尸企业的创新吗? [J]. 统计研究, 2021, 38 (6): 102-115.

[103] 谭语嫣, 谭之博, 黄益平, 胡永泰. 僵尸企业的投资挤出效应:

基于中国工业企业的证据 [J]. 经济研究, 2017, 52 (5): 175-188.

[104] 铁瑛, 何欢浪. 银行管制放松、财政开源与地方政府债务治理 [J]. 财政研究, 2020 (11): 71-83.

[105] 佟孟华, 于建玲, 费威. "双支柱"调控框架、影子银行与商业银行风险承担 [J]. 财经问题研究, 2022 (7): 57-65.

[106] 王博, 康琦. 商业银行收入多元化与流动性创造 [J]. 中南财经政法大学学报, 2022 (3): 86-100.

[107] 王道平, 刘杨婧卓, 徐宇轩, 刘琳琳. 金融科技、宏观审慎监管与我国银行系统性风险 [J]. 财贸经济, 2022, 43 (4): 71-84.

[108] 王凤荣, 郑志全, 慕庆宇. 僵尸企业如何影响正常企业风险承担?: 中国制造业上市公司的实证研究 [J]. 经济管理, 2019, 41 (10): 37-53.

[109] 王海, 吴梦萱, 尹俊雅. 地区金融机构与僵尸企业: 基于城商行设立的准自然实验 [J]. 统计研究, 2021, 38 (3): 58-70.

[110] 王海林, 高颖超. 僵尸企业对银行的风险溢出效应研究: 基于CoVaR模型和社会网络方法的分析 [J]. 会计研究, 2019 (4): 11-17.

[111] 王佳宁, 罗重谱, 白静. 成渝城市群战略视野的区域中心城市辐射能力 [J]. 改革, 2016 (10): 14-25.

[112] 王可, 周亚拿, 罗璇. 银行互联网化、区域经营跨度与商业银行的发展: 基于城商行设立直销银行的证据 [J]. 广东财经大学学报, 2022, 37 (3): 49-65.

[113] 王擎, 吴玮, 黄娟. 城市商业银行跨区域经营: 信贷扩张、风险水平及银行绩效 [J]. 金融研究, 2012 (1): 141-153.

[114] 王韧, 马红旗. 信贷资源错配与僵尸企业贷款 [J]. 财经科学, 2019 (2): 27-37.

[115] 王韧, 张奇佳. 金融资源错配与杠杆响应机制: 产能过剩领域的微观实证 [J]. 财经科学, 2020 (4): 1-13.

[116] 王万珺, 刘小玄. 为什么僵尸企业能够长期生存 [J]. 中国工业经济, 2018 (10): 61-79.

[117] 王贤彬, 刘淑琳, 黄亮雄. 金融杠杆如何影响城市经济增长: 新的计量证据与机制识别 [J]. 财贸经济, 2021, 42 (11): 36-51.

[118] 王小鲁, 樊纲, 余静文, 2018: 《中国分省份市场化指数报

告》，北京：社会科学文献出版社.

[119] 王修华，熊玮，李思理. 异质性、外部环境与城市商业银行跨区域经营决策 [J]. 财经理论与实践，2015，36（4）：9-14.

[120] 王彦超，蒋亚含. 竞争政策与企业投资：基于《反垄断法》实施的准自然实验 [J]. 经济研究，2020，55（8）：137-152.

[121] 王一欢，詹新宇. 僵尸企业与市场资源配置效率：基于全要素生产率分布的视角 [J]. 当代财经，2021（4）：3-15.

[122] 王奕婷，罗双成. 金融科技与商业银行经营绩效：基于风险承担的中介效应分析 [J]. 金融论坛，2022，27（4）：19-30.

[123] 王永钦，段白鸽，钱佳辉. 中国的"影子保险"：来自监管自然实验的证据 [J]. 金融研究，2022（4）：18-38.

· [124] 韦伯. 工业区位论 [M]. 李刚剑，译. 北京：商务印书馆，1997.

[125] 吴清扬. 僵尸企业如何影响企业污染排放：微观环境数据实证 [J]. 中国人口·资源与环境，2021，31（11）：34-47.

[126] 吴永钢，蒋铭磊. 经济政策不确定性、公司治理水平与房企去杠杆 [J]. 南开学报（哲学社会科学版），2021（5）：82-96.

[127] 肖虹，裘益政，刘巧瑜. 新冠肺炎疫情下逆周期信贷政策效用研究：基于企业资产负债表渠道与银行风险承担渠道视角 [J]. 商业经济与管理，2022（6）：81-97.

[128] 肖兴志，黄振国. 僵尸企业如何阻碍产业发展：基于异质性视角的机理分析 [J]. 世界经济，2019，42（2）：122-146.

[129] 肖兴志，张伟广，朝镛. 僵尸企业与就业增长：保护还是排挤？[J]. 管理世界，2019，35（8）：69-83.

[130] 肖正，翟胜宝，张静. 引入国有资本能够化解民营企业僵尸化风险吗？：来自中国上市公司的经验证据 [J]. 经济管理，2022，44（2）：36-56.

[131] 谢申祥，范鹏飞，郭丽娟. 互联网对企业生存风险的影响与异质性分析 [J]. 数量经济技术经济研究，2021，38（3）：140-159.

[132] 谢贤君，王晓芳. 跨境资本流动对银行风险的影响：基于风险累积效应和风险传染效应的视角 [J]. 改革，2022（2）：127-143.

[133] 邢斐，陈诗英，蔡嘉瑶. 企业集团、产业生命周期与战略选择

[J]. 中国工业经济, 2022 (6): 174-192.

[134] 熊兵. 僵尸企业治理的他国经验 [J]. 改革, 2016 (3): 120-127.

[135] 熊家财, 杨来峰. 地方金融发展能缓解企业投融资期限错配吗? 来自城商行设立的准自然实验 [J]. 当代经济科学, 2022, 44 (4): 103-114.

[136] 徐辉, 铁心蕊. 城市商业银行跨区经营与僵尸企业生存风险: 兼论产权和规模异质性下的效应差异 [J]. 区域金融研究, 2022 (6): 35-42.

[137] 徐璐, 叶光亮. 存款保险、市场竞争与银行经营稳健性 [J]. 金融研究, 2022 (1): 115-134.

[138] 徐明东, 陈学彬. 货币环境、资本充足率与商业银行风险承担 [J]. 金融研究, 2012 (7): 50-62, 489.

[139] 徐斯旸, 张雪兰, 杨先旭, 辛冲冲. 银行资本监管失灵与僵尸贷款的"泥流效应" [J]. 金融经济学研究, 2021, 36 (2): 67-86.

[140] 许江波, 卿小权. 僵尸企业对供应商的溢出效应及其影响因素 [J]. 经济管理, 2019, 41 (3): 56-72.

[141] 许坤, 吴蒙, 刘扬. 民营资本持股、非标债权业务与城商行稳健经营 [J]. 国际金融研究, 2021 (4): 67-76.

[142] 严太华, 刘焕鹏. 城市商业银行跨区域经营的决定因素: 理论模型与实证分析 [J]. 金融经济学研究, 2013, 28 (6): 66-75.

[143] 杨龙见, 王路, 刘冲. 社保降费、融资约束与僵尸企业处置 [J]. 财贸经济, 2020, 41 (8): 19-33.

[144] 杨松令, 孔嘉欣, 刘亭立. 大股东持股对僵尸企业的影响研究 [J]. 华东经济管理, 2018, 32 (11): 144-150.

[145] 杨志才, 王海杰. 环境监控与新僵尸企业形成 [J]. 经济科学, 2022 (2): 110-125.

[146] 姚建军. 城市商业银行跨区域经营隐忧及策略探析 [J]. 南方金融, 2010 (7): 77-78, 18.

[147] 姚作林, 涂建军, 牛慧敏, 哈琳, 李剑波. 成渝经济区城市群空间结构要素特征分析 [J]. 经济地理, 2017, 37 (1): 82-89.

[148] 游家兴, 魏珊珊, 刘淳. 流水不腐, 户枢不蠹: 创新型地方政府与经济高质量发展: 基于僵尸企业的研究视角 [J]. 统计研究, 2021,

38 (10): 38-47.

[149] 余典范, 孙好雨, 许锐翔. 去产能、生产率与中国式僵尸企业复活: 基于中国工业企业的证据 [J]. 财经研究, 2020, 46 (7): 4-18.

[150] 郁芸君, 张一林, 陈卓, 蒲明. 缓兵之计? 地方债务展期与隐性违约风险: 来自地方融资平台"借新还旧"的经验证据 [J]. 经济学 (季刊), 2022, 22 (3): 955-976.

[151] 喻微锋, 郑建峡. 互联网金融、货币政策与银行风险承担 [J]. 统计研究, 2022, 39 (6): 68-85.

[152] 袁晓晖, 王博. 外汇储备积累、公告信息与风险承担: 来自不同频率数据的证据 [J]. 现代财经 (天津财经大学学报), 2022, 42 (2): 50-67.

[153] 张爱萍, 胡奕明. 僵尸企业、地方政府与经济高质量发展: 基于企业贡献度的研究视角 [J]. 山西财经大学学报, 2021, 43 (2): 71-85.

[154] 张栋, 赵文卓. 僵尸企业占用银行信贷的负外部性: 基于商业信用的视角 [J]. 当代财经, 2021 (3): 124-135.

[155] 张峰, 丁思琪. 市场化改革对僵尸企业的抑制效应 [J]. 改革, 2019 (6): 135-146.

[156] 张吉光. 城市商业银行跨区域发展现状、问题及对策建议 [J]. 内蒙古金融研究, 2010 (2): 14-19.

[157] 张杰, 郑文平, 新夫. 中国的银行管制放松、结构性竞争和企业创新 [J]. 中国工业经济, 2017 (10): 118-136.

[158] 张俊美, 许家云. 国企改革抑制僵尸企业的形成吗: 以外部监管为例 [J]. 财经论丛, 2022 (3): 102-112.

[159] 张琳, 廉永辉, 方意. 政策连续性与商业银行系统性风险 [J]. 金融研究, 2022 (5): 95-113.

[160] 张龙鹏, 钟易霖, 汤志伟. 行政审批改革会抑制僵尸企业的形成吗? [J]. 经济体制改革, 2019 (3): 179-184.

[161] 张敏, 刘颛, 张雯. 关联贷款与商业银行的薪酬契约: 基于我国商业银行的经验证据 [J]. 金融研究, 2012 (5): 108-122.

[162] 张敏, 童丽静, 张珂源. 政治资源有助于城市商业银行"走出去"吗: 来自城商行跨区域经营的经验证据 [J]. 系统工程理论与实践,

2018, 38 (4): 873-884.

[163] 张鹏杨. 僵尸企业如何影响企业嵌入全球价值链 [J]. 当代财经, 2021 (5): 115-126.

[164] 张少东, 王道平, 范小云. "去产能"与我国系统性风险防范 [J]. 经济学动态, 2020 (10): 110-126.

[165] 张天华, 汪昱彤. 僵尸企业如何扭曲了经济运行: 基于企业规模分布视角 [J]. 产业经济研究, 2020 (5): 128-142.

[166] 张甜, 曹廷求. 地方财政风险金融化: 来自城商行的证据 [J]. 财贸经济, 2022, 43 (4): 21-35.

[167] 张璇, 李金洋. 僵尸企业、退出行为和资源错配: 来自中国工业企业的证据 [J]. 经济学动态, 2019 (3): 74-90.

[168] 张璇, 李子健, 李春涛. 银行业竞争、融资约束与企业创新: 中国工业企业的经验证据 [J]. 金融研究, 2019 (10): 98-116.

[169] 张学良, 张明斗, 肖航. 成渝城市群城市收缩的空间格局与形成机制研究 [J]. 重庆大学学报 (社会科学版), 2018, 24 (6): 1-14.

[170] 张瑶, 王斌, 刘艺林. 财政政策、经济周期与企业盈利 [J]. 南开经济研究, 2022 (4): 43-61.

[171] 张一林, 林毅夫, 龚强. 企业规模、银行规模与最优银行业结构: 基于新结构经济学的视角 [J]. 管理世界, 2019, 35 (3): 31-47, 206.

[172] 张正平, 刘云华. 数字金融发展对农村商业银行运营效率的影响: 基于 2014-2018 年非平衡面板数据的实证研究 [J]. 农业技术经济, 2022 (4): 67-81.

[173] 郑志刚, 李邈, 金天, 黄继承. 有限合伙协议构架与上市公司治理 [J]. 管理世界, 2022, 38 (7): 184-201.

[174] 郑宗杰, 任碧云. 金融科技、政府监管与商业银行风险承担 [J]. 科学决策, 2022 (2): 103-115.

[175] 周好文, 刘飞. 城市商业银行跨区域经营模式分析 [J]. 金融论坛, 2010, 15 (10): 52-56.

[176] 周亚拿, 武立东, 王凯. 地方环境保护压力、国有股权与银行信贷投放: 基于我国城市商业银行的实证研究 [J]. 管理评论, 2022, 34 (4): 19-33.

[177] 周晔，王亚梅. 融资流动性、资金稳定性与商业银行风险承担 [J]. 暨南学报（哲学社会科学版），2022，44（1）：115-132.

[178] 周晔，王亚梅. 银行竞争、资产流动性与风险承担 [J]. 国际金融研究，2022（1）：62-71.

[179] 周忠民，李振英，马本江，张燕. 银行信贷、非效率投资与僵尸企业：来自中国 A 股上市公司的经验证据 [J]. 财经理论与实践，2020，41（2）：15-23.

[180] 朱丹，潘攀. 经济政策不确定性下银行风险承担对企业投资效率的影响 [J]. 中国软科学，2022（3）：173-182.

[181] 诸竹君，黄先海，王煌. 僵尸企业如何影响企业加成率：来自中国工业企业的证据 [J]. 财贸经济，2019，40（6）：131-146.

[182] 祝继高，饶品贵，鲍明明. 股权结构、信贷行为与银行绩效：基于我国城市商业银行数据的实证研究 [J]. 金融研究，2012（7）：48-62.

[183] 庄毓敏，张祎. 流动性监管、银行稳健性与货币政策传导 [J]. 中国工业经济，2022（6）：5-23.

[184] 左晓慧，杨成志. 影子银行、监管压力与商业银行风险承担 [J]. 经济问题，2022（6）：48-57.

[185] 李娟娟，李笃蒙，刘溪源. 中国金融权力架构与区域金融风险的空间关联：基于隐性金融分权的视角 [J]. 财经科学，2024（7）：34-50.

[186] 乔俊峰，尹星怡，刘康颖. 城市商业银行设立对资本要素市场整合的影响：促进还是抑制？：基于准自然实验的分析 [J]. 财经论丛，2024（6）：46-56.

[187] 邵磊，巴曙松. 硅谷银行破产、声誉风险跨国传染与股价异动：来自中国 A 股上市银行的证据 [J]. 投资研究，2024，43（6）：4-21.

[188] 李茂林，王子路，何光辉，等. 银行业金融科技创新、结构性普惠效应与创业活力 [J]. 管理世界，2024，40（6）：195-224.

[189] 王龑. 负担还是红利：最低工资政策如何影响城商行信贷风险 [J]. 金融经济学研究，2024，39（4）：53-71.

[190] 李一花，祝婕. 我国城市商业银行隐性担保测度及其演化研究 [J]. 当代财经，2024（8）：59-71.

[191] 方芳, 李强. 商业银行数字化转型如何影响风险承担: 基于负债成本与信贷选择机制的分析 [J]. 贵州财经大学学报, 2024 (3): 31-39.

[192] 赵业翔, 周爱民. 降价抛售、系统性风险与银行系统稳定性 [J]. 当代财经, 2024 (7): 71-87.

[193] 王鹏. 银行全要素生产率测算与金融高质量发展 [J]. 经济研究, 2024, 59 (2): 78-96.

[194] 杨子晖, 李东承, 陈雨恬. 金融市场的 "绿天鹅" 风险研究: 基于物理风险与转型风险的双重视角 [J]. 管理世界, 2024, 40 (2): 47-67.

[195] 朱军, 唐凯, 张鸣菊, 等. 信贷资产证券化能提升城商行盈利能力吗: 基于 10 家城商行面板数据的实证研究 [J]. 中国软科学, 2024 (1): 164-174.

[196] 王年咏, 吴宛珂, 周先平. 商业银行设立理财子公司能够实现风险隔离吗? [J]. 中南财经政法大学学报, 2024 (1): 71-81.

[197] 江成涛, 蒋长流. 信贷市场跨区域整合与地区创业活力激发: 来自城商行合并重组和新企业进入的证据 [J]. 山西财经大学学报, 2024, 46 (1): 54-68.

[198] 张晓明, 周鹤罡. 金融科技与银行的风险联动性研究: 基于港股上市企业的网络分析 [J]. 金融评论, 2023, 15 (6): 72-101, 123-124.

[199] 亓浩, 朱泳奕, 盛天翔, 等. 地方经济政策不确定性与中小银行资金跨区域配置 [J]. 财经理论与实践, 2023, 44 (6): 13-20.

[200] 胡国晖, 朱露露. 金融科技对商业银行全要素生产率的影响及作用机制 [J]. 科技管理研究, 2023, 43 (22): 175-182.

[201] 王亚楠, 梁琪琪, 许明杨. 社会资本、社会责任与商业银行客户关系 [J]. 武汉金融, 2023 (11): 70-78.

[202] 黄东霞, 邓凯骅. 商业银行贷款损失准备前瞻性研究: 基于预期损失模型的新证据 [J]. 国际金融研究, 2023 (11): 63-74.

[203] 武春桃. 数字经济对城市商业银行风险承担的影响 [J]. 经济经纬, 2023, 40 (6): 149-160.

[204] 王龔. 省域数字经济发展与城市商业银行零售业务转型 [J].

当代经济管理，2024，46（1）：84-96.

[205] 阳佳余，阮梦瑜. 中国制造业资源错配测度及效率提升路径：基于融资错配视角 [J]. 财经科学，2023（11）：48-65.

[206] 罗兴，徐贤焱，付俊霞，等. 股权制衡能缓解城商行信贷投向的大股东控制吗 [J]. 金融与经济，2023（11）：31-45.

[207] 朱迪星. 资本质量、公司治理与中小银行风险偏好研究 [J]. 金融监管研究，2023（10）：22-41.

[208] 肖锐，罗刚，洪正，等. 金融分权影响民营企业融资约束的途径：一个补充讨论 [J]. 当代经济科学，2024，46（1）：16-29.

[209] 胡海峰，白宗航，王爱萍. 银行业竞争吸引了企业异地投资吗 [J]. 经济学动态，2023（10）：33-51.

[210] 蔡源，崔婕. 气候转型风险冲击下我国商业银行气候脆弱性研究：基于压力测试模型的实证分析 [J]. 武汉金融，2023（10）：3-12.

[211] 蔡晓慧，张文，丁骋骋. 城市商业银行合并重组和小企业贷款 [J]. 财经论丛，2023（10）：47-57.

[212] 盛雯雯. 新形势下稳妥化解中小银行风险 [J]. 宏观经济管理，2023（10）：59-67.

[213] 刘志东，谢泽中，荆中博，等. 地方政府财政实力、超额信贷扩张与城商行流动性风险 [J]. 系统科学与数学，2023，43（12）：3148-3175.

[214] 刘莉亚，李涛. 金融开放深化提升了银行绩效吗?：来自中国金融开放冲击的证据 [J]. 财经研究，2023，49（8）：139-152.

[215] 张庆君，莫立颖. 数字化转型与银行行为：基于银行负债结构视角 [J]. 金融与经济，2023（7）：76-87.

[216] 许坤，包健，厉佳荣. 民营资本控股与城市商业银行杠杆分化：民营资本扩张的金融边界 [J]. 经济问题，2023（7）：44-51.

[217] 张吉光. 中小银行改革转型应对之策 [J]. 中国金融，2023（12）：48-50.

[218] 曾刚. 迎接中小银行的经营挑战 [J]. 中国金融，2023（12）：50-52.

[219] 王慧. 中小银行风险及其审计研讨会综述 [J]. 审计研究，2023（3）：51-55.

[220] 李昊骅, 张前诚, 刘雪, 等. 政府融资平台贷款对商业银行绩效弊大于利吗 [J]. 中国经济问题, 2023 (3): 166-180.

[221] 徐悦, 张桥云. 区域金融中心建设与金融资源空间格局优化: 省域单中心与多中心的比较 [J]. 西部论坛, 2023, 33 (2): 79-95.

[222] 高嘉璘, 王雪标, 白玮炜. 净稳定资金比率对银行系统性风险的影响研究 [J]. 西南民族大学学报 (人文社会科学版), 2023, 44 (4): 116-126.

[223] 郑宁, 杨小洋, 祁敬宇. 银行扩张与风险承担水平: 基于银行发起设立村镇银行视角 [J]. 金融评论, 2023, 15 (2): 1-24, 124.

[224] 刿志衡. 中小银行大股东行为特征及影响 [J]. 中国金融, 2023 (7): 27-29.

[225] 张云飞. 挖掘城商行数字化转型的数据潜力 [J]. 中国金融, 2023 (7): 58-59.

[226] 高昊宇, 黄林蕤, 王梓静. 存款保险制度的风险承担效应: 基于城商行的实证研究 [J]. 系统工程理论与实践, 2023, 43 (7): 1960-1977.

[227] 本刊编辑部. 金融改革发展建言录: 两会经济金融界部分代表委员谈金融 [J]. 中国金融, 2023 (6): 9-29.

[228] 石绍宾, 毛捷, 管星华. 融资平台债务与城商行绩效 [J]. 财贸经济, 2023, 44 (3): 5-23.

[229] 李柯楠. 融资约束视角下城商行信贷对企业对外直接投资的影响研究 [J]. 国际商务 (对外经济贸易大学学报), 2023 (2): 85-101.

[230] 胡海峰, 白宗航, 王爱萍. 银行业竞争是否助推企业金融化? [J]. 金融论坛, 2023, 28 (3): 40-47, 80.

[231] 邓凯骅, 郝镓鳌. 城商行跨区域经营再思考: 基于跨省份禁令的新证据 [J]. 经济理论与经济管理, 2023, 43 (1): 44-59.

[232] 周飞. 数字化视角下农村金融市场结构重塑与优化 [J]. 西南金融, 2023 (1): 71-86.

[233] 李程, 张志欣. 金融分权视角下地方政府隐性债务对城商行风险承担水平的影响研究 [J]. 武汉金融, 2023 (1): 60-70.

[234] 薛畅, 何青, 张策. 银行业的跨地联通与区域协同发展 [J]. 系统工程理论与实践, 2023, 43 (1): 1-19.

[235] 丁辉，刘新恒，李广众. 银行业竞争提高企业劳动收入份额：来自中国制造业上市公司的经验证据 [J]. 经济学（季刊），2024，24（4）：1343-1357.

[236] 朱弘毅，荆林波. 银行业竞争对居民消费水平的影响：基于CFPS 数据的实证分析 [J]. 山西财经大学学报，2024，46（8）：46-58.

[237] 黄允爵，叶德珠. 银行业竞争与信贷跨区域流动：来自上市公司贷款的证据 [J/OL]. 金融评论，2024（1）：45-70，154-15.

[238] 王禹，曹以伦. 贷款受托支付与企业短贷长投 [J]. 金融论坛，2024，29（7）：26-36.

[239] 陈堂，陈光，陈鹏羽. 成渝地区双城经济圈数字化要素对产业结构升级的空间效应 [J]. 科技管理研究，2024，44（12）：85-93.

[240] 吴贾，宋钰娇，邹淑仪. 银行竞争增加如何影响企业劳动力雇佣：来自银行管制放松的准自然实验的证据 [J]. 中央财经大学学报，2024（6）：39-64.

[241] 向鹏成，游昀艳. 基于复杂网络的成渝地区双城经济圈区域铁路网络时空演化研究 [J]. 铁道运输与经济，2024，46（6）：135-142，197.

[242] 乔俊峰，尹星怡，刘康颖. 城市商业银行设立对资本要素市场整合的影响：促进还是抑制？：基于准自然实验的分析 [J]. 财经论丛，2024（6）：46-56.

[243] 刘培森，邹宝玲. 银行业竞争能促进乡村产业振兴吗？：基于新质生产力的视角 [J]. 技术经济，2024，43（5）：57-69.

[244] 王蕾茜，刘泓汛，余怒涛. 人口老龄化对企业数字化转型的影响研究 [J]. 科研管理，2024，45（5）：182-192.

[245] 刘敏，李小玲. 以行政协同治理推动区域协同发展：成渝地区双城经济圈协同推进机关事务标准化工作范例 [J]. 重庆大学学报（社会科学版），2024，30（3）：290-305.

[246] 杨毅，许晨杨. 成渝地区双城经济圈区域协调发展的理论逻辑、实践创新与优化路径 [J]. 西南大学学报（社会科学版），2024，50（3）：41-52.

[247] 洪金明，吕学振. 银行业竞争对企业产能利用率的影响研究 [J]. 金融论坛，2024，29（4）：48-58.

[248] 张扬, 陈雨露, 王兴平, 等. 成渝地区双城经济圈要素流动障碍水平测度及影响因素 [J]. 自然资源学报, 2024, 39 (4): 897-911.

[249] 郑艺, 苏维词. 成渝地区双城经济圈城乡融合时空分异及影响因素研究 [J]. 地域研究与开发, 2024, 43 (2): 28-34.

[250] 成肖. 成渝地区双城经济圈协同创新主体网络结构演化及影响因素研究 [J]. 经济体制改革, 2024 (2): 33-40.

[251] 王浩力, 向静, 黄庆华. 成渝地区双城经济圈数字技术应用业时空演化特征及驱动因素 [J]. 世界地理研究, 2024, 33 (3): 131-146.

[252] 张晓杰, 王孝. 均衡性与可及性: 城市群基本公共服务均等化: 基于长三角城市群和成渝双城经济圈的比较分析 [J]. 价格理论与实践, 2024 (3): 210-215.

[253] 冯珏, 汪颖栋, 陈梦洁. 银行金融科技、借贷距离与银行业竞争: 基于信贷多元化的视角 [J]. 当代财经, 2024 (5): 73-85.

[254] 严涵, 黄飞鸣. 银行业竞争、融资约束与企业现金股利分配: 基于银行分支机构空间分布的检验 [J]. 金融论坛, 2024, 29 (2): 15-25.

[255] 苏理云, 张彤, 曾诗懿, 等. 成渝双城经济圈高质量发展质量及协调性研究 [J]. 重庆理工大学学报 (自然科学), 2024, 38 (2): 322-332.

[256] 潘爽, 唐绅峰, 叶德珠, 等. 数字经济对出口技术复杂度的影响研究: 基于城市面板数据的实证分析 [J]. 财贸研究, 2024, 35 (2): 15-30.

[257] 孙畅, 冯仁琼. 数字经济与产业耦合共生发展: 以成渝地区双城经济圈为例 [J]. 统计与决策, 2024, 40 (3): 133-138.

[258] 甘元玲. 流通现代化对区域市场整合的影响机制分析: 以成渝地区双城经济圈为例 [J]. 商业经济研究, 2024 (3): 189-192.

[259] 陈克兢, 甄嘉华, 熊熊, 等. 金融科技会诱发企业超额银行借款吗?: 基于央行金融科技应用试点政策的准自然实验 [J]. 财经研究, 2024, 50 (2): 47-62.

[260] 庄毓敏, 郗继磊. 银行体系结构与科技型企业发展逻辑 [J]. 中国金融, 2024 (3): 52-53.

[261] 何涌, 张影. 金融科技与企业投融资期限错配: 基于会计信息

披露质量和银行业竞争视角 [J]. 金融发展研究, 2024 (1)：70-78.

[262] 时朋飞, 徐艳清, 龙荟冰, 等. 高质量发展背景下成渝地区双城经济圈旅游业竞争力时空特征演变研究 [J]. 湖南师范大学自然科学学报, 2024, 47 (2)：71-79.

[263] 王蕾, 陈靖, 何婧. 地方金融监管改革与实体企业回归本源：基于地方金融"办升局"的准自然实验 [J]. 财经研究, 2024, 50 (1)：19-33.

[264] 高明英, 鲍祎鑫, 魏浩, 等. 成渝地区双城经济圈医疗服务水平与新型城镇化的协同性及障碍度研究 [J]. 医学与社会, 2024, 37 (1)：43-49, 56

[265] 严涵. 银行业竞争如何影响企业现金持有动态调整：基于上市企业的实证检验 [J]. 金融监管研究, 2023 (12)：82-101.

[266] 桂荷发, 邓茹莎. 商业银行数字化转型提升了中小企业信贷可得性吗 [J]. 江西财经大学学报, 2024 (1)：25-36.

[267] 孙平军, 卢铭沁, 王亚辉, 等. 成渝地区双城经济圈人口结构特征及空间分布影响因素研究：基于第六、七次全国人口普查数据 [J]. 西北人口, 2024, 45 (1)：113-126.

[268] 黄勤, 杨理珍. 成渝地区双城经济圈工业结构变动对碳排放的影响研究 [J]. 经济体制改革, 2023 (6)：72-81.

[269] 李春, 王金柱, 刘勇, 等. 成渝地区双城经济圈的城市扩张时空演变特征 [J]. 现代城市研究, 2023 (11)：34-41, 50.

[270] 姚琳, 易晓雨, 何伊曼. 成渝地区双城经济圈职业教育一体化发展的内在逻辑与协同路径 [J]. 西南大学学报 (社会科学版), 2023, 49 (6)：251-259.

[271] 黄庆华, 向静, 潘婷. 成渝地区双城经济圈产业融合发展：水平测度、时空分布及动力机制 [J]. 重庆大学学报 (社会科学版), 2023, 29 (6)：17-35.

[272] 刘嗣方, 杨颖, 等. 深化成渝地区双城经济圈市场化改革研究 [J]. 重庆社会科学, 2023 (10)：6-27.

[273] 陆远权, 陈莉, 张源. 成渝地区双城经济圈劳动力市场一体化测度及影响因素研究 [J]. 中国软科学, 2023 (10)：88-97.

[274] 胡海峰, 白宗航, 王爱萍. 银行业竞争吸引了企业异地投资吗

[J]. 经济学动态，2023（10）：33-51.

[275] 王修华，赵亚雄. 县域银行业竞争与农户共同富裕：绝对收入和相对收入的双重视角 [J]. 经济研究，2023，58（9）：98-115.

[276] 骆佳玲，赵伟，李燕辉，等. 成渝地区双城经济圈生态空间区划及管控机制 [J]. 水土保持学报，2023，37（4）：327-335.

[277] 严涵，陈永良. 银行业竞争与企业现金持有价值 [J]. 金融与经济，2023（8）：54-68.

[278] 张超林，杨竹清. 银行业竞争对小微企业的普惠效应研究：基于金融地理结构的微观证据 [J]. 金融经济学研究，2023，38（5）：21-39.

[279] 马兆良，许博强. 银行业结构性竞争、统一大市场建设与制造业出口质量 [J]. 商业研究，2023（4）：1-9.

[280] 李亚玲，侯兰功，杜小戈. 成渝地区双城经济圈物流空间联系及其网络结构研究 [J]. 西安理工大学学报，2024，40（1）：90-99.

[281] 唐绅峰，潘爽，吴文洋. 数字经济提升了劳动生产率吗?：基于中国城市面板数据的实证分析 [J]. 经济问题探索，2023（7）：142-157.

[282] 黄承锋，田少斌，李元龙，等. 交通驱动作用下成渝地区双城经济圈经济联系空间异质性分析 [J]. 铁道运输与经济，2023，45（8）：96-102，112.

[283] 张超林，李梦平. 银行业竞争与企业数字化转型研究：基于中国上市公司的经验数据 [J]. 武汉金融，2023（6）：42-52.

[284] 刘小双. 我国工业绿色发展效率测度及其影响因素研究：基于成渝地区双城经济圈面板数据的分析 [J]. 价格理论与实践，2023（5）：172-175，210.

[285] 彭庭莹，陈刚. 成渝地区双城经济圈多维城市网络特征及其影响机制 [J]. 湖南师范大学自然科学学报，2023，46（3）：51-60.

[286] 汪鑫，张惠琴，蒋政. 成渝地区双城经济圈大数据发展政策特征与演化逻辑 [J]. 中国行政管理，2023，39（5）：125-131.

[287] 陈升，王鹏，罗伟华. 国家重大区域公共政策决策过程研究：以成渝地区双城经济圈建设规划纲要为例 [J]. 中国行政管理，2023，39（5）：116-124.

[288] 李水平. 数字金融发展与中国商业银行竞争新优势 [J]. 系统

工程，2023，41（4）：117-126.

[289] 薛蕾. 农业现代化视角下农业碳减排的主要形势、面临困境与实现路径：以成渝地区为例 [J]. 西南金融，2023（5）：70-82.

[290] 王婷，杜勇. "一带一路" 倡议与企业金融化：兼论制度环境及银行业竞争的调节效应 [J]. 西南大学学报（社会科学版），2023，49（3）：129-141

[291] 贺炎林，刘克富. 金融科技与中小微企业信贷获取：基于新三板企业的实证研究 [J]. 技术经济，2023，42（4）：185-199.

[292] 郑欢，方行明，苏梦颖. 产业集聚、环境规制与工业绿色发展效率：基于成渝地区双城经济圈的实证 [J]. 统计与决策，2023，39（8）：74-79.

[293] 管考磊，朱海宁. 资本市场开放与公司杠杆操纵：基于 "沪深港通" 的经验证据 [J]. 世界经济研究，2023（4）：73-86，135.

[294] 杨晓霞，玉波香，刘亚男. 5A级旅游景区网络关注时空特征及影响因素研究：基于成渝地区双城经济圈的分析 [J]. 价格理论与实践，2023（4）：185-189.

[295] AGRAWAL M, GOEL M. Architecture for Masses 2019 Ekistics: An approach to urban-regional planning and development Crisis of Urban Experience and Life quality-in Indian city market: A case of Krishna Rajendra Market, Bangalore [C]. 7th National Seminar on Architecture for Masses. 2019.

[296] AKHIGBE A, WHYTE A M. Changes in market assessments of bank risk following the Riegle-Neal Act of 1994 [J]. Journal of Banking & Finance, 2003, 27 (1): 87-102.

[297] ALBERTAZZI, U, D J MARCHETTI. Credit supply, flight to quality and evergreening: An analysis of bank-firm relationships afte Lehman [R]. Working Paper, 2010.

[298] ALLEN F, QIAN J, ZHANG C, et al. China's Financial System: Opportunities and Challenges [J]. Social Science Electronic Publishing, 2012: 63-143.

[299] ALLEN, GALE. Competition and financial stability [J]. Journal of Money, Credit and Banking, 2004, 36 (3): 453-480

[300] ANNING F. an empirical assessment of cross-border banking & as-

sociated risks of banks [J]. 2019.

[301] AUBUCHON C P, WHEELOCK D C. The geographic distribution and characteristics of US bank failures [J]. 2001−2010: do bank failures still reflect local economic conditions?, 2010 (9/10): 395−415.

[302] BAELE L, O1IVIER J, VENNET V. Does the stock market value bank diverisification? [J]. Journal of Banking and Finance, 2007, 31 (7): 1999—2023.

[303] BAI Q. Corporate Culture and Urban Commercial Banks Credit Risk Management Innovation [J]. The Theory and Practice of Innovation and Entrepreneurship, 2018.

[304] BARTL, WALTER. Space and Banks: Regarding the Functioning of Regional Banks [J]. International Journal of Urban & Regional Research, 2018.

[305] BECK T, LEVINE R, LEVKOV A. Big Bad Banks? The Winners and Losers from Bank Deregulation in the United States [J]. The Journal of Finance, 2010, 65 (5): 1637−1667.

[306] BENNETT J, CHIEN Y L. Same Target, Different Economies: A Cross−Country Analysis of Inflation [J]. The Regional Economist, 2020, 28.

[307] BERGER A N, MESTER L J. Explaining the dramatic changes in performance of US banks: technological change, deregulation, and dynamic changes in competition [J]. Working Papers, 2003, 12 (1): 57−95.

[308] BERGER A N., DEYOUNG R. "Technological Progress and the Geographic Expansion of the Banking Industry". Journal of Money, Credit and Banking, 2006, 38 (6): 483−513.

[309] BERGER A N, I HASAN, M ZHOU. The Effects of Focus versus Diversification on Bank Performance: Evidence from Chinese Banks [J]. Journal of Banking and Finance, 2010, 34 (7): 1417−1435.

[310] BERGER A N, R J ROSEN, G F UDELL. Does Market Size Structure Affect Competition? The Case of Small Business Lending [J]. Journal of Banking & Finance, 2007, 31 (1): 11−33.

[311] BERROSPIDE J M, BLACK L K, KEETON W R. The Cross−Market Spillover of Economic Shocks through Multimarket Banks [J]. Journal of

money, credit and banking, 2016, 48 (5): 957-988.

[312] BERTRAND M, THESMAR S D. Banking Deregulation and Industry Structure: Evidence from the French Banking Reforms of 1985 [J]. The Journal of Finance, 2007, 62 (2): 597-628.

[313] BI A, HM B, ET C, et al. Trade policy preferences and cross-regional differences: Evidence from individual-level data of Japan [J]. Journal of the Japanese and International Economies, 2019, 51: 99-109.

[314] BONGINI P, BATTISTA M L D, ZAVARRONE E. The Value of Relationship Lending: Small Banks in an Era of Consolidation [J]. Economic Notes, 2007, 36 (3): 209-230.

[315] BOOT W, SCHMEITS A. Market discipline and incentive problems in conglo merate firms with applications to banking [J]. Journal of Financial Intermediation, 2000, 9 (3): 240-273.

[316] BOS W B, KOLARI J W. Large Bank Efficiency in Europe and the United States: are there economic motivations for geographic expension in financial services? [J]. Journal of Business, 2005, 78 (4): 1555-1592

[317] BRANDT L, BIESEBROECK J V, ZHANG Y. Creative Accounting or Creative Destruction? Firm-level Productivity Growth in Chinese Manufacturing [J]. Journal of Development Economics, 2012, 97 (2): 339-351.

[318] BRANDT L, J. VAN BIESEBROECK, Y ZHANG. Challenges of Working with the Chinese NBS Firm-level Data. China Economic Review, 2014, 30: 339-352.

[319] BRICKLEY, JAMES A, JAMES S LINK, CLIFFORD W SMITH JR. Boundaries of the Firm: Evidence from the Bankind Industry [J]. Journal of Financial Economics, 2003 (70): 351-383

[320] CABALLERO R J, HOSHI T, KASHYAP A K. Zombie Lending and Depressed Restructuring in Japan [J]. American Economic Review, 2008, 98: 121-129.

[321] CHAKRABORTY S, J PEEK. Cherry-picking Winners or Aiding the Distressed? Anatomy of a Financial Crisis Intervention [R]. Working Paper, 2012.

[322] CHEN D A, JI B, SUN D C, et al. Pricing and equity in cross-re-

gional green supply chains [J]. European Journal of Operational Research, 2020, 280 (3): 970-987.

[323] CHEN X, BELADI H. The impact of the macroeconomic factors in the bank efficiency: Evidence from the Chinese city banks. 2021.

[324] CHEN X, LU C C. The impact of the macroeconomic factors in the bank efficiency: Evidence from the Chinese city banks [J]. The North American Journal of Economics and Finance, 2020, 55 (2): 101294.

[325] CHEN Y, QUANZHOU B O. Management Evolution of the Branches of Urban Commercial Banks in the Post Cross-Regional Era: A Study Based on Multiple Cases [J]. Journal of Management, 2016.

[326] CHUANRUI, ZHU. The Impact of Foreign Strategic Investors' Shareholding Changes on China's Commercial Banks under the Impact of International Liquidity Crisis: Targeting at Bank of China and its Foreign Strategic Investors in Financial Crisis [C]. 2018.

[327] CUN-FANG L I, WANG W, WANG M L. An Analysis of Influence Factors of Stress Effect on Cross-regional Transfer Behavior of Resource-oriented Enterprises: Taking Coal Industry as an Example [J]. Commercial Research, 2018.

[328] CUONG N M, DUNG N, CNG H T. Factors Affecting the Liquidity of Firms After Mergers and Acquisitions: A Case Study of Commercial Banks in Vietnam [J]. Journal of Asian Finance Economics and Business, 2021, 8 (5): 785-793.

[329] DANLU B U, CHANGWEN T U, LUO H, et al. Can industrial policy mitigate market segmentation? An empirical study from the perspective of cross-regional equity investment [J]. Industrial Economics Research, 2017.

[330] DAVID ANSONG, GINA CHOWA, BERNICE KORKOR AD-JABENG. Spatial analysis of the distribution and determinants of bank branch presence in Ghana [J]. International Journal of Bank Marketing, 2015, 33 (3): 201-222

[331] DE JUAN R. The determinants of entry and exit in independent sub-market: empirical evidence from the Spanish retail banking market [J], Spain: Madrid, 2002: 21-30.

［332］ DENG E, ELYASIANI E. Geographic diversification, bank holding company value, and risk ［J］. Journal of Money, Credit and Banking, 2008, 40 (6): 1217-1238.

［333］ DENG S, ELYASIANI E, MAO C X. Diversification and the Cost of Debt of Bank Holding Companies ［J］. Journal of banking & Finance, 2007, 31 (8): 2453-2473.

［334］ DING T, YAN-YAN H U. On Problems in the Internal Audit of Urban Commercial Banks ［J］. Journal of Wuhu Institute of Technology, 2017.

［335］ EMMONS, GILBER, YEAGER. Reducing the risk at small community banks ［J］, Journal of Financial Services Research, 2004, 25 (2/3): 259-81.

［336］ EZE N L, SAMARA G, PARADA M J. Hakuna Matata! Cross-Regional Differences in the Entrepreneurial Capital of Family Firms ［J］. Academy of Management Annual Meeting Proceedings, 2019, 2019 (1): 13297.

［337］ FAN J P, ZHAO M, MEI-QIN W U. Research on Cost Efficiency of Commercial Banks Considering the Nonhomogeneity of DMUs ［J］. East China Economic Management, 2018.

［338］ FENG B. City Commercial Bank Cross-Regional Development in China Under Open Market ［J］. Reformation & Strategy, 2017.

［339］ FERSI M, M BOUJELBÈNE. Overconfidence and credit risk-taking in microfinance institutions: a cross-regional analysis ［J］. International Journal of Organizational Analysis, 2021, working paper.

［340］ FUENTELESAZ L, GOMEZ J. Strategic and queue effects in Spanish banking ［J］, Journal of Economics & Management Strategies, 2001, (10): 529-563.

［341］ FUKUDA S I, KOIBUCHI S. The Impacts of "Shock Therapy" under a Banking Crisis: Experiences from Three Large Bank Failures in Japan ［J］. Japanese Economic Review, 2005 (2): 232 -256.

［342］ FUKUDA S I, J I. Nakamura. Why Did "Zombie" Firms Recover in Japan ［J］. World Economy, 2011, 34 (7): 1124-1137.

［343］ GAO Y, LV Y H. A Study on the Development of Xinjiang Urban Commercial Banks under the New Situation ［J］. The western financial2017

(6): 58-60.

［344］GOETZ M, LEAVEN L, LEVINE R. Identifying the Valuation Effects and Agency costs of Corporate Diversification: Evidence from the Geograpgic Diversification of U. S. Banks ［J］. Review of Financial Studies, 2013, 26 (7): 1787-1823

［345］GOETZ M R, LAEVEN L, LEVINE R. Does the geographic expansion of banks reduce risk? ［J］. Journal of Financial Economics, 2016, 120 (2): 346-362.

［346］GUO X, FUYOU L I, WANG B. Analysis of the "Threshold Effect" in Private Capital Entering Urban Commercial Banks: Based on panel data of 25 city commercial banks in China ［J］. Journal of Xi'an Jiaotong University, 2018.

［347］HE G, LIU B, UNIVERSITY L. On Corporate Governance Effect of Property Right System Reform of State-owned Commercial Banks ［J］. Journal of Shenyang Normal University, 2019.

［348］HE X, TAN Z Q, LIU L, et al. The Impact of Cross-regional Management of City Commercial Banks on the Quality of Loans ［J］. Business Economic Review, 2019.

［349］HESS WOOFGANG, PERSSON MARIA. Exploring the Duration of EU Imports. Review of World Economy, 2011, 147 (4): 665-692.

［350］HOLLANDER S, VERRIEST A. Bridging the Gap: The Design of Bank Loan Contracts and Distance ［J］. Journal of financial economics, 2016, 119 (2): 399-419.

［351］HONGMEI W, XIN S, SHAOPENG L, et al. Research on the Growth of TFP of the Urban Commercial Banks Based on the Malmquist productivity index ［C］. 2017.

［352］HOSHI T, A K KASHYAP. Will the U. S. and Europe Avoid a Lost Decade? Lessons from Japan' s Postcrisis Experience ［J］. IMF Economic Review, 2015, 63 (1): 110-163.

［353］HOU Y H, GONG C N, LIN Y. Study on the Financial Risk Management of City Commercial Banks ［J］. Reform of Economic System, 2018.

［354］HOUSTON J F, CHEN L, PING L, et al. Creditor rights, information sharing, and bankrisk taking ［J］. Journal of Financial Economics, 2010,

96 (3): 485-512.

[355] ILLUECA M J, PASTOR M, TORTOSA-AUSINA E. The Effects of Geographic Expansion on the Productivity of Spanish Savings Banks [J]. Journal of Productivity Analysis, 2009, 32 (2): 119-143

[356] IOANNIS E TSOLAS, DIMITRIS I GIOKAS. Bank branch efficiency evaluation by means of least absolute deviations and DEA [J]. Managerial Finance, 2012, 38 (8): 768-785

[357] ISSAHAKU H, SISSY A M, AMIDU M. The effects of cross-border banking and institutional quality on accounting information of banks in Africa [J]. International Journal of Economics and Accounting, 2017, 8 (3/4): 240.

[358] JASKOWSKI M. Should Zombie Lending Always be Prevented? [J]. International Review of Economics and Finance, 2015 (40): 191-203.

[359] JIA P. Cross-border RMB Settlement Business of Commercial Banks in China. 2016.

[360] JIANG S J, XIAO-YUAN F U, JUN-FENG L I. What Macro Factors Can Explain the Default Risk Premium and the Cross-regional Contagion Effect of Credit Default Risk During the Financial Crisis: An Empirical Analysis Based on the Asia, North America and Europe [J]. Journal of Central University of Finance & Economics, 2019.

[361] JIANG X Q, CHENG K Q. Study on the Location Selection of Cross-border Operation of Commercial Banks in China [J]. Journal of Qiqihar University, 2019.

[362] JOHN K, QIAN Y. Incentive features in CEO compensation in the banking industry [J]. Economic Policy Review, 2003 (9): 109-121

[363] JUNQING L I, SHUANGJIAN L I, ECONOMICS S O, et al. Law Protection, Social Trust and Total Factor Productivity of Commercial Banks [J]. Research of Institutional Economics, 2017.

[364] KANAGARETNAM K, LOBO G J, WANG C, et al. Cross-Country Evidence on the Relationship between Societal Trust and Risk-Taking by Banks [J]. Journal of financial and quantitative analysis, 2019.

[365] KANAGARETNAM K, J LEE, C Y LIM. and G. L. Lobo. Cross-Country Evidence on the Role of Independent Media in Constraining Corporate

Tax Aggressiveness [J]. Journal of Business Ethics, 2018, 150 (3): 879-902.

[366] KANG H M, NAM C W. An Analysis of the Effect of Fiscal Decentralization on Regional Income Disparity and Fiscal Efficiency [J]. Journal of the Korean Urban Management Association, 2020, 33 (4): 169-190.

[367] KERR W R, NANDA R. Democratizing entry: Banking deregulations, financing constraints, and entrepreneurship [J]. Journal of Financial Economics, 2009, 94 (1): 124-149.

[368] KHANDARE V. Viability of Urban Cooperative Banks in. 2019.

[369] KHANNA V K, RAMESHA K. Converting urban cooperative banks into commercial banks. 2016.

[370] KOBAYASHI A, BREMER M. Lessons from mergers and acquisitions of regional banks in Japan: What does the stock market think? [J]. Journal of the Japanese and International Economies, 2022, 64.

[371] KONG Y Y, CHEN X Y. Cross-region Development and Countermeasure of City Commercial Banks [J]. Sci-tech Innovation and Productivity, 2016.

[372] KWON H, F NARITA, M NARITA. Resource Reallocation and Zombie Lending in Japan in the 1990s [J]. Review of Economic Dynamics, 2015, 18 (4): 709-732.

[373] LAEVEN L, LEVINE R. Bank governance, regulation and risk taking [J]. Journal of Financial Economics, 2009, 93: 259-275

[374] LAN Y, WEN B, WANG X. Performance Analysis of China's Commercial Banks Considering the Time Lag Effect of Non-performing Loans [J]. Journal of Industrial Technological Economics, 2019.

[375] LI R, LI L, ZOU P, et al. Credit risk shocks and banking efficiency: a study based on a bootstrap-DEA model with nonperforming loans as bad output [J]. Journal of Economic Studies, 2020.

[376] LI S. A Study on the Impact and Mechanism of Cross-regional Management on the Risk of City Commercial Banks [J]. Review of Investment Studies, 2017.

[377] LI W, ZHU J, FINANCE S O. Quantitative Analysis of Competitive-

ness of China's Commercial Banks Under Background of Internet Finance [J]. Journal of Heilongjiang University of Technology, 2018.

[378] LIU H, LI Y. Credit Information Sharing, Bank Size and Bank Credit Risk: Evidence from Urban Commercial Banks in China. 2021.

[379] LIU J Y, SUN X, WU H X. Banking Structure and Industrial Growth: Evidence from China. Journal of Banking and Finance, 2019, 58 (9): 131-143.

[380] LIU L P, ZHANG Y C. A study on the impact of corporate governance of city commercial banks on business performances in China [J]. Journal of Foshan University, 2018.

[381] LIU X, LIU A. Research on the Diversification Efficiency of Chinese Commercial Banks [J]. Review of Economy and Management, 2018.

[382] LUAN F, HUA L, LEI Y, et al. Research on Cross-business Risks for Commercial Banks under Comprehensive Management [J]. Journal of Shenyang Normal University, 2018.

[383] MAO L B, XIANG H E. Impact of Chinese urban commercial banks' capital structure to bank profitability [J]. Science – Technology and Management, 2019.

[384] MARIYAPPAN S, ALEXANDER C, ANBALAGAN S. Mathematical analysis of queues in urban area of banks in Thanjavur District. 2021.

[385] MARKUS M. Geographic diversification and firm value in the financial services industry [J]. Journal of Empirical Finance, 2012, (19): 109-122.

[386] MATUTES C, VIVES X. Imperfect competition, risk taking and regulation in banking [J]. European Economic Review, 2000, 44 (1): 1-34.

[387] MENG F. Research on Construction of Audit System of Urban Commercial Banks Based on COSO-ERM Framework [J]. Public Finance Research Journal, 2018.

[388] MEUNIER B. Complexity, diplomatic relationships and business creation: A cross-regional analysis of the development of productive knowledge, trade facilitation and firm entry in regional markets [J]. 2019.

[389] MINGHUI, JIANG, XIN'GE, et al. Research on the Influencing

Factors and Paths of Non-performing Loan Ratio of Rural Commercial Banks in China Qualitative Research and Investigation Based on Grounded Theory [C]. 2018.

[390] MITU N M. Georgeta Ghionea, The History of the Urban Banks in Oltenia in Statistical Data and Correspondence (1880-1948), Târgovi 塔 te, Cetatea de Scaun Publishing House, 2015, 451 -462.

[391] ONDIBA P K, CHERUIYOT T, SULO T. Effect of Cross Functional Job Rotation onCorporate Financial Performance of Commercial Banks in Kenya [J]. Journal of Financial Risk Management, 2021, 10 (2): 187-199.

[392] OSENNYAYA A V, KHAKHUK B A, KUSHU A A, et al. Improvement of methods of cadastral valuation of real estate on the basis of urban development value of the territory. Part I [J]. Voprosy regionalnoj ekonomiki, 2018, 35 (2): 53-60.

[393] PORTELA M, S FERNÁNDEZ-LÓPEZ, REY-ARES L, et al. Understanding cross-regional differences in stock market participation: the role of risk preferences [J]. 2020.

[394] PU Z, YANG M. The impact of city commercial banks' expansion on China's regional energy efficiency [J]. Economic Analysis and Policy, 2022, 73.

[395] RAJU S. Assessing the efficiency of urban co-operative banks in India [J]. The Central European Review of Economics and Management, 2018, 2 (1): 11.

[396] RAM J K. Operational Efficiency of Regional Rural Banks and Other Commercial Banks of Odisha: A Comparative Study [J]. Social Science Electronic Publishing, 2016.

[397] REN Z, FINANCE S O, UNIVERSITY N A. Empirical Study on Risk Spillover Effect of Chinese Commercial Banks: Analysis based on CoVaR technology [J]. Jiangsu Commercial Forum, 2018.

[398] Wang Q F: Research on the Factors Influencing the Competitiveness of City Commercial Bank: Based on the Three Dimensions of Cross-regional Operation, Characteristic Operation and Financial Market Participation [J]. zhe-

jiang Finance, 2018.

[399] SAUNDERS A. Banking and commerce: An overview of the public policy issues [J]. Journal of Banking &Finance, 2015, 18 (2): 231-254.

[400] SEHO M, BACHA O I, SMOLO E. The effects of interest rate on Islamic bank financing instruments: Cross-country evidence from dual-banking systems [J]. Pacific-Basin Finance Journal, 2020, 62.

[401] SHAH W, HAO G, ZHU N, et al. A cross-country efficiency and productivity evaluation of commercial banks in South Asia: A meta-frontier and Malmquist productivity index approach [J]. PLOS ONE, 2022, 17.

[402] SHAN B. The Development of China's Urban Commercial Banks under the New Financial Normal [J]. Financial Development Review, 2017.

[403] SHANGGUAN L. Problems and Countermeasures of risk management in CityCommercial Banks [J]. Journal of Huaihai Institute of Technology, 2018.

[404] SHEN X, GENQING H E, ZHENGZHOU B O. Study on Development Strategy for the transformation of Urban Commercial Banks under New Economic and Financial Situations [J]. Credit Reference, 2016.

[405] SHI Z, QIN S, CHIU Y H, et al. The impact of gross domestic product on the financing and investment efficiency of China's commercial banks [J]. Journal of Financial Innovation, 2021.

[406] SHIERS A F. Branch Banking, Economic Diversity and Bank Risk [J]. The Quarterly Review of Economics and Finance, 2002, 42 (3): 587-598

[407] SINGH B, SONI R. Determinants of Banks' performance as perceived by employees of Urban Cooperative Banks in Punjab, Haryana and Himachal Pradesh. 2016.

[408] TANWAR P R M. Role of Banks in Bringing Financial Inclusion in Rural India [J]. Longdom Publishing SL, 2018 (2).

[409] THOMAS M P, GUPTA R. Financial Inclusion through Urban Cooperative Banks: Insights from Telangana [J]. Economic and Political Weekly, 2021, 56 (33): 20-22.

[410] TOMIURA E. Trade policy preferences and cross-regional differ-

ences: Evidence from individual-level data of Japan [J]. Journal of the Japanese & International Economies, 2020.

[411] VISWANATHA A R. A study on the impact of ICT on the financial performance of Urban Cooperative Banks in India. 2016.

[412] WANG L, ZHAO H, LI R. Research on the Influence of Interest Rate Liberalization on Commercial Banks' Profitability in China [J]. Business economic research, 2021, 4 (5): 78-83.

[413] WANG S, XU Y, LI Y, et al. Research on the influence and supervision of cross financial business on the systemic risk of China's commercial banks [J]. Journal of Financial Development Research, 2019.

[414] WATANABE W. Prudential regulations and banking behavior in Japan [J]. Japanese Economy, 2011, 38 (3): 30-70.

[415] WEI H. The Study on the Path of Investment and Loan Linkage of Urban Commercial Banks in Western Areas [J]. West China Finance, 2017.

[416] WEI Y, LIU X. Local Government Behaviors and the Risk-taking of CityCommercial Bank [J]. Journal of Management Science, 2017.

[417] WU C, WEI Z, WANG H. Can Overseas Strategic Investors Decrease the Commercial Banks' Risk? -An Empirical Evidence from the Municipal Commercial Banks [J]. Studies of International Finance, 2017.

[418] XIA M, WANG R. Research on Risk Management of Commercial Banks [J]. Journal of Hebei University of Economics and Business, 2019.

[419] XIANG X, ZHAO Z, UNIVERSITY F. Research on Efficiency Evaluation of China's Commercial Banks Based on Cross Efficiency of Network DEA Model [J]. Journal of Industrial Technological & Economics, 2017.

[420] XIE S, WANG L. An Empirical Study on the Cross-regional Operational Effects of City Commercial Banks in and outside the Province [J]. Macroeconomics, 2019.

[421] XU H. Financial Intermediation and Economic Growth in China: New Evidence from Panel Data. E-merging Markets Finance and Trade, 2016, 52 (3): 727-732.

[422] XUAN-YU L I, TONG Y F, ZHU Y J. The Effect of Loan Market

Competition on Banking Efficiency in the Presence of Risk: A Study Based on an Unexpected-output-DEA Model [J]. East China Economic Management, 2019.

[423] XUE Q. Individual Financing Business of China's Urban Commercial Banks: Tendency, Problem and Countermeasure [J]. The Journal of Shandong Agriculture and Engineering University, 2018.

[424] YAO Y, WU F. The Impact of Regional Differences of Loan Rate on Bank Efficiency [J]. Financial Science, 2018.

[425] YONG D Z, STEPHEN M, BERNARD M. Geographic deregulation and commercial bank performance in U. S. state banking markets [J]. The Quarterly Review of Economics and Finance, 2011, 51 (1): 28-35.

[426] YUANJUN G E, CHANG F H. Productivity growth in Chinese cities: The agglomeration effect for cross-regional industrial structures [J]. Theoretical and Applied Economics, 2021,.

[427] ZHANG G L, YAN L X, ZHOU L G, et al. Chairman's Political Experience and City Commercial Banks' Risk-taking [J]. Business Management Journal, 2019.

[428] ZHANG J, CHEN L. Evaluating the Systemic Importance of China's Banks viaAdjacency Information Entropy [J]. Discrete Dynamics in Nature and Society, 2022.

[429] ZHANG W D, LUO H F. City Commercial Bank Operating Efficiency, Regional Characteristics and Industry Dependence [J]. Journal of University of Electronic Science and Technology of China, 2019.

[430] ZHAO B, KENJEGALIEVA K, WOOD J, et al. A spatial production analysis of Chinese regional banks: case of urban commercial banks [J]. International Transactions in Operational Research, 2019, 27 (1).

[431] ZHAO L. Research on the Relationship between Urban Commercial Banks and Internet Enterprises of Inner Mongolia in the Background of Internet Finance [J]. Journal of Inner Mongolia University of Finance and Economics, 2018.

[432] ZHAO Y, GUO X P. Innovation in the Cross-Regional Joint Governance in Japan: Taking the Summit in National Capital Region as an Example

[J]. Japanese Research, 2019.

[433] ZHE X. Corporate Governance, Cross Regional Operation and Risk taking: Analysis of the Behavior of City Commercial Bank in China Based on Path Model [J]. Review of Investment Studies, 2016.

[434] ZOU K, CAI X C. Commercial Banks' Efficiency, Integrated Operation and Differentiation Strategy [J]. Accounting & Finance, 2017.

附　录

附表 1　"双城""双圈""两翼"的空间范围划定

序号	区域	空间范围
1	双城	包括重庆主城都市区和成都。重庆主城都市区是由中心城区和主城新区组成，其中"中心城区"包括渝中区、大渡口区、江北区、沙坪坝区、九龙坡区、南岸区、北碚区、渝北区、巴南区，即主城九区；"主城新区"包括涪陵区、长寿区、江津区、合川区、永川区、南川区、綦江区、大足区、璧山区、铜梁区、潼南区、荣昌区十二区
2	双圈	包括重庆都市圈和成都都市圈。重庆都市圈由重庆主城都市区和广安组成，成都都市圈由成都、德阳、眉山、资阳组成
3	两翼	包括北翼和南翼。"北翼"是由重庆万州、开州、云阳、垫江、梁平、忠县、丰都、黔江和四川广安、达州（除万源市）、南充、绵阳（除平武县、北川县）、遂宁组成。"南翼"由重庆永川、江津、荣昌、铜梁、大足、綦江—万盛和四川泸州、内江、自贡、宜宾、乐山、雅安（除天全县、宝兴县）组成

附表 2　2020 年成渝地区双城经济圈主要经济统计指标

地区	常住人口（万人）	城镇常住人口（万人）	GDP（亿元）
双城经济圈	9 804.35	6 233.47	66 009.12
重庆部分	2 791.50	2 034.62	23 158.10
四川部分	7 012.85	4 198.86	42 851.02
"双城"	4 209.11	3 310.38	36 959.39
重庆主城都市圈	2 115.33	1 661.11	19 242.72
成都	2 093.78	1 649.27	17 716.67
"双圈"	5 406.60	3 890.76	42 896.33
重庆都市圈	2 440.82	1 804.55	20 544.29

地区	常住人口（万人）	城镇常住人口（万人）	GDP（亿元）
成都都市圈	2 965.78	2 086.21	22 352.04
"两翼"	4 980.71	2 693.06	27 855.92
北翼	2 807.48	1 484.02	13 877.91
南翼	2 173.23	1 209.04	13 978.01

附表3　川渝国家级新区

国家级新区	批复时间	主导产业方向
重庆"两江"新区	2010 年 5 月	汽车、电子信息、高端装备和生物医药等支柱产业，航空航天、新材料等战略性新兴产业
四川天府新区	2014 年 10 月	电子信息、汽车制造、新能源、新材料、生物医药、金融

附表4　川渝国家级高新区

国家级高新区	批复时间	主导产业方向
重庆高新区	1991 年 3 月	新一代信息技术、生命健康、绿色低碳、高技术服务产业
璧山高新区	2015 年 9 月	智能装备、信息技术、生命健康产业
荣昌高新区	2018 年 2 月	以食品、医药、陶瓷、服饰为重点的消费品工业、智能装备、电子信息、新材料、大数据区块链、运动健康和农牧高新产业
永川高新区	2018 年 2 月	智能装备、电子信息、汽车及零部件、新材料、软件与信息技术
成都高新区	1991 年 3 月	新一代信息技术、生命健康、绿色低碳、高技术服务产业
绵阳高新区	2015 年 9 月	智能装备、信息技术、生命健康产业
自贡高新区	2018 年 2 月	以食品、医药、陶瓷、服饰为重点的消费品工业、智能装备、电子信息、新材料、大数据区块链、运动健康和农牧高新产业
乐山高新区	2018 年 2 月	智能装备、电子信息、汽车及零部件、新材料、软件与信息技术
泸州高新区	1991 年 3 月	新一代信息技术、生物、高端装备、节能环保产业和生产性服务业

附表4(续)

国家级高新区	批复时间	主导产业方向
攀枝花钒钛高新区	1992 年 12 月	电子信息技术、汽车及零部件、新材料、生物医药等
德阳高新区	2011 年 6 月	节能环保装备制造和新材料
内江高新区	2012 年 8 月	半导体材料、机械电气、新医药、农产品精加工

附表 5 川渝国家级经开区

国家级经开区	批复时间	主导产业方向
重庆经开区	1993 年 4 月	电子信息(含人工智能、智能终端、物联网)、高端装备制造、现代服务业
万州经开区	2010 年 6 月	绿色照明、智能装备、食品医药、汽车、新材料
长寿经开区	2010 年 11 月	综合化工(生物医药)、新材料新能源、钢铁冶金、装备制造、电子信息
成都经开区	2000 年 2 月	以乘用车为龙头的整车制造及关键零部件制造产业、工程机械制造产业和航天装备制造产业
德阳经开区	2010 年 6 月	新能源、新装备、新材料产业和现代服务业
广安经开区	2010 年 6 月	电力能源、天然气化工、盐化工、有色金属、机械加工、新型材料
绵阳经开区	2012 年 10 月	电子信息、化工环保、食品医药及机械制造
遂宁经开区	2012 年 7 月	新一代电子信息产业、高端装备制造、现代服务业、科研创意产业
广元经开区	2012 年 12 月	电子机械、有色金属加工、食品饮料、生物医药和现代服务业
宜宾临港经开区	2013 年 1 月	先进装备制造、新材料
内江经开区	2013 年 11 月	机械汽配、电子信息、生物医药、信息安全产业和现代服务业
成都国际铁路港经开区	2021 年 6 月	临港制造、先进材料、国际商贸物流
雅安经开区	2021 年 6 月	大数据、先进材料、装备制造、大健康

附表6　成渝地区双城经济圈首批产业合作示范区、园区名单

地区	首批产业合作示范区、园区名单	数量（个）
重庆范围	荣昌高新技术产业开发区、綦江工业园区、两江新区鱼复工业开发区、江津工业园区、开州工业园区、合川高新技术产业开发区、空港工业园区、大足高新技术产业开发区、潼南高新技术产业开发区、永川高新技术产业开发区	10
四川范围	隆昌经济开发区、宜宾三江新区、自贡高新技术产业开发区、遂宁高新技术产业园区、合江临港工业园区、川渝高竹新区、四川开江经济开发区、德阳经济开发区、资阳高新技术产业园区、中德（浦江）中小企业合作区	10

附表7　川渝地区纳入第二轮"双一流"建设高校及建设学科名单

地区	学校	学科
重庆	重庆大学	机械工程、电气工程、土木工程
	西南大学	教育学、生物学
四川	四川大学	数学、化学、材料科学与工程、基础医学、口腔医学、护理学
	电子科技大学	电子科学与技术、信息与通信工程
	西南交通大学	交通运输工程
	西南石油大学	石油与天然气工程
	成都理工大学	地质资源与地质工程
	四川农业大学	作物学
	成都中医药大学	中药学
	西南财经大学	应用经济学

附表8　2020年"四大"城市群发展情况

城市群	国土面积万平方千米	GDP万亿元	GDP占全国比重/%	人均GDP万元/人	地均GDP/万元/平方千米
京津冀	21.63	8.64	8.50	7.83	3 993.63
长三角	21.01	20.51	20.19	12.42	9 688.58
粤港澳	5.60	11.53	11.35	13.83	20 586.86
双城经济圈	18.50	6.60	6.50	6.73	3 567.57

附表9 2020年都市圈发展情况分析

城市群	面积/平方千米	GDP/亿元	常住人口/万人	人均GDP/万元/人	地均GDP/万元/平方千米
重庆都市圈	35 040.50	20 544.29	2 440.82	8.42	5 863.01
主城都市区	28 700.00	19 242.72	2 115.33	9.14	6 704.78
成都都市圈	33 128.30	22 352.04	2 967.00	7.53	6 747.11
成都	14 335.00	17 716.70	2 093.78	8.46	12 359.05
上海都市圈	73 762.29	111 714.79	7 741.66	14.43	15 145.24
上海市	6 340.50	38 700.58	2 487.09	15.57	61 037.11
广州都市圈	56 377.76	42 280.10	4 149.70	10.19	7 499.43
广州市	7 434.40	25 019.11	985.11	13.50	33 653.17
南京都市圈	67 246.23	47 496.96	3 921.07	12.11	7 063.14
南京市	6 587.02	14 817.95	931.47	15.91	22 495.68

附表10 2020年部分省（市）人均一般公共预算财政支出情况

地区	人均一般公共服务支出/元	教育支出/元/人	科学技术支出/元/人	文化旅游体育与传媒支出/元/人	社会保障和就业支出/元/人	卫生健康支出/元/人	城乡社区支出/元/人
全国	1 297.76	2 456.33	410.86	282.93	2 227.04	1 336.53	1 407.01
重庆	1 029.24	2 352.72	258.26	202.21	2 962.90	1 353.89	1 592.56
四川	1 132.07	2 014.36	217.07	273.89	2 387.7	1 231.10	849.59
北京	2 407.94	5 200.04	1 877.40	1 028.37	4 823.47	2 766.72	3 987.84
天津	1 591.12	3 193.68	852.09	245.25	3 741.42	1 265.37	3 920.57
河北	1 051.50	2 138.66	136.34	219.37	1 892.69	1 094.97	1 148.67
上海	1 491.05	4 021.32	1 632.49	648.07	3 940.81	2 190.56	5 704.82
江苏	1 455.01	2 838.80	689.36	367.67	2 098.92	1 188.43	2 144.72
浙江	1 625.68	2 908.16	729.92	355.01	1 747.02	1 296.85	1 579.50
安徽	843.78	2 067.01	606.06	159.01	1 921.58	1 247.59	1 409.02
广东	1 037.08	2 114.28	132.02	218.15	1 829.62	1 245.01	835.52

附表11 2020年重庆市各区（县）人口情况

区（县）	常住人口/万人	城镇人口/万人	城镇化/%	区（县）	常住人口/万人	城镇人口/万人	城镇化/%
万州	156.86	108.10	68.93	永川	114.98	80.43	69.95
黔江	48.75	28.85	59.19	南川	57.34	34.96	60.97
涪陵	111.81	80.34	71.85	綦江	101.18	68.78	67.98
渝中	58.72	58.72	100.00	大足	83.61	50.61	60.52
大渡口	42.30	41.36	97.76	璧山	75.81	53.72	70.86
江北	92.65	91.87	99.16	铜梁	68.76	42.41	61.68
沙坪坝	148.01	143.01	96.61	潼南	68.90	40.19	58.33
九龙坡	152.98	143.12	96.63	荣昌	66.93	40.07	59.88
南岸	120.03	116.06	96.68	开州	120.47	60.93	50.58
北碚	83.63	72.04	86.13	梁平	64.48	32.33	50.13
渝北	219.87	195.83	89.06	丰都	55.58	27.36	49.25
巴南	118.08	97.92	82.92	垫江	64.98	32.01	49.26
长寿	69.21	48.39	69.91	忠县	72.13	34.82	48.28
江津	136.09	81.88	60.17	云阳	92.96	49.16	52.89
合川	124.49	79.56	63.91				

附表12 重庆"2+11+36"园区体系

类别	名称	数量
核心引领开发区	两江新区、重庆高新区	2个
国家级开发区	两路寸滩保税港区、西永综合保税区、江津综合保税区、涪陵综合保税区、永川综合保税区、重庆国家级经开区、璧山国家级高新区、永川国家级高新区、荣昌国家级高新区、长寿国家级经开区、万州国家级经开区	11个

类别	名称	数量
市级工业园区	涪陵工业园区、白涛工业园区、建桥工业园区、港城工业园区、沙坪坝工业园区、九龙工业园区、西彭工业园区、同兴工业园区、万盛工业园区、綦江工业园区、双桥工业园区、大足高新技术产业开发区、空港工业园区、巴南工业园区、正阳工业园区、长寿工业园区、江津工业园区、合川工业园区、南川工业园区、铜梁高新技术产业开发区、潼南高新技术产业开发区、开州工业园区、梁平工业园区、武隆工业园区、城口工业园区、丰都工业园区、垫江工业园区、忠县工业园区、云阳工业园区、奉节工业园区、巫山工业园区、巫溪工业园区、石柱工业园区、秀山工业园区、酉阳工业园区、彭水工业园区	36个

附表13　重庆特色商业街区情况

特色商业街区	街区名单
市级特色商业街	重庆汽车用品专业街、卓越·美丽熙街、渝中区化龙桥"重庆天地"、开州区"腾龙建材城"、永川区"茶竹天街"、南川区盛丰源商业特色街、綦江区"东溪古镇特色文化商业街"、梁平区乾街、北部新区西部建材城"红木家具文化街"、梦里茶乡品茶商业特色街、万州区观音岩汽车文化街、铜梁区安居古城火神庙特色商业街、重庆贰厂文创商业街、喵儿石创艺特色、海棠香国历史文化风情城、綦江红星美凯龙家居艺术金街、龚滩土家族风情文华商业特色街、黔江民族风情城、仙女天街、重庆蓝光COCO时代耍街、华信滨江风情商业街、天星小镇、长嘉汇弹子石老街等
中华美食街	重庆永川棠城公园美食街、重庆云阳外滩美食街、重庆南岸区南滨美食街、重庆加州美食街、重庆九龙坡区直港大道、重庆市沙坪坝区磁器口老重庆民俗风情餐饮街、重庆江北区北城天街美食乐园、重庆渝中区洪崖洞民族风貌区、重庆南山美食街、重庆渝北金港国际美食街、重庆万州美食城巴国城美食街等

特色商业街区	街区名单
市级夜市街区	恒盛·伴山金街、南川区名润河滨夜市、朝阳路夜市街、黄桷坪自主创业夜市、桃源水街、乾街特色夜市、城南家园夜市街区、双碑夜市、夜宴仙女山夜市街区、石柱滨江金岸夜市、长寿菩提古镇创业型夜市街、昌州故里夜市、黔龙金街夜市、泰吉正码头滨江夜市、南门唐城夜市、马家湾夜市、烤鱼城夜市、滨湖中路夜市、孝子河创业夜市、不夜九街夜市、夜猫集装码头夜市、巫山高唐街夜市、老米市街—川剧院街—三通街夜市、大足区滨河路夜市街、名豪夜市街区、金科世邻夜市、校场口夜市、俊豪中央大街夜市、中交丽景公元时光夜市、鎏嘉码头夜市、南方花园夜市、金辉铜元道夜市、万盛老街夜市等
夜间文化旅游消费集聚区	市级，大九街都市文化旅游特色街区、解放碑片区、重庆融创文旅城、杨家坪—万象城片区、菩提古镇文化旅游区、涪陵锦绣两江夜市街区、三元四方文旅街区等；国家级，渝中区解放碑—洪崖洞街区、渝中区贰厂文创街区、江北区观音桥文娱休闲区、沙坪坝区磁器口古镇、南岸区长嘉汇弹子石老街、北碚区滨江休闲区等

附表14　2020年重庆主城都市区与国内发达都市圈发情况

都市圈（区）	面积/万平方千米	GDP/万亿元	常住人口/万人	人均GDP/万元/人	地均GDP/万元/平方千米
重庆主城都市区	2.87	1.92	2 112.25	9.11	6 704.78
上海大都市圈	7.38	11.17	7 741.66	14.43	15 137.51
广州都市圈	5.64	4.23	4 149.71	10.19	7 496.47
南京都市圈	6.72	4.75	3 921.07	12.11	7 063.15

附表15　2020年成渝地区重点城市基本情况

地区	GDP/亿元	人均GDP/万元	常住城镇人口/万人	城镇率/%
绵阳市（除平武县、北川县）	2 873.10	6.30	251.49	55.06
宜宾市	2 802.10	5.81	249.69	51.39
德阳市	2 404.10	7.00	193.44	55.97

地区	GDP /亿元	人均GDP /万元	常住城镇人口 /万人	城镇率 /%
南充市	2 401.10	4.20	286.13	50.22
泸州市	2 157.20	5.10	213.72	50.24
渝北市	2 009.52	9.10	195.82	89.06
乐山市	2 003.40	6.30	167.85	53.11
达州市（除万源市）	1 983.60	4.00	268.19	53.87
九龙坡区	1 533.16	10.00	143.11	93.55
内江市	1 465.90	4.70	157.25	50.07
自贡市	1 458.40	5.90	137.91	55.40
眉山市	1 423.70	4.80	148.17	50.14
遂宁市	1 403.20	5.00	161.25	57.31
渝中区	1 358.47	23.10	58.72	100.00
江北区	1 325.40	14.30	91.86	99.15
广安市	1 301.60	4.00	143.44	44.07
涪陵区	1 225.08	11.00	80.33	71.85
江津区	1 109.44	8.20	81.87	60.16
沙坪坝区	1 013.94	6.90	143.00	96.62
永川区	1 012.37	8.80	80.42	69.94
合川区	972.44	7.80	79.55	63.90
万州区	970.68	6.20	108.10	68.92
巴南区	865.48	7.30	97.91	82.92
南岸区	813.25	6.80	116.05	96.69
资阳市	807.50	3.50	95.32	41.29
璧山区	747.09	9.90	53.71	70.86
长寿区	732.56	10.60	48.38	69.90
綦江区	714.27	7.10	68.78	67.98
荣昌区	709.80	10.60	40.07	59.88

地区	GDP /亿元	人均 GDP /万元	常住城镇人口 /万人	城镇率 /%
大足区	700.54	8.40	50.61	60.53
铜梁区	661.02	9.60	42.41	61.69
雅安市（除天全县、宝兴县）	649.40	5.20	75.72	60.35
北碚区	636.41	7.60	72.03	86.13
开州区	535.81	4.40	60.92	50.57
梁平区	493.24	7.60	32.32	50.13
潼南区	475.26	6.90	40.18	58.32
云阳县	462.59	5.00	49.15	52.88
垫江县	444.83	6.80	32.00	49.25
忠县	427.65	5.90	34.81	48.27
南川县	360.76	6.30	34.95	60.97
丰都县	335.42	6.00	27.35	49.21
大渡口区	266.46	6.30	41.35	97.75
黔江区	245.16	5.00	28.85	59.18

附表 16　成渝地区发展新格局

序号	方案文件
1	制定出台《关于推动成德眉资同城化发展的指导意见》，成立省推进成德眉资同城化发展领导小组及其办公室，建立成都东部新区及协同发展区"联席会商+对接协调+专项合作"三级合作机制，创建成德眉资同城化综合试验区，推动与资阳共建临空经济示范区，与眉山天府新区共建成眉交接地带融合发展精品示范区，构建形成中心城市引领型、组团式多层次网络化空间结构，促进全省发展主干由成都拓展为成都都市圈
2	着力推进"五区协同"，与遂宁市签署合作协议，谋划实施构建高质量发展规划体系、共建交通基础设施互联互通网络等4个方面13条具体举措
3	深入推进"两区一城"发展，发挥东部新区空间承载与后发优势，叠加天府新区科创优势、高新区产业活力，携手构建具有国际竞争力和区域带动力的高能级发展共同体

序号	方案文件
4	推动出台《成都东部新区推动成渝相向发展三年行动计划（2021—2023）》，深入对接重庆市高新区、璧山区等区域，推动成渝地区双城经济圈建设任务落地落实
5	加快建设西部（成都）科学城、绵阳科技城新区，推动成都平原一体化发展。推动宜宾、泸州川南区域中心城市沿江协同发展，建设宜宾三江新区、南充临江新区，提升南充、达州川东北区域中心城市发展能级，加快内江自贡同城化发展，推动广安融入重庆都市圈，促进两翼协同发展，打造成渝地区双城经济圈建设重要支撑腹地

附表 17　成渝地区重大基础设施建设情况

序号	重大基础设施建设情况
1	"成渝地区双城经济圈交通一体化发展"交通强国试点获交通运输部批准。成渝中线高铁可研获批、渝西高铁前期工作加快推进。成达万高铁开工建设，渝昆等高铁线路加快建设。川渝省际高速公路通道建成通车 13 条、在建 6 条，成都经天府机场至重庆等高速公路建成通车，南充至潼南、内江至大足、泸州至永川、梁平至开江等川渝互通高速公路开工建设。成渝高铁实现 350 千米/小时达速运行。成渝扩容、遂渝扩容等高速公路项目前期工作加快推进，形成成渝、成遂渝、成安渝、成资渝 4 条双核互联高速通道格局
2	"三江"水电基地加快建设，重点推动金沙江乌东德、白鹤滩、苏洼龙，雅砻江两河口、杨房沟，大渡河双江口、硬梁包等一批大型水电工程项目建设。截至 2021 年 6 月底，全省已建水电装机容量占全国水电装机容量的 22%，居全国第一位
3	川渝 1 000 千伏特高压交流工程前期工作加快推进
4	涪江双江航电枢纽工程开工建设，嘉陵江利泽航运枢纽、涪江重庆段航道整治建设有序推进
5	印发实施《建设国家天然气（页岩气）千亿立方米级产能基地行动方案》，以川东北高含硫气田、川中安岳气田、川南页岩气田、川西致密气田为基本格局的全国重要天然气生产基地基本建成
6	出台《四川省跨行业信息通信基础设施合作建设指导意见》，强化信息通信基础设施合作建设
7	持续加大 5G 网络规模化部署，成渝地区纳入全国一体化算力网络国家枢纽节点布局。成都超算中心获科技部批复同意，成为第十家国家超算中心。"蜀信链"区块链服务基础设施全面接入国家"星火·链网"，积极创建国家骨干节点

附表 18　成渝协同创新情况

序号	成渝协同创新情况
1	在共同打造协同创新共同体方面，按照"一城多园"模式编制西部科学城建设方案，建立高新区联盟、中国西部物联网联盟，联合搭建大型科学仪器设备共享服务平台，探索建立川渝两地科普基地、科普专家等科普资源开放共享机制，共同推动出台创新人才跨区域流动的政策措施
2	在共同推进关键核心技术攻关方面，共同申报国家科技重大专项，联合申报国家自然科学基金区域创新发展联合基金，聚焦人工智能等领域联合实施一批重点研发项目，共同推进国家新一代人工智能创新发展试验区建设
3	在共同开展科技成果转移转化方面，共同开展职务科技成果所有权或长期使用权改革试点；协同发展科研机构，引进建设一批新型研发机构；联合举办科技成果对接活动，联合组织军民两用技术成果对接活动；共同推进建设"一带一路"科技创新合作区和国际技术转移中心，布局建设一批"一带一路"国际技术转移机构，共同谋划"一带一路"科技交流大会；联合举办创新创业活动

附表 19　成渝地区生态环保情况

序号	成渝地区生态环保情况
1	大力实施天然林资源保护、退耕还林等重大生态工程建设，深入开展全民义务植树，大力推进大规模绿化全川行动
2	持续推进退牧还草、退耕还草、草原生态保护和修复等工程
3	深入开展石漠化综合治理、沙化土地治理、坡耕地治理和国家水土保持等重点工程建设.
4	大力推行河长制湖长制、湿地保护修复制度，系统开展湿地保护和修复、退耕还湿等工程建设
5	以沱江、岷江、涪江流域水污染防治为重点，深入实施十大重点流域水污染防治规划

附表20　成渝地区双城经济圈深化改革开放基本情况

序号	深化改革开放基本情况
1. 深化改革方面	制定出台《关于规划建设省级新区的指导意见》，批复设立宜宾三江新区、成都东部新区、南充临江新区、绵阳科技城新区。改革完善重大疫情防治和应急管理体系，研究出台《关于健全完善公共卫生应急管理体系的工作方案》，印发《关于改革完善重大疫情防治和应急管理体系的指导意见》，实施《四川省疾病防控救治能力提升三年行动方案（2020—2022年）》。审议通过《关于深入贯彻习近平总书记重要讲话精神加快推动成渝地区双城经济圈建设的决定》，制定推动成渝地区双城经济圈建设重点改革工作安排，明确20项重点改革任务。与重庆市联合印发《推动成渝地区双城经济圈建设若干重大改革举措》，包括探索经济区和行政区适度分离、深化要素市场化配置改革、打造市场化法治化国际化营商环境等11项改革任务，协同推进95项政务服务事项跨省市通办。建立市场准入异地同标、市场监管案件线索移送等机制，开设"两江天府合作办事窗口"，实现异地申办营业执照、"红黑名单"互认。研究建立跨区域合作财政协同投入机制和财税利益分享机制，共同设立300亿元成渝地区双城经济圈发展基金
2. 对外开放方面	鼓励有条件的省级新区申报设立综合保税区，打造高水平对外开放平台，综合保税区增至6个，成都国际铁路港、泸州、宜宾综保区通过验收，成都高新综保区发展绩效评估在全国综合排名第一。获批国家数字服务出口基地和全国新一轮全面深化服务贸易创新发展试点。推进自由贸易试验区协同改革开放，首批8个协同改革先行区加快建设，实现成德眉资同城化"全覆盖"。携手重庆共建川渝自贸试验区协同开放示范区，制定共同向国家争取赋能放权、自主性共同推进、共同启动早期收获等"3张清单"，共建"一带一路"进出口商品集散中心和"一带一路"对外交往中心，建立全国首个跨行政区域外商投资企业投诉处理协作机制

附表21　成渝地区双城经济圈2022年度基本情况对比表

指标	重庆市	四川省	双城经济圈			双都市圈	
			双圈总体	重庆部分	四川部分	重庆都市圈	成都都市圈
面积（万平方公里）	8.2	48.6	18.5	4.6	13.9	3.5	2.6
常住人口（万人）	3 213.3	8 372.0	9 870.8	2 795.2	7 075.6	2 443.4	2 989.4
城镇化率（%）	70.96	57.8	64.1	73.7	60.3	74.66	71.22
GDP（亿元）	29 129.03	56 749.8	77 587.99	26 979.28	50 608.71	23 777.44	26 218.05
GDP增速（%）	2.6	2.9	3.0	2.8	3.1	2.2	2.9
人均GDP（万元）	9.1	6.5	7.5	9.3	6.8	9.3	8.4

附表 22　规划范围内重庆部分与四川部分主要经济指标对比表

指标			2020 年		2021 年		2022 年	
			重庆部分	四川部分	重庆部分	四川部分	重庆部分	四川部分
涵盖区县或地市行政区数量	个		29	15	29	15	29	15
面积	平方公里		5.06	13.85	5.06	13.85	5.06	13.85
常住人口	万人		2 788.08	7 065.58	2 795.2	7 075.6	—	—
城镇化率	%		72.89	59.87	73.68	60.25	—	—
地区生产总值（GDP）	绝对值	亿元	23 158.1	43 227.4	25 859.0	48 060.2	26 979.28	50 608.71
	同比增长	%	3.9	4.0	8.5	8.5	2.8	3.1
#第一产业增加值	绝对值	亿元	1 500.2	4 541.6	1 605.4	4 585.9	1 673.74	4 795.81
	同比增长	%	4.7	5.2	7.9	6.9	4.0	4.3
第二产业增加值	绝对值	亿元	9 409.6	15 643.5	10 523.0	17 739.4	11 029.37	18 861.21
	同比增长	%	4.9	4.0	7.6	7.8	3.5	3.9
第三产业增加值	绝对值	亿元	12 248.3	23 042.3	13 730.6	25 735.0	14 276.17	26 951.69
	同比增长	%	2.9	3.7	9.3	9.3	2.0	2.2
规模以上工业增加值	同比增长	%	—	—	10.8	10.7	3.3	3.8
社会消费品零售总额	绝对值	亿元	10 728.7	18 799.2	12 676.4	21 877.2	12 626.6	21 833.5
	同比增长	%	1.6	−2.3	18.2	16.4	−0.4	−0.2
地方一般公共预算收入	绝对值	亿元	1 124.7	3 046.5	1 377.4	3 438.6	1 157.9	—
地方一般公共预算支出	绝对值	亿元	2 584.7	6 994.1	2 730.7	7 024.6	2 512.8	—
金融机构人民币存款余额	绝对值	亿元	38 575.3	81 671.5	41 448.1	89 487.8	—	—
	同比增长	%	7.9	10.6	7.5	9.6	—	—
金融机构人民币贷款余额	绝对值	亿元	38 723.2	64 088.0	43 524.6	73 087.1	—	—
	同比增长	%	11.6	14.2	12.4	14.0	—	—

备注："–"表示暂无相关统计数据。

附表 23　2022 年重庆主城都市区和成都市有关指标对比表

类别	指标	单位	重庆主城都市区	成都市
基本情况	下辖区县或地市行政区	个	21	20
	辖区面积	万平方公里	2.870 0	1.433 5
	常住人口	万人	2 118.6	2 119.2
	常住人口城镇化率	%	79.2	79.5

类别	指标	单位	重庆主城都市区	成都市
主要经济指标	地区生产总值（GDP）	亿元	22 352.42	20 817.5
		%	2.3	2.8
	人均地区生产总值	万元	101 350	94 551
	三次产业结构比重	%	5.0：41.3：53.7	2.8：30.8：66.4
	规模以上工业增加值增速	%	3.0	5.6
	固定资产投资增速	%	−2.0	5.0
	社会消费品零售总额	亿元	10 361.75	9 096.48
	地方一般公共预算收入	亿元	1 053.7	1 697.9
产业	市场主体	万户	232	361
	高新技术企业	户	4 550	9 856
	世界500强企业	家	316	315
科技	"双一流"高校	所	2	8
	两院院士	人	18	33
	国家重点实验室	个	10	12
	国家大科学装置	个	1	4
金融	金融机构	家	1 502	1 441
	金融机构人民币存款余额	亿元	39 291	51 507
	金融机构人民币贷款余额	亿元	42 881	51 043
开放	进出口总额	亿元	8 033.84	8 346.4
	陆海新通道铁海联运班列开行数	班	2 530	1 071
	外国领事机构	个	13	23
	国际航线	条	109	131
基础设施公共服务	航空客运吞吐量	万人次	2 056	2 832
	轨道交通运营里程	千米	478	558
	三级甲等医院	家	35	56

备注：重庆主城都市区的固定资产投资增速计算口径与国家统计局一致，均不含农户部分；成都市的固定资产投资计算口径是全口径。

附表 24　成渝地区双城经济圈重点规划编制工作进展情况

序号	规划名称	编制进展情况
1	成渝地区双城经济圈国土空间规划	按照国家统一安排，待统筹完成"三区三线"划定、《全国国土空间规划纲要》审批后，按程序报批。
2	成渝地区双城经济圈多层次轨道交通体系规划	2021 年 12 月 10 日，国家发展改革委印发，并对社会公布。
3	成渝地区双城经济圈综合交通运输发展规划	2021 年 6 月 7 日，由国家发展改革委和交通运输部联合印发，并对社会公布。
4	成渝共建西部金融中心规划	2021 年 12 月 13 日，由中国人民银行、国家发展改革委、财政部、中国银行保险监督管理委员会、中国证券监督管理委员会、国家外汇管理局、重庆市人民政府、四川省人民政府联合印发，并对社会公布。
5	成渝地区建设具有全国影响力的科技创新中心总体方案	2022 年 4 月 18 日，两省市政府办公厅已联合印发。
6	成渝地区双城经济圈生态环境保护规划	2022 年 2 月 14 日，由生态环境部、国家发展改革委、重庆市人民政府、四川省人民政府联合印发。
7	巴蜀文化旅游走廊规划	2022 年 5 月 11 日，由文化和旅游部、国家发展改革委、重庆市人民政府、四川省人民政府联合印发，并对社会公布。
8	推进体制机制改革创新方案	两省市政府办公厅于 2021 年 11 月 30 日联合印发。
9	共建内陆开放高地建设方案	两省市政府办公厅于 2022 年 7 月 26 日联合印发。
10	川渝自贸试验区协同开放示范区总体方案	已以两省市政府名义联合上报国务院，国家层面不同意此方案。目前，两省市正在联合编制《川渝自贸试验区协同开放示范区深化改革创新行动方案（2022—2025）》。
11	经济区与行政区适度分离改革方案	两省市政府办公厅于 2022 年 5 月 6 日联合印发。
12	成渝地区双城经济圈优化营商环境方案	两省市政府办公厅于 2022 年 1 月 18 日联合印发。
13	万达开川渝统筹发展示范区建设方案	国家发展改革委已于 2023 年 1 月 14 日批复同意《推动川渝万达开地区统筹发展总体方案》。
14	川南渝西融合发展试验区建设方案	国家发展改革委已于 2023 年 1 月 14 日批复同意《推动川南渝西地区融合发展总体方案》。

序号	规划名称	编制进展情况
15	川渝电网一体化建设方案	两省市政府办公厅于2022年3月18日联合印发。
16	川渝共建长江上游航运中心建设方案	两省市政府办公厅于2022年7月17日联合印发。
17	成渝地区双城经济圈水安全保障规划	水利部、国家发展改革委于2022年11月联合印发。
18	成渝现代高效特色农业带建设实施方案	两省市政府办公厅于2021年11月23日联合印发。
19	国际消费目的地建设方案	两省市政府办公厅于2022年8月3日联合印发。
20	成渝地区双城经济圈军民融合联勤保障体系建设方案	两省市政府办公厅、西宁联保中心战勤部于2022年6月16日联合印发。

附表25　推动成渝地区双城经济圈建设重庆四川党政联席会议历次会议简况

序号	会议名称	会议简况
1	重庆四川党政联席会议第一次会议	2020年3月17日，川渝两省市以视频形式召开党政联席会议第一次会议，审议通过《深化四川重庆合作推动成渝地区双城经济圈建设工作方案》《推动成渝地区双城经济圈建设工作机制》《深化四川重庆合作推动成渝地区双城经济圈建设2020年重点任务》《四川重庆两省市共同争取国家支持的重大事项》4个文件
2	重庆四川党政联席会议第二次会议	2020年12月14日，川渝两省市以视频形式召开党政联席会议第二次会议，审议通过《重庆四川两省市贯彻落实〈成渝地区双城经济圈建设规划纲要〉联合实施方案》《重庆四川两省市领导联系成渝地区双城经济圈建设重点项目工作机制》《成渝地区双城经济圈重点规划编制工作方案》《成渝地区双城经济圈便捷生活行动方案》4个文件

序号	会议名称	会议简况
3	重庆四川党政联席会议第三次会议	2021年5月27日，川渝两省市在重庆永川区召开党政联席会议第三次会议，审议通过《加强重庆成都双核联动引领带动成渝地区双城经济圈建设行动方案》《成渝地区双城经济圈汽车产业高质量协同发展实施方案》《成渝地区双城经济圈电子信息产业高质量协同发展实施方案》3个文件。会议期间考察重庆云谷·永川大数据产业园、长城汽车重庆永川智慧工厂、重庆职能工程职业学院；举行共建具有全国影响力的科技创新中心2021年重大项目集中开工活动，西部（重庆）科学城、西部（成都）科学城、重庆两江协同创新区、中国（绵阳）科技城集中开工40个重大项目，总投资1 054.5亿元
4	重庆四川党政联席会议第四次会议	2021年12月14日，川渝两省市在四川宜宾市召开党政联席会议第四次会议，审议通过《深化重庆四川合作推动成渝地区双城经济圈建设2022年重点任务》《共建成渝地区双城经济圈2022年重大项目名单》《成渝地区双城经济圈碳达峰碳中和联合行动方案》《成渝地区双城经济圈共建世界级装备制造产业集群实施方案》《共建成渝地区双城经济圈口岸物流体系实施方案》《共建成渝地区工业互联网一体化发展示范区实施方案》《成渝地区双城经济圈便捷生活行动第二批事项》《关于支持川渝高竹新区改革创新发展的若干政策措施》8个文件。会议期间考察宜宾三江口长江生态公园、宁德时代、欧阳明高院士工作站；举行成渝地区双城经济圈碳达峰碳中和联合行动启动仪式，发布了"双碳"联合行动倡议，启动了4个清洁能源项目建设，总投资177.8亿元
5	重庆四川党政联席会议第五次会议	2022年6月29日，川渝两省市在重庆中心城区渝州宾馆召开党政联席会议第五次会议，审议通过《成渝地区双城经济圈特色消费品产业高质量发展协同实施方案》《推动川渝能源绿色低碳高质量发展协同行动方案》《支持成渝地区双城经济圈市场主体健康发展的若干政策措施》《成渝地区共建"一带一路"科技创新合作区实施方案》《成渝共建西部金融中心工作领导小组工作机制》5个文件。会议期间考察重庆市规划展览馆、广阳岛、长安汽车全球研发中心；举行共建巴蜀文化旅游走廊重大活动启动仪式，发布了惠民游活动和10大精品旅游线路，展演了第五届川剧节精品节目
6	重庆四川党政联席会议第六次会议	2022年12月30日，川渝两省市在四川省成都市召开党政联席会议第六次会议，审议通过《推动成渝地区双城经济圈市场一体化建设行动方案》《推动川渝共建重点实验室的实施意见》。会议期间考察了天府新区、中科院成都分院科学城园区、成都天府国际生物城，举行了川渝共建改革开放新高地推进活动，举行了共建西部陆海新通道川渝总运量突破60万标箱发车仪式

附表 26 四川省党代会推动成渝地区双城经济圈建设重要举措

序号	重点维度	重要举措
1	总体目标	锚定"一极一源、两中心两地"目标定位，着眼两量、两力、四大功能（两量：做大经济总量、提高发展质量；两力：增强区域发展活力和国际影响力；四大功能：经济承载和辐射带动功能、创新资源集聚和转化功能、改革集成和开放门户功能、人口吸纳和综合服务功能），推动形成有实力、有特色的双城经济圈。在做大经济总量方面，在过去五年连跨 2 个万亿元台阶、达到 5.38 万亿元的基础上，提出力争到 2027 年全省经济总量突破 8 万亿元，预计年均经济增速达 6.8%。同时提出，在人均地区生产总值达 6.43 万元的基础上，未来五年突破 9 万元
2	区域布局	更加注重区域经济板块协同发展。除支持成都建设践行新发展理念的公园城市示范区外，首次提出在川北绵阳、川南宜宾—泸州、川东北南充—达州建设"三个省域经济副中心"，这是四川壮大腰部城市力量，破解区域经济不平衡的重要抓手，意味四川"一主三副五区协同（一主：成都，三副：绵阳、宜宾—泸州、南充—达州，五区：成都平原经济区、川南经济区、川东北经济区、攀西经济区、川西北生态示范区）"城市格局、经济布局基本形成
3	科技创新	将建成国家创新驱动发展先行省作为未来五年的工作目标。在强化天府新区创新策源功能方面，提出重点抓好成渝（兴隆湖）综合性科学中心和西部（成都）科学城建设。在用好绵阳科技资源、创新氛围、产业基础优势方面，提出支持中国（绵阳）科技城建设国家科技创新先行示范区。同时，提出积极争创国家实验室，将高标准建设天府实验室和国家实验室四川基地、布局建设大科学装置和全国重点实验室作为科技创新重要抓手
4	产业发展	提出实施制造强省战略，大力推进战略性新兴产业集群发展、产业基础再造、强链补链三大工程，打造世界级先进制造业集群。特别是对构筑数字经济发展高地进行重点安排，提出进一步发挥国家超算成都中心作用，打造天府数据中心集群，实施国家"东数西算"工程，建设全国一体化算力网络国家枢纽节点，这是国家赋予成渝两地的共同责任

附表 27　成都市党代会推动成渝地区双城经济圈建设重要举措

序号	重点维度	重要举措
1	总体目标	提出全面建设践行新发展理念的公园城市示范区,在城市践行绿水青山就是金山银山理念、城市人民宜居宜业、城市治理现代化三个方面率先突破,推动国家中心城市核心功能和位势能级明显跃升,奋力打造中国西部具有全球影响力和美誉度的现代化国际大都市。在过去五年经济总量连跨 8 个千亿台阶、接近 2 万亿元的基础上,提出未来五年经济总量冲刺 3 万亿元的目标,预计年均经济增速达 7%
2	区域布局	过去五年,成都市大力实施"东进""南拓"战略,城市格局由"两山夹一城"向"一山连两翼(以龙泉山为界,西边为中心城区,东边为东部产业新城)"转变。未来五年,成都市将继续巩固完善"一山连两翼"空间总体布局,持续推动中心城区、城市新区、郊区新城做优做强。与此同时,在加快建设成德眉资同城化综合试验区的基础上,推动全省主干向成都市圈拓展
3	科技创新	提出"着眼形成服务战略大后方建设的创新策源地,提升创新策源能力",以成渝(兴隆湖)综合性科学中心和西部(成都)科学城,国家实验室、国家实验室基地和天府实验室为核心支撑,以国家产业创新中心、技术创新中心、制造业创新中心等科技创新基地为重要载体,打造重大科技基础设施集群和创新基地
4	产业发展	坚持把做强做优实体经济作为主攻方向,坚定实施制造业强市战略,稳步提升制造业占比,建设国家制造业高质量发展示范区,加快培育发展一批具有生态主导力的链主企业、具有行业引领力的"专精特新"企业。大力实施以"四网融合"为重点的新基建行动,建设国家数字经济创新发展试验区核心区域。力争 2027 年战略性新兴产业、数字经济核心产业增加值占地区生产总值比重分别超过 20% 和 15%
5	对外开放	提出外贸进出口总额突破 1.2 万亿元目标,要求优化拓展对外开放通道,打造国际航空中转中心和航空货运集散中心、增强西部陆海新通道主枢纽功能、建设国家现代供应链创新与应用试点城市。争取设立自贸试验区成都东部新区片区、争创西航港国家级经开区、打造"一带一路"对外交往中心等,进一步强化拓展东南亚、南亚等新兴市场

序号	习近平总书记重要讲话精神落实情况
1	印发《〈成渝地区双城经济圈建设规划纲要〉重大事项 2022 年工作计划》
2	召开联合办公室 2022 年第二次主任调度会议
3	召开推动成渝地区双城经济圈建设重庆四川党政联席会议第五次会议，7 月 15 日，召开联合办公室 2022 年第三次主任调度会议
4	推动实施川渝合作共建重大项目。公开发布川渝 2022 年度共建项目 160 个，总投资超 2 万亿元。将项目建设情况纳入省市级投资项目在线服务监管平台进行网上管理
5	加强重庆成都双核联动。与四川省、成都市相关部门共同组建双核联动专项工作组，出台工作规则和年度要点。按照两省市部署，筹备双核联动联建会议
6	加快推进毗邻地区合作平台建设。2022 年 4 月 14 日，推动成渝地区双城经济圈建设联合办公室组织召开川南渝西等 5 个川渝毗邻地区合作功能平台建设工作推进会。9 月上旬，配合市人大调研万达开川渝统筹发展示范区和川渝高竹新区的建设进展情况，市人大常委会拟于本月底听取和审议两个平台建设情况汇报。9 月 21 日，国家发展改革委对两个平台的建设方案复函修改意见
7	推动川渝政策协同。印发成渝地区双城经济圈便捷生活行动（第二批），启动编制推动成渝地区双城经济圈市场一体化建设行动方案，持续推进成渝地区"一卡通""一码通"、川渝政策"异地同标"等工作
8	跟踪"7+13"重点规划推进情况，及时出具规划衔接意见

附表 29　成渝地区双城经济圈金融业辐射带动能力统计分析

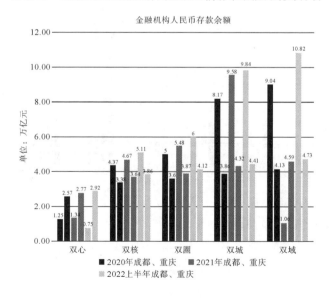

金融机构人民币存款余额

单位：万亿元

■ 2020年成都、重庆　■ 2021年成都、重庆
□ 2022上半年成都、重庆

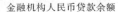

金融机构人民币贷款余额

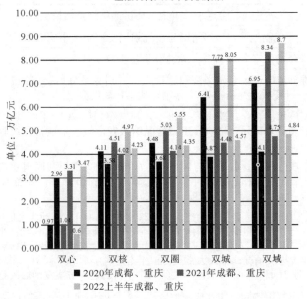

金融机构资金总量

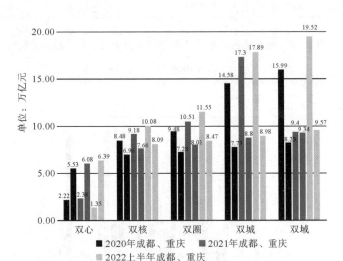

备注:"双心":重庆中心城区、成都中心城区;"双核":重庆主城都市区、成都市;"双圈":重庆都市圈、成都都市圈;"双城":成渝地区双城经济圈的重庆、四川部分;"双域":重庆市、四川省。

附表30　成渝地区双城经济圈2021年度基本情况对比表

指标	重庆	四川	双城经济圈			双城		双都市圈	
			双圈总体	重庆部分	四川部分	重庆主城都市区	成都市	重庆都市圈	成都都市圈
辖区面积（万平方公里）	8.24	48.6	18.5	4.6	13.9	2.87	1.43	3.5	2.6
常住人口（万人）	3212.4	8372.0	9870.8	2795.2	7075.6	2118.6	2119.2	2443.4	2989.4
常住人口城镇化率（%）	70.3	57.8	64.1	73.7	60.3	79.2	79.5	74.66	71.22
GDP（亿元）	27894	53851	73919	25859	48060	21456	19917	22873	25012
GDP增速（%）	8.3	8.2	8.5	8.5	8.5	8.0	8.6	—	—
人均GDP（万元）	8.7	6.4	7.5	9.3	6.8	10.1	9.5	9.3	8.4

备注：2022年三季度，重庆GDP同比增长3.1%，规上工业增加值同比增长4.0%，固投同比增长3.3%，社零总额同比增长1.5%，一般公共预算收入同口径下降4.3%；四川GDP同比增长1.5%，规上工业增加值同比增长2.4%，固定资产投资同比增长4.9%，社零总额同比下降0.2%，一般公共预算收入同口径增长5.3%。

附表31　重庆主城都市区和成都市有关指标对比表

类别	指标	单位	重庆主城都市区	成都市
基本情况	下辖县级行政区	个	21	20
	辖区面积	万平方公里	2.8700	1.4335
	常住人口	万人	2118.6	2119.2
	常住人口城镇化率	%	79.2	79.5
主要经济指标（2021）	地区生产总值（GDP）	亿元	21455.6	19917.0
		%	8.0	8.6
	人均地区生产总值	万元	101350	94551
	三次产业结构比重	%	5.0：41.1：53.9	2.9：30.7：66.4
	规模以上工业增加值	%	10.8	11.4
	全社会固定资产投资	%	5.3	5.5
	社会消费品零售总额	亿元	10448.7	9251.8
	地方一般公共预算收入	亿元	1140.9	1697.9
产业	市场主体	万户	232	361
	高新技术企业	户	4550	9856
	世界500强企业	家	316	315

类别	指标	单位	重庆主城都市区	成都市
科技	"双一流"高校	所	2	8
	两院院士	人	18	33
	国家重点实验室	个	10	12
	国家大科学装置	个	1	4
金融	金融机构	家	1502	1441
	2022年9月末金融机构人民币存款余额	亿元	39291	51507
	2022年9月末金融机构人民币贷款余额	亿元	42881	51043
开放	进出口总额(2022年1—11月)	亿元	7374.3	7681.6
	中欧班列(成渝)开行数(2022年1—11月)	班	5062	
	陆海新通道铁海联运班列开行数(2022年1—11月)	班	2543	1071
	外国领事机构	个	13	23
	国际航线	条	109	131
基础设施公共服务	2022年航空客运吞吐量	万人次	2056	2832
	轨道交通运营里程	千米	478	558
	三级甲等医院	家	35	56

附表32 川渝毗邻地区合作共建功能平台建设进度表

序号	重要举措	推进情况
1	顶层系统谋划	2020年6月重庆市委、市政府出台《关于推动毗邻四川的区县加快融合发展的指导意见》,7月市政府联合四川省政府出台《川渝毗邻地区合作共建区域发展功能平台推进方案》,布局9大合作功能平台。党中央、国务院印发的《成渝地区双城经济圈建设规划纲要》提出建设川南渝西融合发展试验区,川渝合作共建功能平台由此达到10个。
2	统筹方案编制	10个平台建设方案全部由两省市政府常务会议审议。其中,万达开、川南渝西2个平台建设方案由两省市政府联合上报国务院;其余8个平台建设方案均已由两省市政府联合批复,建设方案由两省市发展改革委联合印发。

序号	重要举措	推进情况
3	推动特色化发展	紧盯各平台功能定位，加快关键环节和重点领域的改革联动探索；指导万达开川渝统筹发展示范区把统筹发展贯穿到示范区建设的各领域各方面各环节，打造省际交界地区统筹发展示范标杆；指导高竹新区围绕跨省域一体化发展试验区等定位，探索经济区与行政区适度分离改革；各平台根据特色禀赋和发展定位加快建设，总体进展良好。

附表33 川渝毗邻地区合作共建功能平台建设成效表

序号	功能平台	建设成效
1	渝东北川东北地区	一是万达开川渝统筹发展示范区推动"万达开智能制造示范园区"建设，2022年前三季度三地分别实现地区生产总值816.3亿元、452.6亿元、1742.9亿元，总量突破3000亿元。二是城宣万革命老区振兴发展示范区推动大巴山国际旅游度假区建设，协同打造渝东北川东北特色高效农业生态经济走廊，实现红色资源、文旅康养、特色效益农业等产业价值转化提质。三是明月山绿色发展示范带投资50亿元的重庆首个智能装配式建筑产业园建成投产，大竹川渝合作产业园累计完成投资41亿元。
2	成渝中部地区	一是川渝高竹新区引进重庆工职院高竹校区、东本摩托等33个项目，协议投资310亿元；已入驻企业167家，已成功签约重大项目35个、协议投资312亿元。二是遂潼川渝毗邻地区一体化发展先行区中潼南获批国家智能终端基地、遂宁获批国家基础电子元器件基地。三是合广长协同发展示范区共建沿渠江、嘉陵江共同打造蔬菜加工产业带，共同推进渝西川东北优质粮油产业集群建设。四是资大文旅融合发展示范区打造巴蜀石窟文化旅游走廊联盟、巴蜀世界遗产联盟，联合推出石刻艺术文化旅游直通线等旅游商品20余种，共同谋划92个文旅项目、估算总投资超2000亿元。

序号	功能平台	建设成效
3	川南渝西地区	一是内荣现代农业高新技术产业示范区国家生猪大数据中心内江运营中心建成投用，"荣易管""荣易养""荣易贷"等数字应用平台实现两地共享。二是泸永江融合发展示范区100万亩优质粮油及稻田综合种养产业带二期69万亩、50万亩长江中上游晚熟龙眼荔枝产业带二期35万亩、100万亩优质茶叶产业带二期56万亩等3条现代高效特色农业产业带建设。三是川南渝西融合发展试验区绵泸高铁（内自泸段）建成通车，渝昆高铁（川渝段）、成自宜高铁加快建设，成渝中线高铁正在加快项目初步设计和站房概念设计。

附表34 川渝毗邻地区合作共建区域发展功能平台批复表

序号	平台名称	责任市区（县）	进展情况
1	万达开川渝统筹发展示范区	重庆市万州区、开州区，四川省达州市	国家发展改革委已于2023年1月14日批复同意总体方案，两省市政府联合印发，全面启动建设。
2	川南渝西融合发展试验区	重庆市江津、永川区、荣昌区、綦江区（含万盛）、大足区、铜梁区，四川省自贡市、泸州市、内江市、宜宾市	国家发展改革委已于2023年1月14日批复同意总体方案，提请两省市政府联合印发，全面启动建设。
3	川渝高竹新区	重庆市渝北区，四川省广安市	已全面启动建设。
4	遂潼川渝毗邻地区一体化发展先行区	重庆市潼南区，四川省遂宁市	已全面启动建设。
5	明月山绿色发展示范带	重庆市梁平区、长寿区、垫江县，四川省邻水县、达川区、大竹县、开江县	已全面启动建设。
6	城宣万革命老区振兴发展示范区	重庆市城口县，四川省宣汉县、万源市	已全面启动建设。

序号	平台名称	责任市区（县）	进展情况
7	合广长协同发展示范区	重庆市合川区、长寿区，四川省广安市	已全面启动建设。
8	资大文旅融合发展示范区	重庆市大足区，四川省资阳市	已全面启动建设。
9	内荣现代农业高新技术产业示范区	重庆市荣昌区，四川省内江市	已全面启动建设。
10	泸永江融合发展示范区	重庆市永川区、江津区，四川省泸州市	已全面启动建设。

附表35 成渝地区双城经济圈重大项目整体谋划情况表

序号	重要举措	推进情况
1	顶层设计	紧抓规划纲要编制重大契机，努力推动全市重大项目诉求纳入规划纲要总盘子。主动谋划项目争取事项，对战略性长远性项目进行梳理、谋划，与四川方面共同形成39类重大项目事项，上报国务院恳请支持。积极参与纲要起草，精选多名业务骨干到国家发展改革委全程参与起草，精心提交项目策划等基础资料。努力策划实地调研，克服新冠肺炎疫情影响，争取纲要起草组来渝调研，为项目纳入奠定基础。经多轮争取，《规划纲要》共明确重大共建项目上百个，成渝中线高铁、重庆新机场、重庆都市圈环线铁路等项目均为中央文件中首次提出。
2	协同编制配套规划	共同配合国家部委编制重点规划，争取国家层面制定多层次轨道交通体系、西部金融中心、巴蜀文化旅游走廊等7个重点规划，将重点共建任务细化实化为具体项目，已出台的6个重点规划直接明确全市重大项目127个、总投资约1万亿元。共同牵头编制两省市联合专项规划，围绕川渝电网一体化、共建长江上游航运中心、共建成渝现代高效特色农业带等两省市优势合作领域，共同编制13个专项规划，目前已出台的规划中共明确全市重大项目45个、总投资超3100亿元。

序号	重要举措	推进情况
3	多维强化规划衔接	加强重大项目与国家、两省市各类规划衔接，增强项目实施的刚性约束。积极衔接国家规划，成都重庆至上海沿江高铁、哈密至重庆特高压输电通道等重大项目纳入国家"十四五"规划纲要，成渝地区双城经济圈22个重点项目纳入国家"十四五"102项重大工程项目清单。积极衔接四川规划，强化共建项目与四川省"1+25"规划体系衔接，推动规划同图、项目同步。积极衔接市级规划，推动成渝地区双城经济圈重大项目全面纳入全市"十四五"规划纲要及52个市级重点规划。

附表36　成渝地区双城经济圈共建项目清单情况分析

序号	重要维度	推进情况
1	标志性示范性项目清单	筛选确定首批项目，推动建立省市领导联系重点项目机制，发挥省市领导对共建项目的牵引作用，聚焦两省市当前最薄弱、发展最急需的基础设施领域，共同筛选提出成渝中线、川渝特高压、长江上游航运中心等8个重点共建项目，由两省市"四大班子"主要领导及相关副省市长牵头联系。组建专班协同推进，细化责任分工，建立工作台账，指导制定年度和月度计划、阶段任务节点，实现项目协同推进。加强项目调度衔接，定期报告省市领导项目进展和问题，为省市领导向上争取、专题研究提供基础支撑。目前，省市领导联系项目全部启动建设，累计完成投资2252亿元。其中，成渝中线高铁从规划设想到可研批复仅用时1年半，创造了全国高铁项目前期工作最短用时纪录。
2	年度共建项目清单	率先探索项目协同管理机制，创新制定《成渝地区双城经济圈共建项目工作指引》，规范共建项目申报、实施、调度等流程。筛选年度共建项目，聚焦国家、省市共同和全市双城经济圈建设"1+2"年度要点，按照具有行业代表性、年内可实施的原则，围绕九大共建任务，共同筛选确定年度共建项目。同步拆解年度建设任务，督促项目责任单位细化目标任务，专人专班推动前期项目早开工、在建项目早见效。

序号	重要维度	推进情况
3	双城储备项目清单	围绕规划政策储备一批,全面对接《规划纲要》以及国家重点规划和省市级专项规划,实现重大项目全覆盖、无遗漏。围绕重点区域储备一批,聚焦双核联动联建,按照共投共建、相向协作、共同争取三大类别,与成都市共同谋划重大项目事项,首批34项已全面启动实施;聚焦10大区域合作共建平台,推动市区(县)层面围绕合作协同重点,主动谋划重大共建项目,按照分级储备原则建立项目储备清单。围绕重大招商转化一批,衔接市级招商项目库,将重大招商项目转化充实双城经济圈项目库,推动责任单位及时开展产业研究、项目策划论证和对接洽谈。目前,全市双城经济圈项目储备库已汇总纳入项目1541个,总投资超4.4万亿元,为双城经济圈建设蓄积充足发展后劲。

附表 37　成渝地区双城经济圈重大项目保障情况表

序号	重大举措	推进情况
1	抓好前期论证环节	探索项目论证联动,实施规划交叉审查、定期沟通机制,统筹跨区域重大项目规划布局、资源配置、推进时序,实现川渝特高压、千亿方天然气等项目一体协同推进。探索项目前期共推,利用联合办公室主任调度会议机制,推动两省市行业主管部门开展项目联合委托、协同论证等稳定影响项目落地的边界条件,成渝中线高铁涉及军事区线路方案审批、城口至四川万源天然气管道涉及自然保护区等重大卡点问题得到有效解决。探索项目联合争取,对相关要素审批权限在国家的,两省市通力合作、协同发力,成功争取渝西高铁等项目在国家层面开辟绿色通道容缺受理、并联审批。
2	抓好审批服务环节	争取国家审批授权,探索在国家明确空间通道和技术标准基础上,由川渝联合核准跨两地的500千伏及以下输电工程、长输油气管网、航电枢纽等线性工程项目。优化分类审批流程,研究政府投资项目审批事项清单,简化审批程序和环节,探索前置要件承诺制改革,推动联审互认;加强川渝投资项目在线审批服务平台互联互通、数据共享共用,实现企业投资项目备案一方办理两地互认。开展审批整合试点,联合编制高竹新区政府核准的投资项目试行目录,共同下放行政审批权限,探索在跨省新区内核准权限、范围和标准"三统一",目录外投资项目"一张网"统一备案管理。

序号	重大举措	推进情况
3	抓好要素保障环节	共同强化多元资金投入,联合争取地方政府专项债券、中央预算内投资支持,积极利用国家政策性开发性金融工具,推进基础设施不动产投资信托基金(REITs)等创新试点增量扩面,成渝中线高铁、渝西高铁等项目已签约投放基金131.9亿元,渝遂高速REITs成功上市并募集资金48亿元,2022年度重大共建项目通过政银企对接平台获290亿元贷款支持。共同加强用地保障,强化与国家重大项目用地保障工作机制对接,累计审核通过乌江白马航电枢纽工程、渝西水资源配置工程等62个项目,保障建设用地超过1.5万公顷。共同加强用能保障,探索重大项目用能保障联动机制,在川渝高竹新区率先探索跨省域水电气一体化供应,按照区域内"成本就低不就高"的原则,统一服务标准和价格。
4	抓好调度管理环节	用好技术赋能,依靠"制度+技术"双引擎驱动,优化两省市投资项目在线服务监管平台,实现"同一网络、同一平台""在线申报、在线调度"的项目数字化管理。强化台账管理,建立双城经济圈重大项目年计划、月安排、月调度工作三本台账,设置项目推进"红绿灯"制,对年度计划完成率和月度累计计划完成率两个指标均未达到计划进度的项目,及时预警、超前调度、提醒督办,提高双城项目协同水平和推进实施效率。加强联合调度,统筹跨区域重大项目建设时序,同时开展前期工作、同期建设实施、同步建成投用。目前,川渝间8条高速公路建设基本同步加快推进,泸永高速提前14个月同步建成通车。

附表38 成渝地区双城经济圈重大项目建设成效分析

序号	重大举措	建设成效
1	依托联席会议推动项目建设	将重大项目建设融入和贯穿两省市党政联席会议各方面各环节。主动谋划议题设置,上半年会议通报项目建设情况,年底会议审议年度项目安排。目前,党政联席会议已3次审议和3次通报重大共建项目。科学安排现场考察,聚焦经济社会发展热点,筛选广阳岛、长安汽车全球研发中心等9个具有代表性、引领性的项目点位供省市领导现场调度。积极策划项目活动,围绕《规划纲要》共建共享的重大项目事项,策划共建具有全国影响力的科技创新中心、巴蜀文化旅游走廊、双碳联合行动等重大活动,共启动建设项目44个、总投资达1232.4亿元。

序号	重大举措	建设成效
2	用好监督机制提升实施效能	充分借助人大、政协力量，通过接受监督和恳请支持相结合，解决项目推进中的难点、卡点问题，长江上游航运能力、川渝能源保障一体化、万达开川渝统筹发展示范区和川渝高竹新区等加快建设。充分借助督查力量，建立跨部门、跨省域联合督查机制，以责任落实倒逼项目落实，2021年联合督查整改项目问题20个，帮助嘉陵江利泽航运枢纽等项目协调解决四川段环境影响卡点问题。充分借助审计力量，配合审计署、市审计局开展政策审计，聚焦30个项目整改事项建立台账、压茬推动，为加快项目建设、财政资金高效使用保驾护航。目前，审计要求整改的合安高速公路潼南至合川段已提前建成通车，渝武高速扩能（重庆段）等8个项目资金已筹集到位。
3	集聚多方力量营造项目建设氛围	激发青年参与热情，开展"建功双城圈、青年勇争先"活动，组建46支青年突击队，聚焦重大项目建设"急难险重新"任务，集结青年建设力量。加强外部推介，共同推动双城项目形成强大品牌效应，最大力度撬动社会资本参与、吸引域外资金加入。目前，已累计与各类金融机构签订协议5份、并向香港贸发局等集中推介项目。营造浓厚氛围，持续开展项目信息宣传，国办已采用项目经验材料2篇，中央新闻联播报道项目建设3次，新华网、中国经济周刊等刊登项目做法100余篇，共建项目经验做法作为创新举措上报国家发展改革委。

附表 39　推动成渝地区双城经济圈建设的总体思路表

序号	总体思路
1	2020 年 1 月 3 日，习近平总书记在中央财经委员会第六次会议上的重要讲话。
2	2020 年 10 月 16 日，中共中央政治局召开会议，审议《成渝地区双城经济圈建设规划纲要》。中共中央总书记习近平主持会议。会议指出，当前我国发展的国内国际环境继续发生深刻复杂变化，推动成渝地区双城经济圈建设，有利于形成优势互补、高质量发展的区域经济布局，有利于拓展市场空间、优化和稳定产业链供应链，是构建以国内大循环为主体、国内国际双循环相互促进的新发展格局的一项重大举措。会议强调，要全面落实党中央决策部署，突出重庆、成都两个中心城市的协同带动，注重体现区域优势和特色，使成渝地区成为具有全国影响力的重要经济中心、科技创新中心、改革开放新高地、高品质生活宜居地，打造带动全国高质量发展的重要增长极和新的动力源。会议要求，成渝地区牢固树立一盘棋思想和一体化发展理念，健全合作机制，打造区域协作的高水平样板。唱好"双城记"，联手打造内陆改革开放高地，共同建设高标准市场体系，营造一流营商环境，以共建"一带一路"为引领，建设好西部陆海新通道，积极参与国内国际经济双循环。坚持不懈抓好生态环境保护，走出一条生态优先、绿色发展的新路子，推进人与自然和谐共生。处理好中心和区域的关系，着力提升重庆主城和成都的发展能级和综合竞争力，推动城市发展由外延扩张向内涵提升转变，以点带面、均衡发展，同周边市县形成一体化发展的都市圈。
3	党的二十大报告在"四、加快构建新发展格局，着力推动高质量发展"中的"（四）促进区域协调发展"部分提出："推动成渝地区双城经济圈建设"。
4	2022 年 6 月 7 日至 10 日，习近平总书记在四川视察时的重要讲话。
5	2023 年新春伊始，总书记对重庆工作作出重要批示，明确要求"推动成渝地区双城经济圈建设走深走实"，为新时代新征程做好重庆工作指明了方向。

附表 40　成渝地区双城经济圈发展历程情况分析表

序号	发展阶段	标志性事件
1	深入落实中央财经委第六次会议精神全面谋划部署（2020年1月—11月）	2020年1月6日，重庆市委常委会召开扩大会议，传达学习中央财经委员会第六次会议精神，研究贯彻落实意见。
2		2020年3月17日，推动成渝地区双城经济圈建设重庆四川党政联席会议第一次会议以视频方式召开。
3		2020年3月23日，重庆市推动成渝地区双城经济圈建设动员大会召开。
4		2020年4月7日，重庆市委理论学习中心组（扩大）专题学习会暨推动成渝地区双城经济圈建设市领导集中调研成果交流会召开。
5		2020年4月15日，中共重庆市委第五届委员会第八次全体会议召开，审议通过中共重庆市委加快推动成渝地区双城经济圈建设的决定。
6		2020年7月10日，中共四川省委第十一届委员会第七次全体会议召开，审议通过中共四川省委关于深入贯彻习近平总书记重要讲话精神，加快推动成渝地区双城经济圈建设的决定。
7	全面贯彻《成渝地区双城经济圈建设规划纲要》（2020年11月—至今）	2020年12月14日，推动成渝地区双城经济圈建设重庆四川党政联席会议第二次会议以视频方式召开，会议审议通过《重庆四川两省市贯彻落实〈成渝地区双城经济圈建设规划纲要〉联合实施方案》等系列文件。
8		2021年1月4日，川渝两省市政府办公厅联合印发《推动成渝地区双城经济圈建设重点规划编制工作方案》。
9		2021年3月30日，国家发展改革委组织召开城镇化工作暨城乡融合发展工作部际联席会议第二次会议，审议推动成渝地区双城经济圈建设2021年工作要点。
10		2021年5月27日，推动成渝地区双城经济圈建设重庆四川党政联席会议第三次会议在永川区召开，重庆市四川省共建具有全国影响力的科技创新中心2021年重大项目集中开工。
11		2021年10月27日，重庆市委常委会召开会议，学习贯彻《成渝地区双城经济圈建设规划纲要》。
12		2021年12月14日，推动成渝地区双城经济圈建设重庆四川党政联席会议第四次会议在宜宾召开。两省市在宜宾三江口长江生态公园举行成渝地区双城经济碳达峰碳中和联合行动启动仪式。

序号	发展阶段	标志性事件
13	全面贯彻《成渝地区双城经济圈建设规划纲要》（2020年11月—至今）	2021年12月17日至18日，成都市党政代表团赴渝考察交流，并签订《落实成渝地区双城经济圈建设重大决策部署唱好"双城记"建强都市圈战略合作协议》等"1+5"合作协议。
14		2022年2月16日，国家发展改革委召开城镇化工作暨城乡融合发展工作部际联席会第四次会议，审议《推动成渝地区双城经济圈建设2022年工作要点》。
15		2022年5月27日，中国共产党重庆市第六次代表大会隆重召开，会议指出，将奋力书写成渝地区双城经济圈建设新篇章作为三大任务之一。5月27日，中国共产党四川省第十二次代表大会在成都召开，将推动成渝地区双城经济圈建设作为全面建设社会主义现代化四川的总牵引。
16		2022年6月29日，推动成渝地区双城经济圈建设重庆四川党政联席会议第五次会议在重庆召开。会前，川渝两省市在重庆市举行了共建巴蜀文化旅游走廊重大活动启动仪式。
17		2022年9月29日，重庆成都双核联动联建会议第一次会议以视频方式召开。
18		12月30日，推动成渝地区双城经济圈建设重庆四川党政联席会议第六次会议在成都召开。会前，川渝两省市共同举行了共建改革开放新高地推进活动。

附表41　重庆推动成渝地区双城经济圈建设发展分析表

序号	重大举措	建设发展情况
1	全面部署推动	重庆市委先后召开两次全会出台有关决定和实施意见，市第六次党代会及市委六届二次全会都把双城经济圈建设作为建设现代化新重庆的重大任务之一。多次召开市委常委会会议、市委财经委员会会议、市委理论学习中心组（扩大）专题学习会、市政府常务会议等，学习贯彻、研究部署。成立由市委主要领导任组长的领导小组，已召开13次会议研究推动重点事项。双城经济圈工作情况纳入各级党政机关目标管理绩效考核。

附表41（续）

序号	重大举措	建设发展情况
2	强化顶层设计	与四川省共同印发《规划纲要》联合实施方案，协同制定"7+13"规划（方案）。其中，配合国家部委编制7个，已印发综合交通运输发展规划、科技创新中心总体方案、西部金融中心规划、多层次轨道交通体系规划、生态环境保护规划、巴蜀文化旅游走廊建设规划6个，双城经济圈国土空间规划待两省市国土空间规划出台后即印发实施；两省市共同编制13个，已印发优化营商环境、川渝电网一体化建设、经济区与行政区适度分离改革等12个规划（方案）。
3	共建合作机制	与四川省建立四级工作机制，已先后召开6次党政联席会议、6次常务副省市长协调会议、19次联合办公室主任调度会议，各联合专项工作组不定期沟通。与成都市建立双核联动联建会议机制，进一步明确双核重点合作方向和合作事项。构建"1+2+10"年度工作推进体系："1"即配合国家发改委制定国家层面年度工作要点，"2"即制定两省市年度工作要点和我市《规划纲要》年度任务，"10"即10个联合专项工作组制定年度工作任务。每年选派一批、已选派3批累计301名干部交流挂职。举办双碳联合行动、共建巴蜀文化旅游走廊、共建改革开放新高地等多个重大活动。
4	共推重大事项	两省市领导牵头联系重点项目，推动成渝中线高铁等8个标志性、引领性基础设施项目建设。2020—2022年，滚动实施共建重大项目31个、67个、160个，项目总投资分别为5836亿元、1.57万亿元、2.04万亿元；2023年明确实施共建重大项目248个，总投资约3.25万亿元，年度计划投资3215亿元。联合实施87项川渝"放管服"合作任务、43项便捷生活行动事项、311项"川渝通办"政务服务事项。规划建设高竹新区等10个川渝毗邻地区合作平台，探索经济区与行政区适度分离改革。

附 录 207

附表 42 重庆推动成渝地区双城经济圈建设成效分析表

序号	重大举措	建设发展情况
1	加快建设具有全国影响力的重要经济中心	优化区域经济布局，强化双核联动、双圈互动、两翼协同，主城都市区和成都市 GDP 均超 2 万亿元；推进重庆西扩、成都东进，广安市全域纳入重庆都市圈发展规划；加快推动川东北渝东北、川南渝西两翼协同发展。加密交通网络，成为国家综合立体交通网 4 极之一，双城经济圈交通一体化发展交通强国试点获批；郑万高铁建成投用，成渝中线、渝西、成达万等高铁实现开工，渝昆、渝湘等高铁加快建设，成渝客专提速至 1 小时通达、运行时间较改造前缩短 20% 以上；成渝世界级机场群加快建设，江北机场 T3B 航站楼及第四跑道工程启动实施，2022 年江北机场旅客吞吐量排全国第 2、较 2019 年同期上升 7 位；建成及在建川渝间省际高速公路达 20 条。加速产业体系融合，汽车产业全域配套率提升至 80% 以上，电子产业规模提高到全国第 4 位；深化共建国家数字经济创新发展试验区、国家新一代人工智能创新发展试验区，国家级互联网骨干直联点宽带扩容，川渝累计建设 5G 基站 16.9 万个；共建西部金融中心，推进区域金融监管服务和外汇管理一体化，成渝金融法院挂牌运行；构建成渝现代高效特色农业带，累计创建国家现代农业产业园 19 个、国家农业现代化示范区 8 个；培育建设国际消费中心城市，共建巴蜀文化旅游走廊，打造特色国际消费目的地。
2	加快建设具有全国影响力的科技创新中心	共建重大科研平台，两省市 2021 年共同集中开工 40 个科创项目、总投资 1055 亿元；以"一城多园"模式共建西部科学城，强化重庆大学城、重庆高新区与天府国际生物城、未来科技城和成都高新区协同发展；两江新区、天府新区组建协同创新联盟；启动建设成渝综合性科学中心，组建国家"一带一路"联合实验室等科研平台。目前已集聚国家科技创新平台 54 个、国家重大科技基础设施 11 个，较 2019 年分别增长 14.9%、57.1%。强化战略科技力量，争取电磁驱动聚变装置等 3 个国家重大科技基础设施落地，中国自然人群生物资源库、超瞬态实验装置、种质创制大科学中心等开工建设，国家生猪技术创新中心落户重庆。重庆高新技术企业 6200 余家、科技型企业超过 4.2 万家，较 2019 年分别增加 97.4%、148.5%。加快科研成果转化，深化职务科技成果权属改革和科技管理体制改革，推进揭榜"以先投后股方式支持科技成果转化"等 10 项任务，国家科技成果转移转化示范区和国家级知识产权运营中心获批建设。

序号	重大举措	建设发展情况
3	加快建设内陆改革开放高地	共建西部陆海新通道，发挥重庆的通道物流和运营组织中心作用，新开通中泰、中越、中缅印班列，线路辐射16个省区市、通达全球113个国家（地区）338个港口，货物品类达640种。做强中欧班列（成渝），覆盖欧亚近40个国家超100个城市，2020年以来累计开行1万余列、占全国近三成。提升开放平台能级，川渝自贸区协同开放示范区取得4项重要制度创新成果、关银"一KEY通"改革全国首创，中新互联互通项目为西部地区企业跨境融资186.3亿美元，"一带一路"对外交往中心和进出口商品集散中心加快建设。探索经济区与行政区适度分离改革，第一批27项创新举措和经验做法报国家发改委复制推广，跨省域共建的川渝高竹新区改革探索成效逐步凸显，川渝区域市场一体化建设加快推进，实现川渝两地电子证照互认共享。协同深化"放管服"改革，完成优化营商环境条例协同立法，开展土地出让"混合用地"试点，成渝地区获批全国首个跨地区外债便利化试点，川渝两地外商直接投资到位资金占西部地区的50%以上。
4	加快建设高品质生活宜居地	加快推进新型城镇化建设。推动重庆主城都市区功能升级、承载人口超2000万人，提升大中城市产业水平和功能品质，垫江县等8县（市）纳入国家县城新型城镇化建设示范；推动国家城乡融合发展试验区重庆、成都西部片区建设，统筹推进城市人才下乡等多项典型经验在国家推广。推动生态共保共治。共同推动长江、嘉陵江、乌江、岷江、涪江、沱江等"六江"生态廊道建设，开展22条跨界河流及重要支流联合暗访，2021年以来长江干流川渝段水质保持为优、23个跨界国考断面水质达标率达100%，推进广阳岛长江经济带绿色发展示范，城口县等14地入选第六批国家生态文明建设示范区和"绿水青山就是金山银山"实践创新基地。提升基本公共服务水平。公积金异地转移接续2.6万人次、金额约4.3亿元，成渝高铁常态化每日开行80—120对，开通跨省城际公交线路20条，重庆中心城区与成都主城区公共交通实现"一卡通""一码通"。

附表 43　提升成渝地区双城经济圈经济实力的工作方案推动落实情况分析表

序号	重大举措	建设发展情况
1	中心城区功能品质不断提升	加快推进 20 个城市更新试点示范项目建设，推动相国寺码头、盘溪河入江口建成开放。长嘉汇实施项目 21 个，南滨路山城步道沿线建筑立面整治全面完工。艺术湾实施项目 12 个，成功举办首届国际光影艺术节。1—6 月，"两江四岸"核心区已修复车行道路面 2000 平方米，新铺设人行通道 4800 平米。
2	都市圈建设全面提速	推动创新建立广安全面融入重庆都市圈工作机制。在重庆四川合作机制框架下，增设"广安融入重庆都市圈工作组"。深化双核联动联建工作机制，推动第一批 34 个合作项目（事项）和 2023 年 29 项重点任务加快实施。
3	基础设施网络持续织密建强	成渝中线等高铁提速建设，璧山正兴场址作为重庆新机场推荐场址获民航局批复同意。渝西水资源配置工程加快建设，向家坝灌区一期二步开工建设。持续推进川渝地区国家天然气（页岩气）千亿立方米级产能基地建设。
4	现代产业体系加快构建	打造"33618"现代制造业集群体系，开展软信产业"满天星"行动计划，引进重大项目 300 余个，新增软件企业 3500 余家。建设 15 个五十亿级农产品加工园区，实现农产品加工业总产值 1100 亿元。
5	科技创新中心加快建设	金凤实验室启动运营，汇聚高水平创新人才 821 人，争取国家研发项目 3020 项、经费 37.1 亿元，实施重大（重点）专项等研发项目 1000 余项。成渝共建重点实验室等创新平台 9 个，联合实施研发项目 110 项，共享科研仪器设备 1.2 万台（套）。
6	长江上游生态屏障持续筑牢	截至 2023 年 1—5 月，完成"两岸青山·千里林带"建设 133.8 万亩，53 个国考断面水质优良比例分别为 96.2%，空气质量优良天数分别为 130 天。碳排放权交易累计成交 4020 万吨，交易金额 8.4 亿元。新建绿色建筑占比超 88%，累计建成节能建筑约 7.7 亿平方米，入选首批国家绿色出行城市。
7	改革开放持续深化	在川渝高竹新区试行建设用地指标、收储和出让统一管理机制，已获批土地指标 3065 亩。形成要素市场化配置综合改革试点实施方案及授权事项清单并上报国务院。截至 2023 年 1—5 月，中欧班列（成渝）开行 2319 列、同比增长 52%；西部陆海新通道铁海联运班列开行 1125 列，运输货物 5.6 万标箱；跨境公路班车开行 2045 次，运输货物 4600 标箱。

序号	重大举措	建设发展情况
8	公共服务水平不断提升	截至1—5月，住房公积金共办理转移接续8063人次1.3亿元。实现291家二级及以上公立医院112项检查检验结果互认，1726家医疗机构实现川渝电子健康卡"扫码就医"，累计跨省市用卡62万余次。普通门诊、住院、部分特病门诊跨省异地就医直接结算247.6万人次，医疗总费用20.4亿元。

附表44 成渝地区双城经济圈未来规划的重点任务分解情况分析表

序号	重大举措	建设发展情况
1	强化双核联动双圈互动两翼协同	谋划实施第二批双核联动联建合作项目事项清单，推动重庆中心城区与成都市协同发展。加强重庆都市圈与成都都市圈规划对接、政策衔接和功能链接，推动双圈协同互动。加快10个毗邻地区合作共建功能平台建设，持续探索经济区与行政区适度分离改革，创新园区共建、飞地经济、利益共享模式。争取国家批复成渝地区双城经济圈国土空间规划，编制重庆都市圈、成都都市圈国土空间总体规划。
2	完善现代化基础设施网络	实施重庆江北国际机场T3B航站楼及第四跑道工程，推进重庆新机场前期工作，加快成渝中线高铁、渝昆高铁建设。落实共建长江上游航运中心实施方案。推动川渝1000千伏特高压交流工程、哈密—重庆±800千伏特高压直流工程等项目建设。
3	培育优势特色产业集群	实施软件和信息服务业"满天星"行动计划，推动主城都市区数字经济核心产业增加值占GDP比重达到10%。推进服务业扩大开放综合试点和全面深化服务贸易创新发展试点，推进国家级绿色金融改革创新试验区建设。加快成渝现代高效特色农业带建设。
4	提升创新资源集聚能力	争取张江国家实验室重庆基地落地。实施高新技术企业和科技型企业"双倍增"行动。举办首届"一带一路"科技交流大会，争取纳入国家"一带一路"国际合作高峰论坛。实施川渝科技创新合作计划，在重点产业领域试点运行2—3个川渝共建重点实验室。
5	筑牢长江上游生态屏障	推动创建国家森林城市。推进国家大宗固废综合利用示范基地建设和园区循环化改造，推动国家废旧物资循环利用体系重点城市建设。严格落实长江"十年禁渔"，开展毗邻区域生态环境保护联动督察、联合执法，制定流域突发水污染事件"一河一策一图"。

序号	重大举措	建设发展情况
6	深化重点改革全域开放	推动商贸流通、对外合作等领域电子证照跨区域互认共享。完善经济区与行政区适度分离改革统计分算办法。召开省际协商合作联席会议第三次会议，发布《国际陆海贸易新通道发展报告2023》。加快中欧班列集结中心示范工程建设，做强中欧班列（成渝）品牌。共建长江上游港口联盟，在成渝关区试行上海—重庆水水联运中转业务"离港确认"模式，推动重庆枢纽港在川布局无水港。
7	提升公共服务质量和水平	打造"智汇巴蜀""才兴川渝"等公共就业服务品牌。推动永川和泸州、遂宁和潼南、内江和荣昌先行先试建设城乡义务教育一体化发展试验区。争取第二批国家儿童友好城市建设试点，推进重庆医科大学附属儿童医院和四川大学华西第二医院共建国家儿童区域医疗中心。